Landschapsarchitectuur en
stedebouw
in Nederland 95 - 97

Landscape Architecture and
Town Planning
in the Netherlands 95 - 97

Landschapsarchitectuur en stedebouw in Nederland

Landscape architecture and town planning in the Netherlands

95 / 97

Uitgeverij THOTH, Bussum
in samenwerking met / *in cooperation with*
Stichting Jaarboek landschapsarchitectuur en stedebouw

Deze uitgave is totstandgekomen dankzij subsidie of medewerking van
het Stimuleringsfonds voor Architectuur, het Prins Bernhard Fonds, de Bond
van Nederlandse Stedebouwkundigen en Planologen (BNSP) en de
Nederlandse Vereniging voor Tuin- en Landschapsarchitectuur (NVTL).

*This publication was made possible by the provision of subsidies and
assistance from the following organizations: the Dutch Foundation for
Architecture, the Prins Bernhard Fonds, the Association of Dutch Town
Planners (BNSP) and the Dutch Society for Landscape Architecture (NVTL).*

ISBN 90 6868 194 x
NUGI 655

© Copyright 1998
Stichting Jaarboek landschapsarchitectuur en
stedebouw en Uitgeverij THOTH, Prins Hendriklaan 13,
1404 AS Bussum.

Alle rechten voorbehouden. Niets uit deze uitgave mag
worden verveelvoudigd en/of openbaar gemaakt
zonder voorafgaande schriftelijke toestemming van
Stichting Jaarboek landschapsarchitectuur en
stedebouw en Uitgeverij THOTH, Prins Hendriklaan 13,
1404 AS Bussum.
*All rights reserved. No part of this book may be
reproduced in any form without written permission from
Stichting Jaarboek landschapsarchitectuur en stedebouw
and THOTH Publishers, Prins Hendriklaan 13, 1404 AS
Bussum.*

in memoriam

Alle Hosper

Voorzitter Stichting Jaarboek landschapsarchitectuur en stedebouw
Chairman Landscape architecture and town planning yearbook

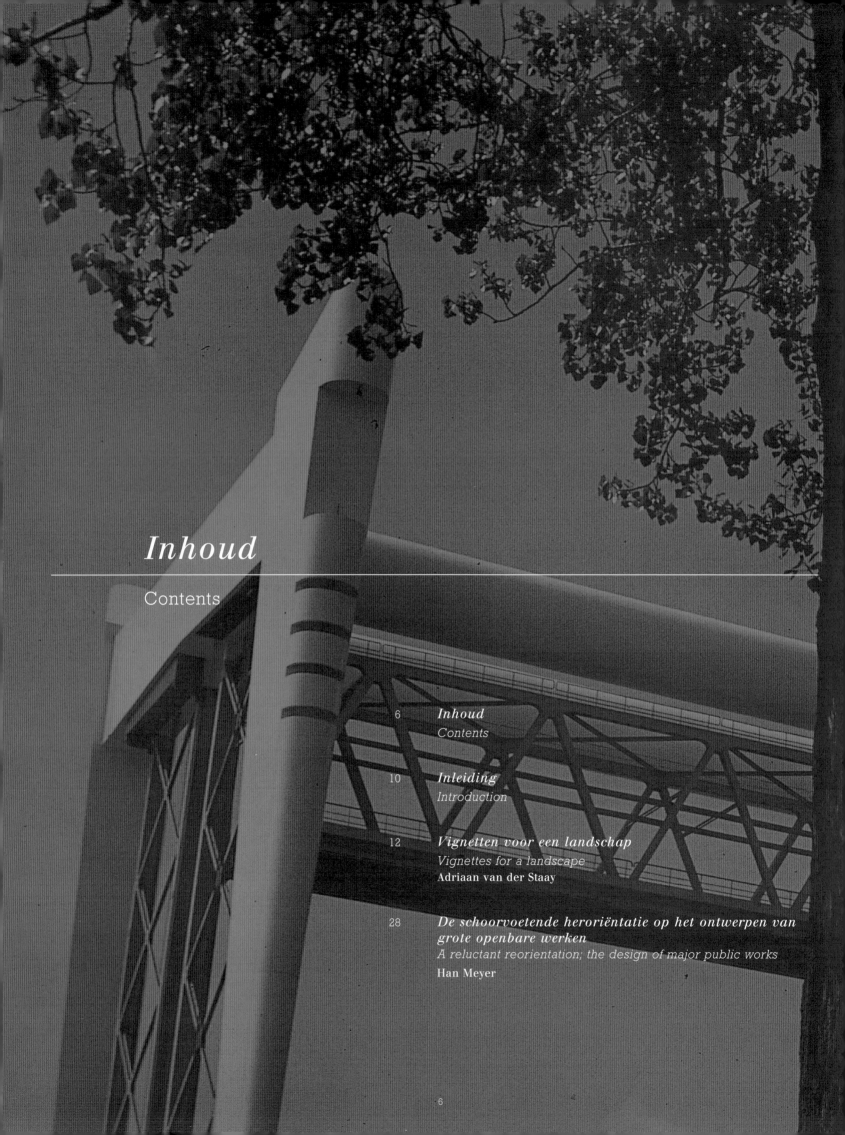

Inhoud
Contents

6 *Inhoud*
  Contents

10 *Inleiding*
   Introduction

12 *Vignetten voor een landschap*
   Vignettes for a landscape
   Adriaan van der Staay

28 *De schoorvoetende heroriëntatie op het ontwerpen van grote openbare werken*
   A reluctant reorientation; the design of major public works
   Han Meyer

44	*Nederland projectenland*	
	Projectland Netherlands	
	Sjoerd Cusveller	

De selectie 95 - 97
The selection 95 - 97

52	*Infrastructuur*	
	Infrastructure	
54	*Sluizencomplex en baggerdepot*	
	Lock complex and dredge depot	
58	*Het landschapsplan voor de Tweede Heinenoordtunnel*	
	Landscape plan for the Second Heinenoord Tunnel	
62	*Landelijk gebied*	
	Rural areas	
64	*Nieuwe natuur in Duurswold*	
	New nature in Duurswold	
70	*Een visie op de vorming van stadslandschappen*	
	A vision for the creation of urban landscapes	
74	*Windturbines in het landschap*	
	Wind turbines in the landscape	
78	*Stedelijke uitbreidingen*	
	Urban expansions	
80	*Wooneiland De Nielt bij Cuijk*	
	Residential island De Nielt near Cuijk	
84	*De IJ-oevers in Amsterdam*	
	The IJ waterfront in Amsterdam	
90	*Het woongebied IJburg in Amsterdam*	
	The IJburg housing district in Amsterdam	
94	*Een plan voor het Haveneiland van IJburg*	
	A plan for the Haven island in IJburg	

98 *Leidsche Rijn*
Leidsche Rijn

102 *Een park voor Leidsche Rijn*
A park for Leidsche Rijn

106 *De kwaliteit van Vleuten-De Meern en Vleuterweide*
The quality of Vleuten-De Meern and Vleuterweide

110 **Herinrichting van het stedelijk gebied**
Reconstruction of urban areas

112 *Almere, stad aan het water*
A new waterfront for Almere

116 *De vernieuwing van het centrum van Alphen aan den Rijn*
The renewal of Alphen aan den Rijn town centre

120 *Arnhem Centraal*
Arnhem Central

124 *Het ontwerponderzoek voor de wijk Bargeres*
Design study for the Bargeres district

128 *De vernieuwing van woonwijk De Wijert in Groningen*
Renewal of the De Wijert housing estate in Groningen

132 **Openbare ruimte**
Public open space

134 *Buitengewoon Breda*
Exceptional Breda

138 *Spuiplein en Turfmarkt in Den Haag*
Spuiplein and Turfmarkt in The Hague

142 *Stationsomgeving Enschede*
Enschede station area

146 *Ruimte voor ruimte in de Groninger binnenstad*
Space for space in Groningen city centre

150 *De Erasmusbrug, de Wilhelminakade en het Willemsplein*
The Erasmus bridge, the Wilhelminakade and the Willemsplein

154 *De stadspleinen in het centrum van Tilburg*
The squares in central Tilburg

158	**Parken en tuinen**	
	Parks and gardens	
160	**Binnenterreinen Kop van Zuid**	
	Courtyards in Kop van Zuid	
164	**De tuin van Interpolis**	
	The Interpolis garden	
168	**De voordracht**	
	Nominations	
176	**Colofon**	
	Colophon	

De redactie

The editors

Inleiding

Introduction

'Landscape architecture and town planning in the Netherlands 95–97' is the second in a series of biennial publications. The goal of the series is to give an impression of current landscape and planning projects, to inspire professional colleagues, their clients and users of the planned environment, and to stimulate debate about the content of the two disciplines.
For this second book we have chosen a somewhat different formula than for the first book, 'Landscape architecture and town planning in the Netherlands 93–95'. The first 'yearbook' presented a broad picture of the fields covered by the two disciplines. The projects in that book illustrated the great diversity of fields in which landscape architects and town planners work, as well as the great range of design interventions. The four essays in the book commented on the design commissions and the changes taking place in the way work is commissioned. The rules governing the consideration of projects for inclusion in this second 'yearbook' remain the same as for the first. The plans must be for a site in the Netherlands and they must have been commissioned, which precludes projects completed as part of a course of study or entered into an open design competition. Of course, the plans must have been adopted or implemented in the period 1995 to 1997. The professional community, both designers and clients, were called upon to send in plans (but no more than two plans each). In addition, the selection committee, the yearbook editors and

Het jaarboek 'Landschapsarchitectuur en stedebouw in Nederland 95-97' is de tweede uitgave in een reeks tweejaarlijkse publicaties. Het doel van deze reeks is een beeld te geven van actuele landschapsarchitectonische en stedebouwkundige projecten. Bovendien is de inzet van de publicaties om vakgenoten, opdrachtgevers en gebruikers inspiratie te bieden en het debat over de inhoud van de twee disciplines te stimuleren.
Bij de samenstelling van deze tweede editie is gekozen voor een iets andere opzet dan bij de eerste uitgave 'Landschapsarchitectuur en stedebouw in Nederland 93-95'. Dat eerste jaarboek liet vooral de volle breedte van de twee disciplines zien. De verzamelde projecten illustreerden zowel de grote diversiteit van de terreinen waarop landschapsarchitecten en stedebouwkundigen zich bewegen als de grote diversiteit aan ontwerpmatige ingrepen op die terreinen. Met een viertal essays leverde het jaarboek ook een commentaar op de ontwerpopgaven en de veranderingen daarin.
De voorwaarden om in aanmerking te komen voor opname in dit tweede jaarboek zijn dezelfde gebleven. De plannen moeten betrekking hebben op een locatie in Nederland en er moet sprake zijn van opdrachtgeverschap, wat met name projecten uitsluit die zijn gemaakt in het kader van een opleiding en of een openbare prijsvraag. Uiteraard moet het plan zijn vastgesteld of uitgevoerd in de periode 1995–'97.
De vakwereld – ontwerpers en opdrachtgevers – werd opgeroepen om plannen in te sturen, met een maximum van twee plannen per

inzender. Ook de selectiecommissie, de redactie en een aantal anderen werden uitgenodigd om voordrachten te leveren.

De betekenis van het jaarboek wordt voor het overgrote deel bepaald door de selectie uit de enorme hoeveelheid ingezonden en voorgedragen plannen. Bij deze tweede uitgave is ervoor gekozen om de selectiecommissie een veel groter stempel op het jaarboek te laten drukken dan de eerste keer. Toen leidde de grootte en samenstelling van de selectiecommissie bijna automatisch tot een breed overzicht van de vakgebieden. Door nu slechts vier mensen – de landschapsarchitecten Yvonne van der Horst en Michael van Gessel, stedebouwkundige Maarten Schmitt en sociaal geograaf Adriaan van der Staay – te vragen om onder leiding van voorzitter Mariet Schoenmakers de selectie uit de ingezonden plannen te maken, is gepoogd om die selectie een meer uitgesproken karakter te geven. De selectiecommissie was vrij om, binnen de algemene voorwaarden, naar eigen inzicht en criteria de plannen te kiezen die zij de moeite waard vond om in het boek op te nemen.

Die opzet is geslaagd. De selectiecommissie is zeer selectief geweest. Niet alleen de kwaliteit van een project bepaalt of het is opgenomen in dit boek. De commissie hanteerde tevens als criterium de mate waarin een project een impuls geeft aan de verdere ontwikkeling van de vakgebieden. De selectie omvat uiteindelijk 23 plannen, aanzienlijk minder dan in de eerste uitgave. Door de scherpte van de selectie verwacht de redactie dat dit jaarboek nog sterker aanleiding geeft tot kritische analyses, beschouwing, plankritiek en debat.

De aftrap geeft Adriaan van der Staay in het hoofdstuk 'Vignetten voor een landschap'. Vanuit zijn positie als lid van de selectiecommissie en als relatieve buitenstaander van de vakgebieden landschapsarchitectuur en stedebouw, observeert hij met een mengeling van verwondering en waardering het selectieproces zelf en de terreinen waarop de disciplines zich bewegen.

Het vervolg is van Han Meyer met zijn essay 'De schoorvoetende heroriëntatie op het ontwerpen van grote openbare werken'. Een van de opmerkelijke zaken die tijdens de selectie aan de orde is gekomen, is de grote tegenstelling tussen enerzijds de enorme hoeveelheid investeringen in infrastructuur en het grote effect daarvan op de inrichting van Nederland, en anderzijds de spaarzame momenten waarop de aanleg van die infrastructuur daadwerkelijk als ontwerpopgave wordt geformuleerd. Meyer betoogt dat het ontwerpen van infrastructuur een verloren gegane traditie is. Momenteel is de inzet vooral het verhullen van de – al dan niet vermeende – negatieve effecten van die infrastructuur. In een aantal recente projecten blijkt de aandacht echter weer gericht te worden op het profijt dat de aanleg van infrastructuur voor haar omgeving kan hebben. De mogelijkheden daartoe liggen volgens Meyer met name in de verweving van infrastructurele netwerken van verschillende schaalniveaus. Het derde essay is van de hand van Sjoerd Cusveller. In 'Nederland projectenland' geeft hij een neerslag van de discussies tijdens het selectieproces en plaatst hij bovendien deze discussies in het kader van het debat over de komende opgaven voor de inrichting van Nederland.

In 'Landschapsarchitectuur en stedebouw in Nederland 95-97' zijn de geselecteerde plannen geordend naar de aard van de opgaven. Het uitzonderlijke karakter van de aanleg van de grote uitbreidingswijk Leidsche Rijn en van de wijze waarop Amsterdam zijn ligging aan het water benut, was aanleiding om aan deze ontwikkelingen uitgebreide aandacht te schenken. In de vorm van twee specials zijn de geselecteerde inzendingen voor deze projecten gebundeld en van een algemeen kader voorzien.

a number of others were invited to nominate plans.

The significance of the 'yearbook' lies mainly in the selective choice of a small fraction of the large number of submissions and nominated plans. For this second edition the selection committee has been allowed to exert a far greater influence on the content of the yearbook than the first one, when the size and composition of the selection committee led almost automatically to the selection of projects representing a broad overview of both disciplines. This time, just four people – landscape architects Yvonne van der Horst and Michael van Gessel, planner Maarten Schmitt and social geographer Adriaan van der Staay – were asked to make a selection of plans. Mariet Schoenmakers chaired the committee. This approach was chosen in an attempt to obtain a selection with a more distinctive character. The selection committee was free, within the general guidelines, to select the plans they considered to be worthy of inclusion in this book according to their own criteria and insights.

This approach has been a success. The selection committee has indeed been very selective. What mattered was not only the quality of the projects but also the degree to which they stimulate the further development of the professions. The final selection consists of 23 plans – considerably fewer than in the first edition. We expect that this more rigorous selection will invite more critical analysis, reflection, and debate on the contents of this yearbook.

Adriaan van der Staay kicks the volume off with his essay 'Vignettes for a landscape'. As a member of the selection committee and relative outsider, and with a mixture of amazement and praise, he observes the selection process itself and the fields in which the disciplines are active. The next essay, called 'A reluctant reorientation; the design of major public works', is by Han Meyer. One of the more striking observations during the selection process is the great discrepancy between the huge investments in infrastructure – and their impacts on the face of the country – and the few occasions that the construction of infrastructure is actually formulated in design terms. Meyer argues that the design of infrastructure is a lost tradition, and that current efforts focus primarily on concealing its (alleged) negative impacts. Nevertheless, a number of recent projects do seem once again to address the benefits that infrastructure works can bring to the surrounding area. Opportunities for this, asserts Meyer, can be found in the interweaving of infrastructure networks on various levels. The third essay is by Sjoerd Cusveller. In 'Projectland Netherlands' he reports on the discussions that took place during the selection process, and places these in the context of the debate on the future development of the Netherlands.

In 'Landscape architecture and town planing in the Netherlands 95–97' the selected plans have been arranged according to the type of commission. Due to their exceptional nature, the large new Leidsche Rijn development and the way Amsterdam plans to exploit its waterside location receive extra attention. The selected entries are contained in two special sections with their own introductions.

Adriaan van der Staay

Vignetten voor een landschap

Vignettes for a landscape

1. The continuation of a discussion To prepare for this essay I attended a meeting of a selection committee for a yearbook: 'Landscape architecture and town planning in the Netherlands 95–97'. The relations between the selection committee, the editors and the yearbook is explained elsewhere. Of interest here is that I am an accessory to the choice and judgement of the committee; and, as I said, I took part in their deliberations. What follows are the after-effects; a delayed reaction to unfinished discussions. A collection of loose ends, which I hope will also be a collection of vignettes. The moments of reflection when a reader stops to contemplate on what he or she has just read. At best, this series of vignettes should also form a composite mirror in which designers can discover their own reflections. And, perhaps, selection committees, too.

2. The layman and the profession An outsider in a professional company is immediately at a disadvantage. This is not at all odd. The profession speaks a secret language full of jargon, refers to situations and people the layman does not know, holds opinions and assumptions it considers obvious – and which are not – and delivers praise and invective which leave one at a loss. It elevates the discussion from the level of

1. De voortzetting van een discussie Om dit opstel te schrijven nam ik deel aan het beraad van een selectiecommissie voor een jaarboek. Het jaarboek 'Landschapsarchitectuur en stedebouw in Nederland 95-97'. Elders wordt wel toegelicht hoe de verhouding tussen selectiecommissie, redactie en jaarboek is geregeld. Hier is alleen van belang dat ik medeplichtig ben aan de keuze en het oordeel van de commissie; en, zoals gezegd, deelnam aan dit beraad. Wat volgt is een nawerking daarvan, een verlate reactie op niet helemaal afgemaakte discussies. Een verzameling losse eindjes. Waarvan ik hoop dat het ook een samenstel van vignetten zal zijn. Momenten waarop de lezer van een boek even stopt om zich te bezinnen op wat hij zojuist heeft gelezen. Op zijn mooist zou de serie vignetten ook nog een samengestelde spiegel zijn, waarin ontwerpers zich kunnen spiegelen. En selectiecommissies, misschien.

2. De leek en de professie Wie als buitenstaander in een professioneel gezelschap terechtkomt, kampt met een achterstand. Daar is niets ongewoons aan. De professie spreekt een geheimtaal met vaktermen, verwijst naar situaties en mensen die men niet kent, houdt oordelen en vooroordelen voor vanzelfsprekend, terwijl ze dat niet zijn, gebruikt scheldwoorden en loftuitingen waarvan men de portee niet vat. De professie tilt de discussie uit het alledaagse en op een hoger niveau. Maar beperkt haar ook. De professie is een specialisme.

Het landschap en de stad zijn niet van specialisten, die zijn van iedereen. Niet puur. Niet echt ontworpen ook. Zoals wijzelf, leken of vakmensen, een raar mengsel vormen van naïviteit en deskundigheid, kitsch en kunstzin, aardsheid en verhevenheid, honger en weerzin, creativiteit en verval, zo is de werkelijkheid een bende. De

werkelijkheid is niet gegrondvest op de besluitvorming van een al dan niet goddelijke jury. Het mooie van de professie is, dat ze een scherp oog ontwikkelt voor één aspect. Het gevaar bestaat dat de professie niet beseft maar met één oog te zien.
Dat gevaar is meer aanwezig in het Nederlandse cultuurbeleid dan in het cultuurbeleid elders. Dat zeggen internationale deskundigen en ik zeg het hen na.[1] Nederland heeft zijn cultuurbeleid zo voortreffelijk ingericht, dat er voor de rotzooi van het leven nauwelijks meer plaats is. Boven de toegang tot het Nederlandse cultuurbestel staat geschreven: 'Laat alle kitsch varen, die door deze poort binnengaat.' Wat is cultuurbeleid immers, als er geen onderscheid meer zou zijn? Wie zal bepalen wat wel en wat niet, indien niet de professie?
De professie heeft een geducht arsenaal van argumenten om haar eigen gang te gaan. De professie wil kwaliteit en een professionele beoordelingscommissie wil kwaliteit in het kwadraat.

Ik heb grote sympathie voor de leek. Ik geloof dat hij voor de cultuur broodnodig is. Leve de onbevangenheid. In iedere cultuur die rijp en de moeite waard is, is er een vaste plaats voor de tegenstem, voor het commentaar van onderop. Vox populi. Niet als een principieel gevaar voor cultuur, maar als een vaste concurrent voor vox Dei. De professie mag hopen vox Dei te zijn, soms, als ze geluk heeft. Maar zonder vox populi zweeft ze weg in eigenwijsheid. Een cultuur heeft narren

the everyday. But in doing so, restricts it. The profession is a specialism.

The landscape and the city are not the preserve of specialists, though, but belong to everyone. They are neither pure nor really designed. Just as we, the lay public and professionals, are a strange mix of naivety and expertise, kitsch and artistic appreciation, worldliness and detachment, hunger and disgust, creativity and decline, so also is reality a mixed bag. Reality is not founded on the decisions of a jury, godlike or not. The beauty of the profession is that it has developed a keen eye for one aspect; the danger is that it is not fully aware, but sees that one aspect only.
This danger is more imminent in Dutch cultural policy than elsewhere. That is what international experts say, and I repeat it.[1] The Netherlands has designed its cultural policy so well there is hardly any room left for life's untidy bits and pieces. Written above the entrance to the Dutch cultural establishment: 'No kitsch allowed in.' After all, what would a cultural policy be if there was no discrimination? And who is to determine what is kitsch if not the profession? The profession has a formidable arsenal of arguments to justify its position. It wants quality; and a professional jury wants quality par excellence.

I have much sympathy for ordinary people. I believe they are vital for the existence of culture. Long live inhibition! In every mature and worthwhile culture there is a place for dissent, for comments from the grass roots. Vox populi. Not as an ideological threat, but as a permanent competitor to vox Dei. The profession may want to be the vox Dei, sometimes, if it is lucky, but without the vox populi it drifts into conceit. A culture

needs fools and tribulations. Working clothes as well as finery. Nowadays, national cultural policy is dressed very much in clerical black, and is crying out for a fool.

Fairness compels me to say that landscape and urban design (and its unifying 'jury'), although exposed to this general problem in cultural policy, is less affected than, say, the museums of modern art.[2] One can have sympathy for a design profession that cannot be more than a drop in the ocean of economic activity. These designers can justifiably claim to be a minority, a band of rebels fighting for quality. If in the following observations I take the opposite position and reveal, as it were, the footprint left by the quest for professional quality, I do so not without sympathy for the profession.

3. Provinciality Not wishing to alienate myself only from the professional community but from all other Dutch readers of these fragments as well, I add here that in addition to too much specialism, a second danger lies in wait for Dutch culture: the threat of 'provinciality'.

What is 'provinciality'? A province is an administrative unit half way between the local level and the highest administrative echelons; or, between the periphery and the centre. This middle level is one of mediation; neither flesh nor fish, neither as high as the centre nor as low as the periphery, but somewhere in between. In cultural terms, 'provinciality' is used to indicate this middle rank which is driven either from above or from without. But at the same time it has no local pride, no admiration for the village prodigy or naive identification with

en narrigheden nodig. Zelfkanten en niet alleen zomen. Het vaderlandse cultuurbeleid gaat tegenwoordig wel erg in een klerikaal zwart gekleed en kan een narrenspiegel gebruiken.

De rechtvaardigheid gebiedt mij te zeggen dat het landschapsontwerp en de stedebouw (en haar kwadraterende 'jury') weliswaar bloot staan aan dat algemene probleem van het cultuurbeleid, maar toch minder dan bijvoorbeeld de musea van hedendaagse beeldende kunsten.[2] Men kan sympathie hebben voor een professie van ontwerpers die niet veel meer kan zijn dan een druppel op een gloeiende plaat van economische dynamiek. Deze ontwerpers kunnen met recht claimen nog een minderheid te zijn, een Gideonsbende die strijdt voor kwaliteit.

Als ik in de navolgende beschouwingen hier en daar de tegenvoeter speel, de contramal laat zien van een streven naar professionele kwaliteit, is dat niet zonder sympathie voor het vak.

3. Provincialiteit Om niet alleen vakbroeders, maar ook andere Nederlanders die dit lezen van mij te vervreemden, voeg ik hieraan toe dat, naast een gevaar van te veel specialisme, in de Nederlandse cultuur altijd een tweede gevaar op de loer ligt, dat wil zeggen: het gevaar van provincialiteit.

Wat is provincialiteit? Een provincie ligt hiërarchisch halverwege tussen het lokale vlak en de bestuurlijke top, of tussen de periferie en het centrum. Dit middenniveau is ook een bemiddelend niveau. Het is als zodanig vlees noch vis, niet zo hoog als het centrum en niet zo laag als de periferie: het is iets daartussenin. Op deze plaats is provincialiteit in culturele zin gebruikt. Het culturele tussenniveau ontvangt zijn impulsen grotendeels van boven of van buiten. Tegelijk

local achievements. It seems to hang somewhere in between the two, uncertain of its own status and standards. It has neither the cosmopolitan aura of the centre nor the feeling of local superiority found at the periphery. 'Small-town' captures some of the flavour of provinciality. Provincialism is an extreme form of provinciality.

I hold a high opinion of the cultural potential latent within the Dutch, but a poorer opinion of Dutch culture than the Dutch have of themselves. Only too often, the best Dutch artists and designers only achieve their best abroad, while the opposite should be the case in a thriving culture. That is what made the Golden Age so special: home grown talent was able to develop into world talent. Since then, Dutch culture has hesitated between recollection of the grandeur of the past and the fear of more modest ambitions. It falls between two stools.

I am not particularly fond of the work of Rem Koolhaas, whose wilful architecture sometimes seems only wilful. But he is not provincial. He is carrying on a debate with the world, not the province. He questions what remains of the architectural profession now that it is no longer philosophically assured of the existence of a site, or a whole, or even of a reality.[3] A good cultural life in the Netherlands is only possible when these contemporary questions are publicly stated and settled in discussions within the cultural community. Ever since the foundation of Potgieters Gids many individual opinions have been aired in the Netherlands, but there has been little real public discussion. The Dutch idea of a debate seems to be one in which everyone has a say. That might be democratic, but it rings hollow and is somewhat discouraging. It elevates report writing to the main activity in Dutch cultural life. The reader notices that people are still alive because their pieces still appear, but thinks no more of it. In the Netherlands there is no ridicule qui tue, just impotent fulmination.

The decisive debates take place abroad. One wishes that the selection made by a Dutch committee really counted in discussions on urban and landscape design. What is the implication of the fact that they chose the Koolhasian design for the new town development of Almere? A light frisson about such daring? The feeling that Koolhaas could not be missed out in any festive Dutch family portrait? Or is it more principled: that Almere will never become a real town as long as there is no conspicuous space allocated to cars as an autonomous factor? We will never know.

4. Mobility Nothing presented the jury with such an obvious case of provinciality than the issue of mobility. In the question of mobility, no other country in Europe plays hide-and-seek with the facts as well as the Netherlands. To be clear: there are few areas in which the Netherlands is so aggressively expansionist as international transport. In Schiphol the country has one of the best organized airports in the world, that quietly believes itself capable of taking on the world at being at the top (the hub, the spill). Justified with foolish promises, this ambitious project, we are led to believe, will create an airport of global importance without losing the quiet of yesteryear. Of course Schiphol is in the wrong place, and has grown out of its provincial mould. The design showing how it should be done never appeared before the jury – no organization has the self-confidence to commission it.

In a sideshow to Schiphol, the curious game of hide-and-seek revolved around the high speed railway line (HSL). The HSL will link up with Schiphol, the reasoning being that if people can travel quickly by train to Paris the train will be able to compete with air travel. Aeroplane bad, train good. But only if hidden underground, please. Billions are invested in clever HSL technology so that the provincial exterior of the Netherlands can remain undisturbed. It would have been interesting if this capital-intensive folly of Dutch transport policy had gained the visual status of the Delta Works. But there is to be none of that. The HSL will go underground and the challenge of designing a HSL on stilts as a visible engineering structure in the landscape has been lost this time around. The Kinderdijk of this century is taboo, and a chance of being on the list of World Heritage Sites a few centuries hence has been thrown away. The Netherlands is prepared to pay for the HSL, but wants to celebrate the wrong things and, above all, not to see the line itself. Both laymen and professionals agreed the design that was put forward was bland. And so the greatest challenge to the design profession – the yet-to-be delta plan for mobility – is represented in the yearbook by only a bridge here and a bus station there. Attractive designs, to be sure. But small.

5. Nature Ecology, too, the counterpoint to technology and mobility, appeared to this observer rather modest and only sporadically present. There was no clear conclusion on the place of nature in Dutch spatial design. A few words to clarify this are called for.
I gained three main impressions. Environment has little to do with nature. What people call nature is mostly cultivated or man-made. In the Netherlands, nature is water. Three propositions which need some explanation.
Environment has little to do with nature. Man, the egotistical monster that he is, can do without nature, but not without an environment that allows him to be egotistical. If he burns so much that he chokes in the smoke, which sadly happened recently in Southeast Asia, the effects on people can be drastic – their own environment is polluted. But people are not too bothered if the habitats of the urang-utang, the tiger or the Dajak people are sacrificed in the process. Similar attitudes can be encountered in America and Europe. Majority peoples do not dream of nature, but environment. Space capsules, for example, in which life is possible without nature, but in which the environment is pleasant. We are experimenting with this idea through space travel; we fantasize about colonizing the moon, a world without earthly nature. Man may have earthly origins, but like other creatures he does not bother to look after it. In other words, 'environment' means the lower limits of the conditions necessary for human life, but not for nature.
Nature exists alongside environment. This is the historically developed system of natural forces, processes, minerals, plants and animals, as they existed until a short time ago. This system is now buckling under the battering it receives from mankind and his demands on the environment. For cultural reasons, part of humanity is trying to prevent this catastrophe from happening. This is both sensible and noble, as it is evidence of prudence and modesty. But these moral values are not as good at stimulating dynamic designs as the human urge for demographic expansion.
If what is wanted are design commissions that match the scale of the problem, the issue of the disruption of nature as a

goed. Maar dan wel verstopt onder de grond, alstublieft. Miljarden worden geïnvesteerd in knappe HSL-technologie, zonder dat het provinciale bestaan van Nederland er anders uit mag zien. Het zou interessant geweest zijn als deze kapitaalintensieve folly van het Nederlandse mobiliteitsbeleid de graad van zichtbaarheid verwierf van de Deltawerken. Niets daarvan. De HSL gaat ondergronds en de ontwerpuitdaging om de HSL op poten als een zichtbaar kunstwerk toe te voegen aan het landschap is er ditmaal niet bij. Het Kinderdijk van deze eeuw is taboe, en daardoor is de kans verspeeld op een plaats op de Werelderfgoedlijst van over een paar eeuwen. Nederland wil een HSL betalen, maar het wil alleen om de verkeerde redenen juichen en de spoorlijn bovendien niet zien. Het ontwerp dat wel ter tafel lag, had kraak noch smaak, zeiden vakman en leek. Zo wordt de grootste concrete uitdaging van het ontwerpvak, het vooralsnog ontbrekende deltaplan voor de mobiliteit kortom, in het jaarboek alleen vertegenwoordigd door een brug hier en een busstation daar. Mooie ontwerpen, dat wel. Maar klein.

5. De natuur Maar ook de contramal van de technologie en de mobiliteit, de ecologie, leek deze toeschouwer wat bescheiden en sporadisch aanwezig. Hij kwam niet tot een duidelijke conclusie over de plaats die de natuur in het Nederlandse ruimtelijk ontwerp inneemt. Daarom hierover een klein vertoog ter eigen verheldering. Drie impressies drongen zich op. Milieu heeft weinig van doen met natuur. Wat men natuur noemt, is meestal cultuur. Natuur is in Nederland water. Drie stellingen die bespreking behoeven.
Milieu heeft weinig van doen met natuur. Het egoïstische monster dat mens heet, kan heel wel zonder natuur, maar niet zonder een milieu dat hem in de gelegenheid stelt egoïstisch te zijn. Als hij zoveel verbrandt dat hij in zijn rook stikt, zoals onlangs in het ongelukkige Zuidoost-Azië, is dat dramatisch voor de mens. Hij bederft immers zijn eigen milieu. Het doet hem echter niets dat hij daarmee de orang-oetang, de tijger of de Dajak (minderheidsmens) het levensmilieu beneemt. Iets dergelijks valt ook te constateren voor Amerika of Europa. De meerderheidsmens droomt niet over natuur maar over milieu. Bijvoorbeeld over ruimtecapsules waarin het bestaan ook zonder natuur mogelijk is, maar het milieu verder aangenaam is. Hij experimenteert in die richting, via ruimtevaart. Hij fantaseert over kolonisatie van de maan, van een wereld zonder aardse natuur. De mens mag dan uit die aardse natuur zijn voortgekomen, hij heeft daar zoals alle levende wezens lak aan. Het milieu staat met andere woorden voor de benedengrens van de levenscondities voor de menselijke soort, maar niet voor de natuur.
Naast milieu bestaat natuur. Dit is het historisch gegroeide systeem van natuurkrachten, processen, mineralen, planten en dieren, zoals dat tot voor kort bestond. Dit systeem bezwijkt momenteel onder het geweld van de mens en zijn milieueisen. Uit culturele overwegingen probeert een deel van de mensheid deze catastrofe voor de natuur tegen te gaan. Dat is zowel verstandig als nobel, want het getuigt van voorzichtigheid en bescheidenheid. Maar deze morele waarden zijn niet zo sterk in het aanblazen van een ontwerpdynamiek als de economische en demografische expansiedrang van de mens.
Wil men ontwerpopdrachten die in overeenstemming zijn met de omvang van het probleem, dat wil zeggen met het vraagstuk van de verstoring van de natuur als systeem, dan moet zowel de ontwerper als de opdrachtgever zich bewust zijn van dit systematische karakter. En dat vereist meer kennis dan tegenwoordig op school wordt geleerd en is de hedendaagse mens minder onmiddellijk present dan zijn voorouders, die met dit natuursysteem dagelijks omgang hadden. Een van de kenmerken is bijvoorbeeld de schaal van het systeem dat

zich in miljoenen jaren heeft gevormd. Dit systeem is wereldwijd. Er is vogeltrek van pool naar pool. Walvissen stranden op de Nederlandse kust, omdat ze op weg naar de tropen ongelukkigerwijze de Noordzee aanzien voor een oceaan. Al lang voordat de mens vanuit zijn parochialiteit begon te spreken over globalisering, was de natuur mondiaal.

De opdrachtgever voor een natuurontwerp dat de bedoeling heeft systematisch tegen de catastrofe in het natuurlijk systeem in te gaan, is idealiter mondiaal. Deze opdrachtgever bestaat niet. Europa zou misschien het dichtste bij zo'n positie in de buurt kunnen komen als de Europese eenheid zich ook op natuurgebied zou bewijzen.[4] Maar zelfs dan zou de Unie geen zeggenschap hebben over het vlakbije Afrika of het gebied van de Golfstroom.

Bij gebrek aan beter wordt in het nationale beleid een reservatenpolitiek gevoerd. Men probeert zekere zones te vrijwaren van het menselijke geweld. Daarbij past een reservatenontwerpkunst en die is, gezien de prioriteit die het natuurprobleem in Nederland krijgt, ook wel voorzien en voorhanden. Maar deze reservatenontwerpkunst heeft iets zwaks, iets al te willekeurigs. Ze past als hobby onvoldoende in de wijdere schaal van het probleem en toont geen uitgesproken Europese dimensie. Ze verwordt al snel tot een ontwerpen

system, then both designers and their clients will have to be aware of this systematic nature. And that requires more knowledge than is taught at school. People today are also less aware of the present than their forefathers, who lived with the system throughout their daily lives. One of the features of this system formed over millions of years is its scale. It is global. Birds migrate from one water body to another. Whales become stranded on the Dutch coast on their way to the tropics because they mistake the North Sea for an ocean. Nature was global long before people began to talk in their parochial way of globalization. Designs for nature that are intended to systematically resist a catastrophe in the natural system should ideally be commissioned by a global organization, but such an organization does not exist. Europe, perhaps, comes closest because the European Union has pledged to pay more attention to nature in its dealings.[4] But even then, the European Union would have no say in neighbouring areas such as Africa or the Gulf Stream region.

For lack of anything better, national policy adopts the politics of nature reserves. An attempt is being made to protect certain zones from human attack. Affiliated to this is the art of design-

van heemtuinen, een soort nostalgische portieljeparkerij, een nette gedenkplaats voor verleden natuur. Misschien is het ontbreken van dit wijdere Europese en mondiale en natuursystematische kader wel een reden waarom zo weinig ontwerpen echt inspireren en de meeste ontwerpen een oppervlakkig natuuresthetisch macramé zijn.

ing reserves, which given the priority afforded to tackling the threats to nature in the Netherlands is well provided for. But this reserve designing has a weakness and is too arbitrary. As a hobby it does not fit properly into the wider scheme of things and it displays no explicitly European dimension. It degenerates all too rapidly into designing botanical gardens, a sort of nostalgic landscape gardening; tidy remembrance gardens for past nature. Perhaps the absence of this wider European or global natural systems framework is a reason so few designers really inspire, and why most designs are like shallow pieces of aesthetic macramé-nature.

6. Designed nature The writer of this piece wondered a long time ago in another essay[5] how the Dutch relate to nature. One of the conclusions has been drawn on many other occasions as well: the Dutch mistake culture for nature. Like many other old sayings, the adage that God created the world but the Dutch made Holland is still true. At least, the part about people. In the Netherlands we are still building the cultural landscape, even if we do think we are working with nature. I do not need to reiterate that the country looked very different during the Ice Age. That was real nature. But even during the subsequent prehistorical stage, the Roman period and in the Middle Ages it looked different because human interventions were different. The Dutch landscape has been changed by man right down to the fine detail. Rabbits, pheasants, the horse chestnut and the poplar are not native, and thought to have been introduced by man. The polder landscape and peat grasslands are cultural artefacts. And there are many more examples.
This artificial Dutch nature is a source of opportunity for Dutch designers. They can be less naive in their approach than designers elsewhere in the world. They know that whoever designs cultural landscapes, designs nature: if you empolder the sea you create new nature, as can be seen in the Oostvaardersplassen. This cliché could invite many designers to take the plunge and design more new nature at sea, and

6. De ontworpen natuur Wie dit schrijft, heeft zich jaren terug in een ander opstel[5] afgevraagd hoe de Nederlander zich verhoudt tot de natuur. Een van de conclusies is wel vaker naar voren gebracht: de Nederlanders zien voor natuur aan, wat cultuur is. De open deur dat god de wereld schiep en de mens Nederland, is nog steeds, zoals vele open deuren, waar. Althans aan de kant van de mens. In Nederland sleutelt de mens, ook als hij denkt bezig te zijn met natuur, steeds aan cultuur. Ik hoef niet te herhalen dat het land er in de ijstijd anders uitzag. Dat behoort tot de echte natuur. Maar ook in de daaropvolgende prehistorie, in de Romeinse tijd, in de Middeleeuwen, zag het land er anders uit en wel vanwege een ander soort ingrijpen van de mens. Het Nederlandse landschap is cultuurlijk tot in de details. Het konijn en de fazant en de kastanje en de populier zijn niet endemisch en vermoedelijk door mensen hier naartoe gebracht. Het polderlandschap en de veenweiden vormen een cultureel artefact. Het valt niet moeilijk door te gaan met het noemen van voorbeelden van natuur die cultuur is.
Dit artificiële karakter van de natuur in Nederland opent perspectieven voor de ontwerper. Hij hoeft in zijn ontwerp van natuur minder naïef te zijn dan een ontwerper elders ter wereld. Hij weet dat wie cultuur ontwerpt ook natuur ontwerpt. Wie de zee inpoldert, schept nieuwe natuur, zoals de Oostvaardersplassen aantonen. Door deze uitnodigende open deur zouden veel ontwerpers de zee op kunnen gaan om onder meer natuur te ontwerpen.
De vele discussies van de laatste jaren rond het ontwerpen in zee, het plan Waterman, de kustlocaties voor de luchtvaart en de Haagse stadsuitbreiding, deden mij uitkijken naar inspirerende grootschalige ontwerpen. Ze waren er niet en dus waren er geen ideeën voor ontworpen natuur in zee. Vermoedelijk ontbreekt ook wat dit betreft een ambitieuze opdrachtgever.

7. Het water   Wat niet ontbrak was het water. Hoe elementair ook, in de omgang met het water verkent het Nederlandse ontwerp het grensvlak tussen natuur en cultuur. Er is tegelijkertijd iets natuurlijks en iets gedurfds in de omgang met het water, alsof het water een doorleefd ontwerpelement is. Het erkennen van het water zit de Nederlandse ontwerper in het bloed. Zowel in kleine als in grootschalige ontwerpen, zoals die voor de IJ-oevers, vindt men kwaliteit. Soms lijkt het echter alsof het water niet meer is dan lege natuur: groot, onstuimig en abstract. Een Ruysdaliaanse romantiek van wind en leegte maakt zich meester van de ontwerper (bijvoorbeeld Adriaan Geuze) en uit het raakvlak tussen natuur en cultuur wordt meestal alleen een rietkraag geboren. Er moet meer zijn.

Om de cultuur van de samenspraak tussen landschap en water te bevorderen, zou men op zoek kunnen gaan naar buitenlandse voorbeelden. De Chinese tuinkunst heeft een beeldtaal ontwikkeld voor de samenhang tussen water en land. De tuin wordt immers gedefinieerd door rotsen en water. Zo wordt onder meer veelvuldig de treurwilg gebruikt. Hij legt met zijn wuivende slierten op smalle dijken de verbinding tussen water en land. Er is een eindeloze variatie van bruggen, paviljoens en waterpartijen. De waterpartijen van Kasjmier brengen ons een veelheid van trappen en kiosken, als aan de waterkant van Istanboel. Maar waarom zo ver te kijken als men de traditie van de Nederlandse zeventiende en achttiende eeuw bij de hand heeft? De traditie met haar theehuizen en aanlegsteigers en haar doorkijkjes naar steeds weer andere tuinen en huizen, die een bezienswaardigheid vormden voor reizigers uit heel Europa.

8. De tuin   Omdat het raakvlak tussen natuur en cultuur nergens bewuster aan de orde is dan in de tuincultuur, wijd ik daar een apart vignet aan.
In het laatste decennium hebben ontwerpbewuste mensen private tuinen laten maken. En er is een Tuinenstichting. Er zijn publieke tuinen gemaakt en er zijn historische parken hersteld. Er is veel onderzoek gedaan, de Nederlandse tuintraditie is herontdekt en er is een Clusiusstichting voor onderzoek en tuinfilosofie. Er is internationaal grote belangstelling voor de vernieuwing van het assortiment tuinplanten door Nederlanders, bijvoorbeeld Piet Oudolf. Toch lijkt het tuinontwerp in het vak enigszins tussen de wal en het schip te vallen en is het net als de vorige keer, het jaarboek voor de periode 1993-1995, ook dit maal mager vertegenwoordigd.

Misschien is hier de leek te sterk en de professie te zwak. Laat ik beginnen met iets heel elementairs. Men kan zich eigenlijk geen uitgebalanceerd ontwerpen voor stedebouw en landschap voorstellen, zonder dat op enig moment in het ontwerpproces leesbaar wordt gemaakt hoe de verhouding tussen natuur en cultuur is. De simpelste controle hiervoor is een codificatie van de drie ontwerpelementen: water blauw, planten groen, bebouwing rood.[6] Toepassing van dit elementaire controle-element zou ontwerpers dwingen om zich af te vragen hoe de balans in hun ontwerp ligt, en hoe ieder onderdeel wordt ingevuld. In plaats van deze eenvoudige informatie te bevatten, bulkt de beeldtaal van menig ontwerp met voor het eindresultaat irrelevante visuele toeters en bellen. Deze wildgroei van visuele impressies verdonkeremaant het inzicht in de verhouding tussen water, groen en steen en zo in de verhouding tussen natuur en cultuur. En aangezien het tuinontwerp het moet hebben van de spanning en de harmonie tussen blauw, groen en rood, rijst de bewuste vraag naar de tuin niet.

elsewhere. The many discussions in recent years about designing new development in the sea – the Waterman plan, the coastal locations for a new airport and for the expansion of The Hague – led me to expect inspiring, grand designs. But there were none; and there were no ideas for designing nature at sea. Presumably, there was no client ambitious enough.

7. Water   One thing there was in plenty was water. However elementary, Dutch design does explore the interface between nature and design when water is the subject. There is at the same time something natural and something bold in the treatment of water, as if water as a design instrument were known through and through. The Dutch designer has water in his blood. Both detailed and large-scale designs, such as that for the IJ banks, are of high quality. Sometimes water seems to be nothing more than empty nature: huge, tempestuous and abstract. A Ruysdalian romance of wind and emptiness overwhelms the designer (for example Adriaan Geuze), while the boundary between the natural and cultural landscape is marked by just a line of reeds. There must be more.

To promote a culture of dialogue between landscape and water we could turn to foreign examples. Chinese garden design has developed a language of images to express the harmony between water and land. Gardens are defined by rocks and water. Weeping willows are frequently used, linking water and land through their swaying branches. The variety in bridges, pavilions and ponds is endless. The water garden of Kashmir shows us a multitude of steps and kiosks, as does the waterfront in Istanbul. But why look so far afield when the tradition of the Dutch seventeenth and eighteenth centuries is al around us? Its tea houses and landing stages and its glimpses of still other gardens and houses are the sights that attract tourists from all over Europe.

8. The garden   Because the interface between nature and culture is nowhere more evident than in garden design, I devote a separate vignette to this topic. During the last decade, design-minded people have had their private gardens designed for them. There is a Tuinenstichting (Gardens Foundation). Public gardens have been made and historic parks restored. Much research has been carried out, the Dutch garden tradition has been rediscovered, and the Clusiusstichting (Clusius Foundation) promotes research and the philosophy of garden design. Moreover, there is growing interest from around the world in the renewal of the assortment of garden plants by the Dutch (for example, by Piet Oudolf). But despite this, garden design seems to fall between two stools in the profession, and just as in the previous yearbook covering the period 1993–1995 it is poorly represented this time around.

Perhaps where gardens are concerned the layman is too strong and the professional too weak. To start with something elementary: one can hardly imagine a balanced urban or landscape design in which the relation between nature and culture does not become legible at some point in the design process. The simplest check for this is a code for three design elements: water, blue; planting, green; buildings, red.[6] Application of this elementary check would force designers to look at the balance between these elements in their own designs and examine how each element is filled in. Instead of conveying this simple information, the visual language of many designs is stuffed full of fanciful visual devices irrelevant for the final effect. This uncontrolled growth of visual impressions stifles insight into the relation between water, green space and the built environment and thus the relation between nature and culture. And considering the fact that garden design derives its strength from the tension and harmony between blue, green and red, these designs miss the essence of what a garden is.

A second elementary observation: many designs reveal a lack of awareness of the richness of the plant world. To the designers, green is green. They see the richness of nature or cultivated plants in a way that for the built object would be unacceptable. It is as if buildings are thought of only as pieces of concrete. And if you do see a variety of planting in the design, you get the impression that the visual material is used only as a sort of green exterior decor rather than an experience of living nature. Is this still the after-effect of the neglect of nature by the modernism of the Le Corbusier type, that left such deep marks? I have committed some thoughts on this to paper elsewhere. It might be that in this century knowledge of the garden tradition and of working with nature has been saved by amateurs. The design profession, with a few individual exceptions, has been busy doing something else.

A third elementary observation: the garden tradition is precisely that – a tradition. There is a cumulative history of garden design. The philosophy of the garden provides few fundamental insights but many problems of application and a mass of solutions. All these go to make up the tradition.[7] How do you create the Persian paradise in a country half under water? In a windy land, where it rains and freezes? How do you accept the dynamic change in nature and translate this to the human scale? By linking gardens to the landscape, for example. Or by consciously bringing the seasons into the garden. But where are the seasons to be found in our designs? After centuries of struggling with this traditional problem we have in this country a garden culture which displays typically Dutch characteristics. The outside world is based on the water management regime of the countryside and providing shelter from the wind. Then there is the town garden, that clearly private domain behind the house which no-one can see, except perhaps the neighbours. These must not be confused with suburban gardens, miniature forms of English 'conspicuous consumption'. And there are collections, botanical gardens, arboretums, greenhouses. Recovering the language of these Dutch traditions in design remains a worthy task for the profession.

9. History After mobility, ecology and the garden, comes history. I place history among the four or five most important themes. The Netherlands is one of the places in the world where the conservation of the historic fabric matters. Tourists thinks so, as well: despite the not overly mild climate, they come to the country in droves. This is not a new phenomenon. When the country was riding a building boom in the seventeenth century this attracted the attention of the elite, who visited the country to see the quality of architecture and land-

Tweede elementaire observatie: veel ontwerpen tonen geen weet van de rijkdom van de plantenwereld. Dat wil zeggen, groen is voor hen onverschillig groen. Zij staan tegenover de rijkdom van de natuur of de gecultiveerde plant op een wijze die voor het gebouwde object als onaanvaardbaar zou gelden. Alsof men bij het bouwen alleen zou denken aan het materiaal beton. Als men bij het tuinontwerp de variëteit van de beplanting al ziet, krijgt men de indruk dat het visuele materiaal meer als een soort groene exterieurdecoratie wordt gebruikt dan als een ervaring van levende natuur.
Is dit nog een naijlen van de verwaarlozing van de natuur door het modernisme à la Le Corbusier, dat zulke diepe sporen van verwaarlozing trok? Ik heb daarover elders wel eens iets op papier gezet. Het kan zijn dat in deze eeuw de kennis van de tuintraditie en van de omgang met de levende natuur is gered door leken. De ontwerpprofessie, een enkele uitzondering daargelaten, is in deze eeuw met iets anders bezig geweest.

Derde elementaire observatie: een tuintraditie is precies dat – een traditie. Er is een cumulatieve geschiedenis van het ontwerpen van tuinen. In de filosofie van de tuin bestaan maar weinig basale inzichten, maar wel veel toepassingsproblemen en heel wat oplossingen. Al deze oplossingen vormen de traditie.[7] Hoe het Perzische paradijs te realiseren in een land dat half onder water staat? Waar het waait en regent en vriest? Hoe de dynamiek van de natuur te aanvaarden en op de schaal van de mens te vertalen? Door landschap en tuin te verbinden bijvoorbeeld. Of door in het tuinontwerp bewust jaargetijden op te nemen. Waar zijn de jaargetijden in onze ontwerpen? Tijdens de eeuwenlange omgang met deze traditionele problemen is hier te lande een tuincultuur ontstaan die in typisch Nederlandse accenten spreekt. Er is het buiten dat zich baseert op de waterhuishouding van het platteland. En op het breken van de wind. Er is de stadstuin, het vanzelfsprekende private domein, achter het huis, dat hooguit de buur kan zien. Niet te verwarren met de tuinen van suburbia, deze miniatuurvorm van Engelse *conspicuous consumption*. Er is het verzamelen, de hortus, het arboretum, de kas. De taal van deze Nederlandse tradities terug te winnen in het ontwerp blijft een mooie opgaaf voor het vak.

9. De historie Na de mobiliteit, de ecologie en de tuin, de historie. In de rangorde van thema's staat de historie voor mij bij de eerste vier of vijf. Nederland is een van die plekken in de wereld waar het behoud van het historisch gezicht er toe doet. Dat vinden ook de toeristen, die ondanks het niet altijd clemente klimaat Nederland in drommen bezoeken. Dat is niet nieuw. Toen Nederland in de zeventiende eeuw nieuw ging bouwen, trok dat overal de aandacht van de elite. Die elite bezocht ons land om de kwaliteit van het landschap en de stedebouw te zien. Nu is dat niet alleen de elite. Wat de toerist ziet, is niet langer nieuw, maar oud, maar heeft nog steeds een unieke kwaliteit. Zou deze historie niet bestaan dan verminderde het toerisme opslag. Hetzelfde mag men zeggen van de binnenlandse *vox populi*. Zij staat positief tegenover het verleden. De Nederlander gaat graag naar zijn historische musea en gaat graag naar zijn monumenten kijken en zou de historische stedebouw en landschapsarchitectuur graag willen bewaren. De Nederlandse lekenbevolking kent geen dédain voor Anton Pieck.

De historie duikt pas op als ontwerpprobleem in tijden van economische en demografische dynamiek. Ik hoef dat voor mijn deskundig publiek niet te verduidelijken. Miljoenen huizen zijn en worden gebouwd, mobiliteitsproblemen vragen hun tol, leefpatronen bewonen de ruimte extensiever, werk scheppen is belangrijker dan rentenieren. Met een aanzienlijke hardnekkigheid heeft het bestuur – soms tegen de wensen van opdrachtgevers of ontwerpers in – geprobeerd de kool van de historie en de geit van de dynamiek gezamenlijk over de rivier te brengen. Maar daarvoor is ook een visie op de historie nodig die de ontwerper tot intelligente oplossingen stimuleert. Ik vraag me af of deze visie bestaat.

Opnieuw gaat Rem Koolhaas het probleem van de historie niet uit de weg. Zijn oplossing lijkt wel iets op de oplossing met de natuurreservaten. De historische complexen, zeker die op de schaal van steden, zijn voor het eigentijdse ontwerpen lastig, zo niet onbruikbaar. Bouw dus elders en laat de historie in haar eigen overjarige sop gaar koken. Musealiseer de historie en respecteer de historische steden in cultuurreservaten. Et passons outre. Op zich is dit een oplossing, zij het niet de meest creatieve. Het is een voortzetting van de gedeconcentreerde concentratie, de new-towns-gedachte. Pas vandaag wordt de rekening daarvan betaald in de vorm van het functieverlies van de historische steden. Daartegenover geldt als museale winst dat het ruimtelijk beleid indertijd de hoogste dynamiek uit de historische steden verplaatste. Dat gaf ons tijd. Het bespaarde ons een serie

scape for themselves. Now, this activity is no longer restricted to the elite. What the tourist sees is old, not new, but it still has a unique quality. If it did not exist there would be less tourist revenue. The same could be said of the domestic vox populi, which also takes a positive view of the past. The Dutch are keen visitors to museums and historic monuments and want to see historic urban and landscape design preserved. The Dutch lay public does not scorn Anton Pieck (a Dutch artist renowned for his popular depictions of everyday life in Holland in previous centuries).

History only arises as a design problem in times of dynamic economic and demographic change. This needs no clarification for the expert reader. Millions of houses are built, mobility takes its toll, lifestyles demand more extensive use of space, and creating work is more important than a life of leisure. With considerable obstinacy, government has – sometimes against the better judgement of designers and their clients – tried to mix the water of history with the fire of dynamic change. But this has to be based on a vision of history that stimulates the

Rotterdamse bombardementen in Den Haag, Utrecht of Amsterdam, Haarlem en Leiden. Al valt wel een aantal air raids te melden waarvoor stadsbesturen en moderne architecten tekenen.

Dit neemt niet weg dat de historische stad een probleem vormt; ze combineert niet overal gemakkelijk met het moderne bestaan. Het negeren van het moderne bestaan is geen oplossing. Ook het historische centrum heeft recht op vitaliteit. De auto moet niet uit de historische stad worden geweerd, hij moet er worden geaccommodeerd. Net zoals men geen eigentijds koopcentrum bouwt zonder veel aandacht te besteden aan de automobilist, moet men ook de historische centra voor de auto verbouwen, bijvoorbeeld ondergronds. Dit is ook van belang voor de draagkracht. Als woonstad is de historische

designer to come up with intelligent solutions. I doubt the existence of such a vision.

Again, Rem Koolhaas does not avoid confronting the problem of history. His solution resembles that for nature reserves. Historic complexes, certainly those at the scale of towns and cities, are problematic for contemporary design, if not unworkable; so build elsewhere and leave history to stew in its perennial juices. Museumize history and respect historic towns as culture reserves. Et passons outre. This is at least a solution, albeit not the most creative. It is a continuation of decentralized concentration, the new towns concept. Now we are starting to pay for the consequences as the historic towns lose their functions. Against that, the fact that the most dynamic activities were indeed removed from the historic town centres is a gain for their museum value. This won us time, and spared us a series of Rotterdam bombardments in The Hague, Utrecht, Amsterdam, Haarlem or Leiden. Although there have been a few air raids authorized by city councils and architects.

This does not detract from the fact that the historic town poses a problem: it is not always easy to combine with modern life. Denying the needs of modern life is no solution; historic town centres have a right to vitality, too. Cars must not be banned form historic towns, but accommodated. In the same way that no modern shopping mall is built without paying a great deal of attention to the car user, historic centres must be adapted to accommodate the private car, possibly underground. This is also necessary to maintain a viable tax base. As places to live, historic towns have been the preserve of the wealthy; after all, one cannot expect historic town centres to be maintained entirely at state expense. Investment by private individuals with sufficient means will continue to be needed. But why should private investors put all their money into green space? Gentrification is good for old cities. Do not prevent it. And so on. Historic cities should be car friendly, but also quiet, safe, green, attractive and have status, as they once used to. Otherwise they will become the opposite, and disappear.

It is tempting to go into the difficulties many designers have with identifying and appreciating the form language of the past and tapping into its meaning. However, this is a wide-ranging topic and not appropriate here. To put it another way: an urban or landscape designer who does not understand the language of the past misses the boat. The world is discovering the past, but this only happens later in the provinces. Perhaps too late.

stad bij uitstek het domein geweest voor de draagkrachtigen. Men kan niet verwachten dat de monumentale binnensteden geheel door de staat worden onderhouden. Draagkrachtige private investeringen daarin blijven nodig. Waarom zouden private investeerders alleen moeten investeren in het groen? *Gentrification is good for old cities*. Sta dat niet in de weg. Enzovoorts. Historische steden moeten auto-vriendelijk, maar ook rustig, veilig, groen, mooi en statusrijk zijn, zoals zij dat waren. Anders worden zij het tegendeel daarvan. En verdwijnen zij.

Het is verleidelijk om in te gaan op de moeite die heel wat ontwerpers hebben om de vormentaal van het verleden te herkennen en te waarderen en om aansluiting bij die vormentaal te zoeken. Het is een breed onderwerp dat hier niet helemaal past. Laat ik lapidair zijn: wie als ontwerper van stad en land de taal van het verleden niet verstaat, mist de boot. De wereld ontdekt het verleden, maar in de provincie gebeurt dat later. Misschien te laat.

10. *Het beneden-nationale niveau*

Deze wat logge betiteling is nodig om de curieuze situatie te beschrijven waarin het Nederlandse opdrachtwezen verkeert. Historisch gezien is Nederland een land van steden en provincies die zich als kleine nationale staten gedroegen. De Thorbeckiaanse pacificatie van het midden van de vorige eeuw leverde een staat op die niet unitair genoeg was om grootscheeps beleid te voeren, maar die tegelijkertijd wel het beneden-nationale niveau, en in het bijzonder de provincie, blijvend verzwakte. Toch

kruipt het bloed waar het niet gaan kan. Er is in Nederland veel sympathie voor de een of andere vorm van samenwerking tussen het beneden-nationale en het nationale niveau. De meest interessante ontwerpen, of de meest ambitieuze, lijken daar te ontstaan waar deze samenwerking slaagt. Terwijl de verklaring voor het ontbreken van goede ontwerpen bij ecologische kwesties en mobiliteitskwesties vermoedelijk in de zwakheid van het nationale niveau ligt, ligt de verklaring voor het succes van de grootschalige ontwerpen in de buurt van Utrecht of Amsterdam of op de Zuidelijke Maasoever in de samenwerking met het beneden-nationale niveau. Misschien is er een 'new deal' nodig in de ruimtelijke ordening; een new deal waarbij bepaalde vraagstukken worden gereserveerd voor het nationale niveau en andere voor het beneden-nationale niveau, en waarbij meer synergie ontstaat tussen beide opdrachtkaders.

11. De verstedelijking Het niet onderscheiden van woningbouw en verstedelijking en het wel onderscheiden van platteland en stad verduistert het centrale probleem: dat wij een stad Nederland aan het bouwen zijn op dezelfde plaats als die waar wij een landschap Nederland aan het realiseren zijn. De discussie over het Groene Hart illustreert dit naijlen van de begrippen bij de realiteit. De vraag van vandaag is hoe wij het dubbele proces van vergroening van de stad en verstedelijking van het platteland structureren. Recentelijk is hierover een uiterst interessante studie verschenen, getiteld 'Het land in de stad'.⁸

Over de prioriteiten en de modellen zou meer zekerheid moeten bestaan. Maar ook over de meest elementaire vragen betreffende de stad bestaat fundamentele onzekerheid. Nadert de Europese conceptie van de stad na drie millennia haar einde, of is er juist een renaissance van die conceptie op komst? Vermoedelijk zal dit debat in het buitenland worden beslist. Er is in Nederland op zijn minst één dissertatie in de maak – die van Bernard Colenbrander – waarin dit buitenlandse debat wordt gevolgd.

12. Scenario's Het huidige ontwerpen kent dus vier fundamentele dimensies, problemen en obstakels: de mobiliteit, de natuur, de historie en de stedelijkheid. En het kent, om verschillende redenen, veel onzekerheid daarover.

Ik vind dat het denken in scenario's hier niet altijd goed heeft gewerkt. Het scenariodenken is minder een oplossing dan een vlucht. Het scenario veronderstelt verschillende toekomsten, maar die zijn er niet in die mate. De toekomst is voor een groot gedeelte méér van hetzelfde, is bijna steeds het resultaat van doorgaan met een verouderd instrumentarium tot het schip strandt. De toekomst is vrijwel nooit een gekozen weg. Maar bovenal geldt dat er van de toekomst, net als van het verleden, maar één is. Wat er ook gebeurt, er zal maar één toekomst zijn. Zij zal een beetje zus, of een beetje zo zijn, maar geen flexibele toekomst. Het scenariodenken geeft ons de illusie dat er meerdere toekomsten zijn: een christelijke of een islamitische, een natte of een droge, een regionale of een Europese, en zo verder. Dat is misleidend. De toekomst is christelijk én islamitisch, nat én droog, en Europees én regionaal tegelijk. Voor het ontwerpen is het nodig deze tegenstellingen onder ogen te zien en er het beste van te maken. In het verlengde van deze opvatting heeft het alleen zin een ecologisch optimum naast een mobiliteitsoptimum naast een historisch optimum naast een modern verstedelijkingsoptimum te construeren ten behoeve van de confrontatie van deze optima met elkaar. Scenario's leiden ons af van de werkelijkheid die zich anders en achter onze rug ontwikkelt. Slecht nieuws voor ontwerpers die van dromen houden.

13. Zelfbeeld Bij het beoordelen van de kwaliteit van het ontwerp duikt altijd een soort ideaalbeeld op van wat wij zouden willen zijn en vooral van wat wij niet zouden willen zijn. Het is mij wel vaker

10. The subnational level This rather awkward title is a reflection of the curious position of design commissions in the Netherlands. Historically, the Netherlands is a country of cities and provinces that behaved like little nation states. The Thorbeckian pacification in the middle of the last century led to the creation of a state not united enough to pursue major policies but at the same time permanently weakened at the subnational level, and in particular in the provinces. Nevertheless, the Dutch have cooperation in the blood. In the Netherlands there is much sympathy for some form of cooperation between the subnational and national levels. The most interesting designs, or the most ambitious, seem to be the products of the most successful cooperation. Just as the explanation for the lack of good designs involving ecological and mobility issues probably lies in the weakness of the national level, the explanation for the success of large plans for areas near Utrecht and Amsterdam or on the south bank of the Meuse in Rotterdam lies in cooperation with the subnational level. Perhaps what is needed is a 'new deal' for spatial planning; a new deal in which certain issues are reserved for the national level and others for the subnational level, with more synergy between the two.

11. Urbanization Distinguishing between town and country while not recognizing a difference between housebuilding and urbanization clouds the central issue: we are building the city of the Netherlands and creating the landscape of the Netherlands in the same place. The debate about the Green Heart illustrates the time lag between reality and concepts. Today's question is how we can shape the dual processes of the greening of the city and the urbanization of the countryside. A fascinating study on this issue has recently been published, called 'Het land in de stad'⁸ (The country in the city).

We need to be more certain of priorities and conceptual models. But even the most elementary questions concerning the city are beset by basic uncertainties. Is the European concept of the city nearing its end after three thousand years, or is it about to undergo a renaissance? This debate will presumably be decided abroad. In the Netherlands there is at least one thesis in preparation, by Bernard Colenbrander, that follows the international debate.

12. Scenarios Contemporary design has four fundamental dimensions, problems and obstacles: mobility, nature, history and urbanism. And, for various reasons, is very uncertain about them. I believe that thinking in scenarios has not always helped in this respect. Rather than offering solutions, scenarios are more likely to be flights of fancy. They assume various possible futures, but there is no such range of futures suggested by scenarios. The future is to a large extent more of the same, and is almost always the result of continuing with old policy instruments until the ship runs out of steam. The future is almost never chosen. But above all, there is only ever one future, just as there is only one past. Whatever happens, there is just one future. It might contain a bit more of this or less of that, but it is not an entirely flexible future. Thinking in terms of scenarios deludes us into thinking that there are many possible futures, Christian or Muslim, wet or dry, regional or European, and so on. This is misleading. The future is both Christian and Muslim, wet and dry, European and regional at the same time. These contradictions need to be borne in mind and made the best of when drawing up plans.

Similarly, it only makes sense to construct an ecological optimum, a mobility optimum, a historical optimum and a modern urbanization optimum if you observe the resulting confrontation between them. Scenarios distract us from reality, which is always developing differently behind our backs. Bad news for designers with dreams.

13. Self-image When judging the quality of design, a sort of ideal image of what we want to be, and above all of what we do not want to be, always crops up. It has struck me more than once that a considerable number of Dutch designers have something against the Baroque. There is a desire to be simple,

opgevallen: een aanzienlijk deel van de Nederlandse ontwerpers heeft iets tegen barok. Men wil het eenvoudig, simpel, strak, puur, zuiver, wit en rechtlijnig houden, als het ware. Het mag niet kleurrijk en complex zijn. Saenredam is het mooiste dat er is. Nederland wordt als het ware pas mooi na de beeldenstorm. Dit is een zure en benepen houding. Barokke figuren als Frans Haks, zuiderlingen als Jo Coenen, Jordanezen als Piet Blom, ontwerpers met een vreemde iconografie als Bhalotra, ze worden al gauw te wuft en te licht bevonden. Nederland kent nog steeds een ietwat tot het bucolische en het Bourgondische neigende bevolking, geterroriseerd door dominees.

14. Het nationale beeld Zo een jaarboek wil natuurlijk allereerst laten zien wat er in Nederland gebeurt. Ook aan buitenlanders. Maar, zoals gezegd, datgene wat het meest vermeldenswaard is, wordt niet altijd in Nederland gemaakt. Soms wordt het door Nederlanders in het buitenland gemaakt. Gezien mijn preoccupatie

neat, pure, clear, white and straight, as it were. But never colourful or complex. Saenredam is the best there is. As if the Netherlands could only be beautiful after the iconoclast. This is a bitter and narrow-minded attitude. Baroque figures such as Frans Hals, southerners like Jo Coenen, Amsterdamers from the Jordaan district such as Piet Blom, designers who use a strange iconography like Bhalotra, are all too readily considered frivolous and lightweight. The Netherlands still has a somewhat bucolic and pleasure-loving population that is terrorized by ministers.

14. National policy A yearbook such as this, of course, first and foremost wants to show what is happening in the Netherlands; to foreigners as well as to the Dutch themselves. But, as I said, the work most worthy of mention is not always

met de provincialiteit van de Nederlandse cultuur, kan ik mij maar moeilijk neerleggen bij de beperking dat het jaarboek alleen over Nederlanders in Nederland gaat. Om het al te veel genoemde buitengaatse wonderkind niet opnieuw te noemen, wijs ik op het ontbreken van de eerder genoemde tuinarchitect Piet Oudolf. Hij past overigens schitterend in de wat puristische stemming van de hedendaagse culturele elite. Hij heeft nauwelijks ontworpen in Nederland. Wel in het buitenland. In Engeland, Frankrijk, Scandinavië en Duitsland is zijn naam een begrip. Er worden artikelen, boeken en lezingen aan hem gewijd. In het jaarboek ontbreekt hij compleet. Dat geeft mij geen vreugde. De Nederlandse tuincultuur is rijker dan zij schijnt. De klein-Nederland-gedachte slaat ook toe als het om de definitie van landsgrenzen gaat. De Antillen en Aruba zijn onderdeel van het Koninkrijk der Nederlanden. De banden zijn eigenlijk onlosmakelijk geworden. Maar mentaal hoort dat wat aan de andere kant van de oceaan gebeurt er onvoldoende bij. De 'jury' heeft op het laatste moment nog geprobeerd iets te repareren, maar de gezochte voldragen ontwerpen ontbraken. Is het denkbaar dat er in de overzeese Nederlanden op het gebied van landschap en stedebouw helemaal niets is dat vermelding verdient?

De Maaskantstichting heeft bij zijn prijstoekenning de grenzen wat opgerekt. Men heeft zowel Nederlandstaligen in het buitenland, bijvoorbeeld Belgen, als buitenlanders die in Nederland werken, bekroond. Deze internationale rekkelijkheid heeft het beeld verrijkt, maar het ook dichter bij de eigentijdse feitelijkheid gebracht. Juist omdat de Nederlandse cultuur iets provinciaals heeft, kan zij heel goed als een onderdeel van iets wijders worden gezien.

15. De zelfverzonnen opdracht Ik heb mij niet verdiept in de andere beperkende regel van het 'jury'-beleid: dat de ontwerper een onafhankelijke opdrachtgever moest hebben. Of anders gezegd: dat de ontwerper niet zijn eigen opdrachtgever kon zijn. Er moeten redenen van gewicht zijn om tot zulke niet-inhoudelijke beperkingen te komen. Want stel dat de opdrachtgever en de ontwerper één en dezelfde persoon zijn, maar dat zij niettemin met het idee of het ontwerp van het jaar komen. Is het dan niet raar om dit niet uitgebreid in het jaarboek te vermelden?

Ik herinner me dat een enkele keer een ontwerp op deze formele grond werd afgevoerd. Ontwerpen waarin ik wel iets zag, waarvan ik de merites kon zien, zoals het plan voor het hergebruik van verwaarloosde stukken terrein tussen spoordijken. Ook als de NS daarvan nooit de opdrachtgever wordt, blijft het idee voor mij belangwekkend.

16. Alternatieven Zo leiden de discussies in de 'jury' en mijn reflecties in deze vignetten daarop tot de vraag: kan het jaarboek beter? En vooral tot de daaropvolgende vraag: kan het jaarboek een grotere rol spelen in de discussie over landschap en stedebouw? Ik voel mij niet echt geroepen om op deze vragen antwoord te geven, daarvoor ben ik te veel buitenstaander.

Juist als buitenstaander zou ik willen waarschuwen tegen een te radicale koersverandering. Dat bovenstaande vragen opkomen, is het gevolg van het bestaan van het jaarboek en het resultaat van een intelligente procedure. Men zal zeker niet moeten weggooien waar de professie het beste in is: het oordelen over kwaliteit.

Maar misschien is een andere, betere vorm te vinden dan de betrekkelijk passieve vorm die een benadering via een selectiecommissie met zich meebrengt. Misschien moet bij voorbaat gericht gezocht worden. Niet zozeer om een meer dekkend beeld te krijgen van wat een bepaalde periode aan ontwerpen oplevert, als wel om bepaalde probleemvelden beter in kaart te brengen. De 'jury'-benadering brengt met zich mee dat men per keer, desnoods in meer ronden, over één ontwerp oordeelt. Maar bepaalde vragen – ik noemde de mobiliteit, de natuur, de historie, de stad en eventueel de tuin als probleemgebied – zouden misschien in samenhang beoordeeld moeten worden, en niet alleen in relatie tot de geslaagdheid van individuele projecten.

Men zou ook de twee procedures kunnen ontkoppelen en er twee trajecten van kunnen maken. Men zou dan de kwaliteitsbeoordeling van de ontwerpen kunnen handhaven en daaraan analytische probleemverkenningen kunnen toevoegen om vervolgens de resultaten van beide met elkaar te confronteren. Voor beide benaderingen zijn vaklieden nodig. De selectiecommissie zou zich op het product kunnen richten, de analytici zouden de opdrachtgeving als focus kunnen hebben.

done in the Netherlands. Sometimes it is carried out by Dutch designers working abroad. In view of my preoccupation with the provinciality of Dutch culture, I find it hard to accept the yearbook's limitation to Dutch designers working in the Netherlands. To recall the all too often mentioned offshore wonder boy once again, I refer to the omission of the landscape architect Piet Oudolf. He fits perfectly into the rather puritanical frame of mind of the contemporary cultural elite. He has hardly any designs in the Netherlands, but in England, France, Scandinavia and Germany he is well known. Books, articles and readings are devoted to him, but he does not appear in this yearbook. This is a disappointment. Dutch garden culture is richer than it would appear.

The Little Holland idea really takes hold when it comes to defining the country's borders. The Antilles and Aruba are parts of the Kingdom of the Netherlands. The links have, in fact, been made inseparable. But what happens on the other side of the ocean is both out of sight and largely out of mind. The 'jury' tried to patch this omission up at the last minute, but the sought after well-considered designs failed to materialize. Is it conceivable that there is nothing at all of note in landscape and urban design in the Dutch overseas territories?

The Maaskantstichting (Meuse Banks Foundation) has stretched the boundaries further still. Dutch native speakers abroad, in Belgium for example, as well as foreigners working in the Netherlands were awarded prizes. This international flexibility enriched the picture and also brought it closer to current reality. And precisely because Dutch culture has a certain provinciality it can readily be seen as part of something broader.

15. Self-commissioned work I have not yet examined the other restrictive rule of the 'jury' policy: that the designer must have an independent client. In other words, the designer must not be the author of his own assignment. There must be weighty considerations for imposing a condition that has nothing to do with the actual content of the work. What if a landscape architect 'commissions' his or her own work and comes up with the idea or design of the year? Would it not be odd not to discuss this fully in the yearbook? I recall a few times when a design was rejected on these formal grounds. These were designs which appealed to me, in which I could discern merit, such as a plan for the reuse of neglected pieces of land between railway embankments. Even if Dutch Railways never commissions such work, I still find the idea interesting.

16. Alternatives And so the discussions in the 'jury' and my reflections in these vignettes lead to the question: Could the yearbook be better? And above all: Could the yearbook play a bigger role in the debate on landscape architecture and town planning? I do not feel it incumbent on me to answer these questions; I am too much of an outsider to do that. As an outsider, though, I would warn against a too radical change of course. The above questions arise only because the yearbook exists in the first place and is the result of an intelligent procedure. The profession should certainly not throw away what it is best at: judging quality.

But perhaps it is possible to find a better form than the rather passive one implied by the selection committee approach. Perhaps certain types of designs should purposely be sought out. Not so much to compile good coverage of what has been achieved during a particular period but to obtain a clearer picture of certain problem areas. The 'jury' approach means that each design is looked at in turn, if necessary in a number of rounds. But certain issues – I have mentioned mobility, nature, history, the city and, perhaps, the garden as problem areas – could be approached together, not just in relation to the success or otherwise of individual projects. The two could be separated to create two procedures. The assessment of the quality of the designs could be retained, supplemented by analytical explorations of the problems and a comparison of the results of these two processes. Both approaches require input from design professionals: the selection committee could focus on the products, the analysts on the briefs and the commissioning of plans and designs.

Another suggestion is to make the judgements more international. When a long time ago we started Architecture International Rotterdam (AIR) it proved most stimulating to invite foreign experts to give radical opinions of the quality of our Rotterdam architecture. The result of this expert assessment was rather bewildering. From an international perspective there was certainly no cause for complacency, which, however, was abundant. If I recall correctly, only the Groothandelsgebouw remained as an interesting piece of architecture. It appeared that provincialism had picked up only the most favourable reactions from abroad and generalized them. This shock had a cleansing effect. Interest in foreign criticism and solutions from abroad grew by leaps and bounds. This in turn created a new level of criticism for Rotterdam architecture and urban design, and formed the stimulus for the city's ambitions. One could even think of making the yearbook international in scope.

A yearbook is not only a goal in itself. It should also serve to stimulate discussion about landscape and urban design.

17. Ambition The longer I look at it, the more interesting I find Dutch culture to be. Here, in a place not particularly favoured by nature and bordering larger powers, a small people has succeeded in escaping the treadmill of the ordinary. It has known low points as well as high. Which those are, and the reasons for them, I leave to the reader. With the warning that the Dutch are not always the best judge of these. During periods of decline and recovery it becomes clear where Dutch priorities lie: with the practical, technical, useful and obvious things. The Dutchman does not have the romantic memory of the Pole or the nationalism of the Frenchman. You only have to think of the so-called period of reconstruction after the Second World War (which was the first for the Netherlands) and of Father Drees (prime minister during this period), or of the period of the post-Napoleonic restoration and its symbol, the typical Dutch sovereign Willem I. Old Stick-in-the-mud remains a cultural hero.

At the same time, when economic times are good, this people has known its moments of glory; culturally, too. The peace dividend ushered in by the Treaty of Munster (or Westfalia, 1648) was put to cultural advantage. A hidden cultural ambition emerged. Now the Dutch economy is performing well again, it will depend on the quality of politicians, administrators and

Nog een andere suggestie: internationaliseer het oordeel. Toen wij lang geleden met 'Architecture International Rotterdam' (AIR) startten, bleek het zeer stimulerend te zijn aan buitenlandse deskundigen een radicaal oordeel te vragen over de kwaliteit van onze Rotterdamse architectuur. Het resultaat van deze expertbeoordeling was tamelijk onthutsend. Voor zelfgenoegzaamheid, die overvloedig heerste, bleek in internationaal perspectief weinig reden te zijn. Als ik mij wel herinner, bleef alleen het Groothandelsgebouw als interessant overeind. Het provincialisme bleek alleen de gunstige signalen uit het buitenland te hebben opgevangen en dat oordeel te hebben veralgemeend. De schok werkte sanerend. De belangstelling voor het buitenlandse oordeel en de buitenlandse oplossingen nam met sprongen toe. Dit heeft een nieuw niveau van beoordeling geschapen voor de Rotterdamse architectuur en stedebouw, en vormde een stimulans voor de ambities van Rotterdam. Men zou er eens over kunnen beraadslagen om met het jaarboek internationaal te gaan.

Een jaarboek is niet alleen een doel op zich. Het dient ook een impuls te zijn voor een discussie over landschap en stedebouw.

17. Ambitie Naarmate ik langer naar Nederland kijk, vind ik de Nederlandse cultuur interessanter. Hier is een klein volk, op een niet direct door de natuur uitverkoren plek, aan de rand van grote rijken gelegen, de dans van de middelmatigheid ontsprongen. Het heeft dieptepunten en hoogtepunten gekend. Welke dat zijn en de reden waarom die het zijn, laat ik aan de lezer over. Met de waarschuwing dat de Nederlander daarvoor niet altijd de beste oordelaar is. In de perioden van neergang of herstel is het duidelijk geworden waar de Nederlandse prioriteiten liggen: bij het praktische, het technische, het nuttige en het voor de hand liggende. De Nederlander mist het romantische geheugen van de Pool en het nationalisme van de Fransman. Men hoeft maar te denken aan de zogenaamde wederopbouwperiode na de Tweede Wereldoorlog (die voor ons de eerste was) en aan Vader Drees, of aan de periode van de post-Napoleontische restauratie en haar symbool: de typisch Nederlandse vorst Willem I. Droogstoppel blijft een cultuurheld.
Tegelijk heeft dit volk, als het economisch goed ging, zijn momenten van glorie gekend, ook in de cultuur. Het vredesdividend van de Vrede van Munster (of Westfalen, 1648) is cultureel gezien niet slecht besteed. Er bleek een verborgen culturele ambitie te bestaan. Nu het economisch gezien opnieuw goed gaat met Nederland, zal het aan de kwaliteit van de politici, bestuurders en opdrachtgevers liggen of men de kwaliteit binnen het Nederlandse ontwerp herkent en zo het landschap en de stedebouw uittilt boven het middelmatige niveau.

18. Dilemma Wij zitten dus met een dilemma. Enerzijds is het stadium bereikt om onze ambities om te zetten in ambitieuze opdrachten van de schaal van de Zuiderzee- of Deltawerken. Dit veronderstelt een samenballing van wil en een visionaire aanpak die men associeert met nationale projecten. Anderzijds spreekt de hele Nederlandse traditie tegen een *top-down* benadering. De traditie is die van een *bottom-up* aanpak, die geen centrale opdrachtgever kent, en altijd veel tijd kost en daarom meestal het goede moment voorbij laat gaan. Het is niet ondenkbaar dat een komende crisis op wereldschaal de optimistische infrastructurele plannen van het moment zal doorkruisen. Nationale ambities zal men dan helemaal kunnen vergeten.
Maar de eerder genoemde lacunes blijven bestaan. Er is geen integraal en Europees gedacht herinrichtingsplan dat de ecologie van

Nederland vorm geeft. Er is geen doordacht plan voor een tweede nationale luchthaven in zee, gecombineerd met ecologische, infrastructurele en woningbouwbehoeften. Er is geen nationaal plan om verkeerstechnisch de Randstad tot een geheel te smeden en aan te sluiten op Europese verbindingen en hogesnelheidslijnen. Er is überhaupt weinig aandacht voor grensoverschrijding. Men zou zo kunnen komen tot een lijst van bijvoorbeeld vijf nationale lacunes.

Er is niet één minister te vinden voor al deze lacunes. De RPD heeft niet de ambitie het nationale ontwerpcentrum in te vullen. Misschien is een oer-Nederlandse oplossing het maken van een nationaal fonds, dat met instemming van de regering deze nationale opdrachten in studie neemt?

Noten / Notes

1. Cultural Policy in the Netherlands; Report by the Panel of European Experts. Council of Europe, Straatsburg, 1994.

2. De gijzeling van de beeldende kunst. Riki Simons. Meulenhoff, Amsterdam, 1997.

3. Intelligent spaces; architecture for the information age. Otto Riewoldt. 1997.

4. Europees ruimtelijk ontwikkelingsperspectief; vergadering van de ministers van ruimtelijke ordening van de lidstaten van de Europese Unie. Noordwijk, juni 1997.

5. Van parken en tuinen. A.J. van der Staay. VUGA, Den Haag, 1987.

6. The Poetics of Gardens. Moore, Mitchell en Turnbull. M.I.T., 1989.

7. The language of the garden. A.J. van der Staay. In: Tuinkunst: Dutch Yearbook of the history of garden and landscape architecture. 1996.

8. Het land in de stad; De stedebouw van de grote agglomeratie. L.J.M. Tummers en J.M. Tummers-Zuurmond. Uitgeverij THOTH, Bussum, 1997.

clients to recognize the quality to be found in Dutch design, and so raise the level of urban and landscape design above the ordinary.

18. Dilemma And so we face a dilemma. We have reached the stage of turning our ambitions into ambitious commissions on the scale of the Zuiderzee or Delta works. This presupposes an amalgamation of will and vision that people associate with national projects. But the Dutch tradition completely opposes a top-down approach; it is a bottom-up tradition, with no central coordination, and which always takes a lot of time – and so usually misses the appropriate moment. It is not impossible that a future global crisis will run roughshod through the optimistic infrastructure plans of today, making any national ambitions redundant.

The inadequacies discussed above still remain. There is no integral plan taking a European perspective that shapes the ecology of the Netherlands. There is no well considered plan for a second international airport in the sea combined with a development programme to meet ecological, infrastructure and housing needs. There is no national plan to mould the Randstad into a single transport entity and link it into European transport corridors and high speed rail links. Attention is not even being given to cross-border issues. This is already a list of five inadequacies at the national level.

No one minister can fill these gaps, and the National Spatial Planning Agency has no ambitions to become a national design centre. Perhaps a trusty old Dutch solution would be to establish a national fund, approved by the government, to study these issues.

Han Meyer

De schoorvoetende heroriëntatie op het ontwerpen van grote openbare werken

A reluctant reorientation; the design of major public works

There has not been a shortage of large infrastructure projects in recent years, and we can expect the expansion and renewal of infrastructure to make an even deeper impression on the spatial structure of town and country in future. The total sums to be invested in infrastructure in the period from 1998 to 2010 are said to be astronomical, with figures ranging from 90 to 200 billion guilders. Given this situation, you would think that the planning and landscape professions had already thoroughly prepared themselves for this enormous challenge, and that previous assignments had been seized upon as opportunities to come up with interesting new designs. But if we are to believe the selection committee for this yearbook, the quality of the plans in this area have been terribly disappointing. The only designs to have won a place are for 'typical Dutch public works' – the new transport infrastructure is not considered interesting enough. The selection committee was probably right, too.

This situation is not the result of a lack of interest. As early as 1991 calls were made for new ideas for the design of motorways as part of the 75th anniversary celebrations of the Roads department of the State Forest Service.[1] And in 1996 the Panorama Foundation organized a series of activities related to

Het heeft de afgelopen jaren niet ontbroken aan grote projecten op het gebied van infrastructuur, en voor de komende tijd valt te verwachten dat de uitbreiding en de vernieuwing van infrastructuur een nog zwaarder stempel zal gaan drukken op de ruimtelijke inrichting van stad en land. Voor het totaal van de investeringen in de infrastructuur in de periode tussen 1998 en 2010 worden astronomische bedragen genoemd, uiteenlopend van negentig tot tweehonderd miljard gulden. Met dit perspectief voor de korte termijn zou je mogen verwachten dat de stedebouwkundige en landschapsarchitectonische vakwereld zich inmiddels terdege heeft voorbereid op die monsteropgave en dat de opgaven van de afgelopen jaren zijn aangegrepen om een aantal interessante ontwerpen te maken.

Als we de selectiecommissie van dit jaarboek mogen geloven, valt de kwaliteit van de ontwerpen op dit terrein echter bar tegen. De enige ontwerpen die een plaats in dit jaarboek hebben verworven, betreffen 'typisch Nederlandse waterstaatswerken'. De nieuwe infrastructuren voor verkeer en transport zijn niet interessant genoeg bevonden voor het jaarboek. En daar heeft de selectiecommissie waarschijnlijk geen ongelijk in gehad.

Aan belangstelling voor het infrastructuurvraagstuk heeft het de afgelopen jaren niet gelegen. Reeds in 1991 werd hernieuwde aandacht gevraagd voor het ontwerp van de autosnelweg naar aanleiding van het 75-jarig bestaan van de afdeling Verkeerswegen van Staatsbosbeheer.¹ In 1996 organiseerde de Stichting Panorama een reeks activiteiten over het ontwerpen van infrastructuur. In de tussentijd zijn diverse publicaties verschenen met pleidooien om meer aandacht te schenken aan het infrastructuurontwerp, waaronder de hartstochtelijke oproep van BNS-voorzitter Joost Schrijnen voor een geïntegreerde benadering van stedebouw, landschapsontwerp en infrastructuurontwerp², en het boek 'Asfalt' van Michelle Provoost.³ Aan TU's en Academies worden al jaren speciale projecten over het ontwerpen van infrastructuur georganiseerd. En de belangstelling voor het thema beperkt zich allerminst tot de landsgrenzen. Internationale tijdschriften wijden speciale themanummers aan het infrastructuurontwerp, zoals het Italiaanse 'Casabella', dat al in 1987 met een dergelijke uitgave op de markt kwam.

Kortom, het thema heeft niet te klagen over belangstelling. Toch wil het met dat ontwerpen nog niet echt lukken. Kennelijk werkt de recente geschiedenis hardnekkiger door dan menigeen voor mogelijk hield.

Kenmerkend voor die recente geschiedenis is de institutionele en ideologische scheiding tussen de wereld van de 'grote' infrastructuur en de wereld van de 'kleine' infrastructuur van de stedelijke openbare ruimte. Tussen beide kampen heeft jarenlang een onverzoenlijke strijd bestaan en beide kampen hadden hun eigen manifest. Dat was enerzijds Sigfried Giedions 'Space, Time and Architecture' met zijn pleidooi voor de ontmanteling van de traditionele stad met haar *'rue corridors'* en voor de massale introductie van de autosnelweg als

the design of infrastructure. In the meantime, various publications have appeared calling for more attention to the subject of the planning and design of infrastructure, including the

Hongkong Island Eastern Corridor.
Hong Kong Island Eastern Corridor.

passionate plea by the chairman of the BNS, Joost Schrijnen, for an integrated approach to town planning, landscape design and the design of infrastructure² and the book Asfalt by Michelle Provoost.³ The technical universities and academies have been organizing special projects on the design of infrastructure for years. Of course, interest in this topic is not limited to the Netherlands. International journals have devoted special issues to infrastructure topics, an example being the special issue of the Italian journal 'Casabella' that appeared as long ago as 1987. In short, the topic receives no shortage of interest. But despite that, designs for infrastructure do not quite succeed. Apparently, recent practice is more ingrained than many people thought possible.

A feature of this recent practice is the institutional and ideological division between the worlds of 'big' and 'small' infrastructure in the urban public realm. For years both camps have been locked in an irreconcilable conflict and each has followed its own agenda. On the one hand there was Sigfried Giedion's 'Space, Time and Architecture' with his plea for the dismantling of the traditional city with its 'rue corridors' and the wholesale introduction of the motorway as the ingredient for 'the city of a new scale'.⁴ On the other hand there was 'The death and Life of great American Cities' by Jane Jacobs, in which she presents

ingrediënt van *'the city of a new scale'*.⁴ Anderzijds was dat 'The Death and Life of Great American Cities' van Jane Jacobs, waarin zij juist de door Giedion verfoeide traditionele ruimtelijke structuur van New Yorks Greenwich Village presenteert als een essentiële conditie voor stedelijke vitaliteit.⁵

Ook in Nederland worden de naoorlogse decennia gekenmerkt door een ideologische en institutionele scheiding en onverzoenlijkheid tussen beide kampen. Aanvankelijk bezat het 'kamp van de grootschalige infrastructuur' de suprematie, wat tot een hoogtepunt kwam met de 'Tweede Nota over de Ruimtelijke Ordening', waarin voor het jaar 2000 een hoofdwegennetwerk van 5300 kilometer werd voorzien. De aanleg van nieuwe grootschalige infrastructuur werd niet alleen nodig geacht vanwege economische redenen, maar was ook verbonden met culturele aspiraties, zoals het vergroten van de individuele vrijheid en het openen van nieuwe perspectieven op de wereld.

De daaropvolgende protesten tegen het vernietigend karakter van de geplande grootschalige verkeersdoorbraken in de steden leidden tot een diametrale omkering van de verhoudingen. In de jaren zeventig was Giedion uit en Jacobs in, met dien verstande dat Jacobs' belangrijkste pleidooi, namelijk om aandacht te schenken aan de *'borderlines'* van de stadswijken, waar het kleinschalige stadsweefsel geconfronteerd wordt met de grote doorgaande infrastructuren, onbegrepen bleef. Infrastructuur werd in plaats van als een bevrijdend middel steeds meer als een knellende dwangbuis beschouwd.

In de jaren tachtig werden de beperkingen van een al te grote fixatie op de kleine schaal duidelijk en werd weer voorzichtig gepoogd het belang van de grootschalige infrastructuur voor het economisch leven aan de orde te stellen: in de 'Vierde Nota over de Ruimtelijke Ordening' uit 1988 werd het belang van de condities voor economische vernieuwing voorop gesteld, maar de uitwerking ervan in een ruimtelijk beleid is altijd dubbelzinnig gebleven. Die dubbelzinnigheid is zeer letterlijk. De beleidsmakers zijn zich bewust geworden van de vruchteloosheid van de tegenstelling tussen de pleitbezorgers van de grootschalige infrastructuur en belangenbehartigers van de bestaande stedelijke en natuurlijke milieus, en bepleiten sindsdien een verzoening in de vorm van 'integrale' oplossingen. Maar die integraliteit krijgt vooralsnog voornamelijk de vorm van compromissen en is meer een zaak van bestuurlijke behendigheid en procesbeheersing dan van nieuwe ingenieuze ruimtelijke ontwerpen. 'Integraal' is een van die modieuze trefwoorden van de jaren negentig die worden ingezet om de indruk te wekken dat aan alle belangen is gedacht en verschillende concepten met elkaar worden verzoend. In een recente publicatie over de toekomstige stedelijke investeringsopgaven wordt echter duidelijk gemaakt dat een verzoening van verschillende concepten niet meer volstaat. Onder het kopje '*Mainport-brainport-drainport*' verwijzen de auteurs naar de discussies over de *mainport*-status van Rotterdam en Schiphol.⁶ In de discussies wordt tegenover de *mainport* het perspectief van de *brainport* gesteld, waarbij een grotere nadruk wordt gelegd op de kennisinfrastructuur dan op de infrastructuur voor de distributie van goederen. De regering poogt met haar beleid de twee concepten van *mainport* en *brainport* met elkaar te verzoenen, maar ziet volgens de auteurs daardoor niet het gevaar dat werkelijk dreigt: het gevaar van het perspectief van de *drainport*, oftewel de verdere uittocht van bedrijven en bevolking uit de steden. Afgezien van de vraag of het perspectief van drainport echt zo gevaarlijk is als de auteurs suggereren, leggen zij de vinger op de zere wonde door er op te wijzen dat de potentiële culturele lading van grote ruimtelijke ingrepen totaal geen punt van overweging lijkt te zijn in het huidige investeringsprogramma.

De ideologie van verzoening en compromissen is in de jaren negen-

Hongkong Island Eastern Corridor.
Hong Kong Island Eastern Corridor.

the traditional spatial structure of Greenwich Village in New York, so abhorred by Giedion, as an essential condition for vital cities.⁵

The post-war decades have been characterized by an ideologically and institutionally irreconcilable division between both camps in the Netherlands as well. Initially, the 'big infrastructure' camp reigned supreme, a period which culminated in the 'Second National Policy Document on Spatial Planning' which planned for a 5300-kilometre-long trunk road network by the year 2000. The construction of such large-scale infrastructure was considered necessary not only for economic reasons, it was also related to cultural factors such as greater personal freedom and opening new perspectives on the world. The subsequent protests against the destructive character of the planned large-scale traffic arteries through the cities led to a reversal in attitudes. In the seventies Giedion was out and Jane Jacobs was in, although her most important plea – for attention to the 'borderlines' of urban districts where the small-scale urban fabric was confronted by the main transport arteries – remained largely uncomprehended. Infrastructure came to be seen more as a constricting straitjacket than a provider of freedom.

tig de kern geworden van het paarse regeringsbeleid. Het infrastructuurbeleid is daarin het bindmiddel bij uitstek geworden dat de liberalen en de marktsocialisten bij elkaar houdt, zoals in een recente PvdA-publicatie wordt uitgelegd.[7] Die politieke bindmiddelfunctie kluistert het denken over en het ontwerpen aan infrastructuur aan vooronderstellingen die eigenlijk hard aan heroverweging en vernieuwing toe zijn.

De relatie tussen de omvang en het ontwerp van infrastructuur De noodzakelijke heroverweging zou ook de relatie tussen de omvang en het ontwerp van de infrastructuur moeten betreffen. Op dit moment overheerst nog steeds de gedachte dat de omvang louter een vraagstuk van politieke prioriteiten en kwantitatieve berekeningen is. Is de omvang eenmaal bepaald, dan worden de ontwerpers ingeschakeld. Die moeten er maar iets moois van zien te maken. Het vraagstuk van de omvang kan echter ook als onderdeel van het ontwerpvraagstuk worden beschouwd.
De noodzaak van een grootschalige uitbreiding van de infrastructuur wordt vooral beargumenteerd met de rol die Nederland als *mainport* of als *hub* in de Europese context zou moeten gaan spelen. Wat Singapore en Hongkong zijn in Zuidoost-Azië, zou Nederland moeten worden in Europa. De cultivering van de ruimtelijke ontwikkelingen in deze steden heeft de laatste jaren, niet in de laatste plaats onder invloed van Koolhaas' boek 'S,M,L,XL', grote vormen aangenomen. Daarbij is wel een aantal kanttekeningen te plaatsen.
Het is bijvoorbeeld opvallend dat deze steden verhoudingsgewijs over aanzienlijk mínder grootschalige infrastructuur beschikken dan Nederland, terwijl met die kleinere hoeveelheid infrastructuur méér goederen en personen worden verwerkt. Als zonder verdere nuancering naar deze steden wordt verwezen als zijnde voorbeelden voor de Nederlandse situatie, dan levert dat eerder argumenten op voor een inkrimping van de totale infrastructuur dan voor een uitbreiding ervan.
Het grote contrast tussen de *hubs* Singapore en Hongkong enerzijds en Nederland anderzijds is gedeeltelijk terug te voeren op een efficiënter gebruik en een betere logistiek van de infrastructuur in de twee Aziatische landen. Dat efficiëntere gebruik gaat gepaard met een veel grotere algemene gebruiksintensiteit van ruimte en tijd, met voor onze begrippen ongelooflijke bebouwingsdichtheden en 24-uurs-economieën. Door deze extreme intensiteit van bebouwing en infrastructuur ontstaat zelfs in de kleine stadstaat Hongkong nog een sterk contrast tussen het verstedelijkte deel en het onbebouwde, niet van een overduidelijke bestemming voorziene landschap. In het verstedelijkte deel van het eiland is de invloed van de infrastructuur op het stadsbeeld des te groter. Een fenomeen als de Hongkong Island Eastern Corridor voegt een geheel nieuwe dimensie toe aan het totale stadsbeeld. Dit kilometerslange snelwegviaduct is als het ware om Hongkong Island gevouwen en vormt een beeldelement op het schaalniveau van de stad als geheel, in tegenstelling tot de kakofonie van de architectuur van de individuele gebouwen. De nieuwe gecombineerde snelweg-spoorweg van Hongkong naar het nieuwe vliegveld vormt een soortgelijke nieuwe toevoeging aan het stedelijke landschap.
In deze landen hebben de infrastructuur en de mobiliteit weinig meer van doen met een cultuur van vrijheid en onbepaaldheid. Integendeel, alles is strikt begrensd; de infrastructuur is gereduceerd tot een geoliede logistieke verkeersmachine die geen enkele afwijking toelaat en die in feite alleen mogelijk is en wordt geaccepteerd dankzij twee condities. Ten eerste is er het feit dat deze twee *hubs* enclaves van welvaart en rijkdom zijn in een zee van scheefge-

The limitations imposed by an excessive fixation on the small scale became apparent in the eighties, and an cautious attempt was made to restate the importance of big infrastructure to economic life. The 'Fourth National Policy Document on Spatial Planning', published in 1988, stressed the importance of the preconditions for economic renewal, but its expression in spatial policy has always been ambiguous. This ambiguity is extremely literal. Policy makers have become aware of the fruitlessness of the confrontation between the proponents of big infrastructure and those defending existing urban and natural environments, and now propagate reconciliation in the form of 'integral' solutions. But these 'integral solution' have so far found expression only in compromise, and are more a question of administrative dexterity and process management than of ingenious new spatial design.
'Integral' is one of those trendy buzzwords of the nineties used to create the impression that all interests have been taken into account and different concepts reconciled. However, a recent publication on the future development programme makes it clear that reconciling a variety of different concepts is no longer enough. Under the title 'Mainport-brainport drainport' the authors point to discussions on the 'mainport' status of Rotterdam and Schiphol.[6] In the discussions, the mainport concept is set against the 'brainport' concept in which great stress is laid on knowledge infrastructure rather than transport infrastructure for the distribution of goods. The government's policy is an attempt to reconcile the concepts of mainport and brainport, but in the view of the authors it misses the real threat: the dangers inherent in the 'drainport' perspective, or the further exodus of businesses and people from the cities. Irrespective of whether the drainport perspective is as dangerous as the authors suggest, the authors expose the weakness by pointing out that the potential cultural ballast of large-scale physical developments appear to be given no consideration at all in the current investment programme.
During the nineties the ideology of reconciliation and compromise has become the core element of policy pursued by the 'Purple' coalition government. Infrastructure policy has become the gelling agent par excellence to hold the liberals and market socialists together, as explained in a recent Labour party publication.[7] This political gelling agent shackles thinking about infrastructure and its design to assumptions that are really in need of reconsideration and revision.

The relation between the scale and design of infrastructure The necessary rethink should also concern the relation between the scale and design of infrastructure. At the moment, thinking is dominated by the idea that scale is simply an issue of political priorities and mathematics. Once the scale has been determined, the planners and designers are called in to give the plans an attractive face. The question of scale, though, can also be considered as a part of the design commission.
The argument that a large expansion of infrastructure is needed rests mainly on the role the Netherlands ought to play as a European mainport or transport hub: what Singapore and Hong Kong are to Southeast Asia, the Netherlands should be to Europe. The fostering of the spatial development of these Asian cities has recently taken on huge proportions – not least due to Koolhaas' book S,M,L,XL. A number of objections to this can be

raised. For example, it should be noted that these cities have relatively less infrastructure in relation to their size than the Netherlands, but carry more people and goods. If these cities are taken as examples for the Netherlands, without further qualification, they provide more of an argument for reducing rather than expanding infrastructure.

The great contrast between the Singapore and Hong Kong hubs and the Netherlands can be explained partly by a more efficient use of the infrastructure and better logistics in the two Asian countries. This more efficient use is linked to a much more intense general use of space and time, with by our standards incredible building densities and a 24-hour economy. These extremely high building and infrastructure densities lead even in a small city state such as Hong Kong to a strong contrast between a built-up area and an undeveloped area with no clearly planned landscape. As a result, the influence of the infrastructure on the appearance of the city in the urban area of the island is even greater. A phenomenon such as the Hong Kong Island Eastern Corridor adds a whole new dimension to the total image of the city. This kilometres long motorway viaduct seems to fold itself around Hong Kong and forms a visual element on the scale of the city as a whole, in contrast to the cacophony of architectural styles of the buildings themselves. The combined motorway and railway from Hong Kong to the new airport is a similar addition to the urban landscape. In these countries, infrastructure and mobility now have little to do with a culture of freedom and openness. On the contrary, everything is strictly controlled; infrastructure has been reduced to a well oiled logistic traffic machine that tolerates no deviation, and which in fact is only possible and accepted because of two conditions. First, the fact that these two hubs are enclaves of prosperity and wealth in a sea of unevenly distributed resources and poverty; for most residents, the alternative to their immediate environment is not an attractive one. Second, the intensity of land use relies on extremely tight regulations possible only in a totalitarian state. Singapore and Hong Kong are run like commercial enterprises and all citizens have to go along with the edicts of the administration under penalty of removal.

Neither of these conditions is present in the Netherlands, nor are they desirable. The Randstad and the whole of the Netherlands will become less attractive to people the more town and country are dominated by a technocratic infrastructure. The alternative to a drift to surrounding 'emptier' areas becomes more attractive if we lose sight of the potential cultural significance of infrastructure as an element offering perspectives for individual freedom and new interpretations of the urban landscape. If we really want to prevent 'Mainport Netherlands' turning into 'Drainport Netherlands', the issue of the magnitude of new infrastructure development must be linked to the issue of the added cultural value that the expansion and renewal of infrastructure can bring.

In search of a new cultural significance for infrastructure The labourious renewal of infrastructure design has in recent years been put down to the institutional compartmentalization of the various tiers of government authorities, departments and planning agencies. It is said that they are hardly on speaking terms. It may be that the increase in the scale and intensity of traffic has played an important role in the

groeide verhoudingen en armoede. Voor de meeste inwoners is het alternatief van de directe omgeving niet aanlokkelijk. Ten tweede veronderstelt de intensiteit van het ruimtegebruik een uitermate strakke regelgeving en deze is alleen mogelijk door de totalitaire staatsvormen. Singapore en Hongkong worden bedrijfsmatig bestuurd en alle inwoners hebben zich naar dat bestuur te schikken op straffe van verwijdering.

Beide condities zijn in Nederland niet aanwezig en ook niet gewenst. De Randstad en geheel Nederland worden voor veel mensen minder aanlokkelijk naarmate stad en landschap meer overheerst worden door technocratische infrastructuren. Het alternatief van een vertrek naar omringende, 'legere' gebieden wordt steeds aantrekkelijker met het verder op de achtergrond raken van de potentiële culturele betekenis van infrastructuur als een element dat perspectieven biedt op individuele vrijheid en nieuwe interpretaties van het stedelijk landschap.

Als we werkelijk willen voorkomen dat het perspectief van 'Nederland *mainport*' eveneens leidt tot een perspectief van 'Nederland *drainport*', zal het vraagstuk van de omvang van de gehele infrastructuuruitbreiding verbonden moeten worden met het vraagstuk van de culturele meerwaarde die uitbreidingen en vernieuwingen van infrastructuur kunnen opleveren.

Op zoek naar nieuwe culturele betekenissen van infrastructuur Dat de vernieuwing van het infrastructuurontwerp moeizaam verloopt, wordt de laatste jaren veelal geweten aan de institutionele verkokering van de verschillende overheden, departementen en planningsdiensten. Zij zouden slechts zeer moeizaam met elkaar *on speaking terms* zijn te krijgen. Weliswaar heeft de toename van de massaliteit en intensiteit van het verkeer een belangrijke rol gespeeld bij de ontwikkeling van gespecialiseerde diensten en netwerken. De verkokering is echter niet louter een organisatorisch of politiek probleem, het is ook – en vooral – een cultureel probleem dat in stand wordt gehouden door de traditites van de stedebouwkundige discipline zelf. Het merkwaardige van de Nederlandse stedebouwtraditie is, dat er sprake is van een vergaande institutionele verzelfstandiging van de discipline, die internationaal gezien vrijwel uniek is (de discipline kent een eigen beschermde titel, een eigen beroepsvereniging, en speciale leerstoelen en afstudeerrichtingen aan de technische universiteiten). Maar tegelijkertijd wordt diezelfde stedebouwtraditie in de twintigste eeuw vooral gekenmerkt door een oriëntatie op de architectuur (en op een noodzakelijk geachte samenhang tussen stedebouw en architectuur). Het vormgeven van grote structurerende elementen, met name het vormgeven van grote infrastructurele werken, is lange tijd niet als een essentie van de stedebouw beschouwd en overgelaten aan de meer 'technische' disciplines, zoals de civiele techniek en de verkeerstechniek, en de meer 'technische' instituties, zoals de diensten voor openbare werken en Rijkswaterstaat.

Het vormgeven van grote openbare werken wordt langzaam herontdekt als een essentieel aspect van het stedebouwkundig werk. Vooralsnog gaat de aandacht echter vooral naar de vormgeving van bijzondere elementen van nieuwe infrastructurele netwerken, zoals nieuwe knooppunten (stationslocaties, transferia, et cetera). Het zijn de kleine *hubs* waarover hooggestemde verwachtingen bestaan. Bovendien kan daar worden voortgebouwd op de traditie van de nauwe samenhang tussen stedebouw en architectuur.

Een tweede categorie van bijzondere elementen die zich in een warme belangstelling mogen verheugen zijn de civiele kunstwerken, vooral als ze bijdragen aan een cruciale verandering in de structuur

van de stadsplattegrond en het stadsbeeld. De Rotterdamse Erasmusbrug van Ben van Berkel heeft in sterke mate de toon gezet voor deze herwaardering van de civiele kunstwerken.
Veel minder aandacht bestaat echter voor de lineaire structuren tussen de knooppunten. Vanuit het oogpunt van de transporttechnologie worden de lineaire elementen vooral als toeleverend beschouwd en vanuit het stedebouwkundig of landschapsarchitectonisch ontwerp vooral als aantasting en doorsnijding van bestaande ruimtelijke structuren.[8]

Als we wat verder terugkijken dan de laatste vijf decennia, zien we een rijke traditie, ook in Nederland, op het gebied van de vormgeving van lineaire elementen van infrastructuur, een traditie waarin aandacht bestond voor de extra kwaliteit van infrastructuur. Die traditie bestond in de negentiende en twintigste eeuw, toen eveneens sprake was van de paradox dat er een veronderstelde noodzaak was om infrastructuur aan te leggen en er tegelijkertijd grote onzekerheid bestond over die veronderstelling. De overheid moest enorme investeringen doen in zaken waarvan zij niet zeker wist, zeker niet voor de lange termijn, of ze wel de gewenste nuttige effecten zouden opleveren.

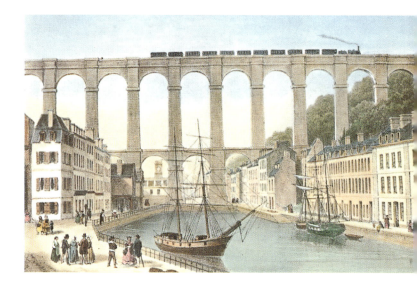

Een spoorwegviaduct in Morlais, Frankrijk (1863).
A railway viaduct in Morlais, France (1863).

Wat tegenwoordig infrastructuur wordt genoemd, heette in de negentiende eeuw nog gewoon openbare werken. Veel grote openbare werken werden in de negentiende en het begin van de twintigste eeuw ontworpen met de bedoeling dat ze als de structurerende elementen van de stadsplattegrond zouden dienen, zowel in ruimte-

development of specialized services and networks. This compartmentalization, however, is not simply an organizational or political problem; it is, above all, a cultural problem maintained by the traditions of the town planning discipline itself. A peculiar aspect of the Dutch planning tradition is that it displays a high degree of institutional independence unique in the planning world (the discipline has its own protected title, its own professional association, and special university chairs and courses at the universities of technology). But at the same time this same planning tradition has been characterized in the twentieth century by an architectural orientation (it is assumed that planning and architecture must be closely related). Designing large

lijk als in functioneel opzicht. Deze openbare werken kregen vaak een belangrijke betekenis voor de stad en het landschap doordat de primaire functie van infrastructuur werd gecombineerd met een tweede, secundaire, functie. Beroemde voorbeelden zijn de Rotterdamse singels, die niet puur als afwateringskanaal zijn vormgegeven (veel mensen weten niet eens dat dat de primaire functie is), maar waarvoor de secundaire, toegevoegde functie van stedelijke

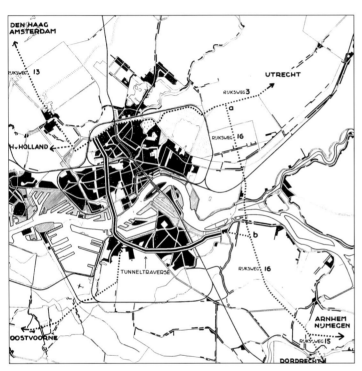

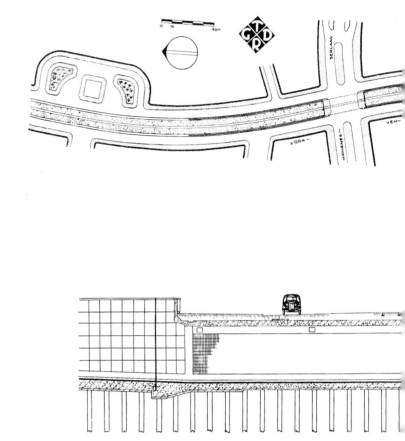

Situatie, detail en doorsnede van de Maastunneltraverse in Rotterdam.
Location, detail and cross-section of the Maas Tunnel expressway in Rotterdam.

elements that shape the environment, particularly large infrastructural works, has for a long time not been considered an essential part of urban planning and design and has been left to the more 'technical' disciplines, such as civil engineering and traffic engineering, and the more 'technical' institutes, such as the public works agencies and Rijkswaterstaat (the government department for public works and water management). Nevertheless, the design of big public works is slowly being rediscovered as an essential aspect of urban planning and design. For the time being though, attention is mainly devoted to the design of the special elements in infrastructure networks such as the new nodes (station sites, transhipment centres, etc.) – the small hubs on which so many expectations are pinned. The planning and design of these elements can build on the tradition of close cooperation between planning and architecture.

A second category of special elements that are currently basking in attention are civil engineering structures, particularly

flaneeresplanade het centrale *Leitmotiv* voor het ontwerp was. Een dergelijke combinatie bestaat ook bij tal van negentiende-eeuwse havenkaden, die tevens als stedelijke boulevard werden aangelegd en als zodanig functioneerden. De betekenis van deze grote openbare werken was daardoor niet louter afhankelijk van de primaire functie – een functie waarover vaak grote onzekerheid bestond, vooral als het over de toekomstige ontwikkelingen in het verkeer en het transport ging.

De betekenis van deze openbare werken voor het stadsbeeld werd nog versterkt door op ingenieuze wijze gebruik te maken van topografische eigenaardigheden zoals hoogteverschillen in het grondvlak en de grens tussen water en land, en door kunstwerken als belangrijke onderdelen van de architectuur van de stad te beschouwen en te ontwerpen. Deze eigenschappen zijn terug te vinden in de Parijse boulevardstelsels, maar ook in vele Franse spoorwegkunstwerken, in de Amerikaanse *parkway*-stelsels van Olmsted en in de Hollandse singels, ceintuurbanen en stelsels van kaden, bruggen en sluizen. Deze openbare werken kregen hierdoor de betekenis van een

substantiële bijdrage aan de architectuur van de stad als 'stedelijk bouwwerk'.
Opvallend is de grote rol die tuin- en landschapsarchitecten bij deze ontwerpen speelden. De toonaangevende ontwerpers op dit gebied waren vaak van oorsprong tuin- en landschapsarchitect: Olmsted en Vaux in de Verenigde Staten, Alphand en Davioud in Frankrijk, de Zochers in Nederland.

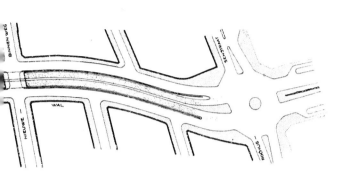

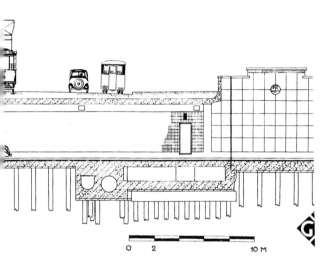

Deze traditie is wel voortgezet voor het landschap *buiten* de steden, zoals in Nederland met het werk van de afdeling Verkeerswegen van Staatsbosbeheer. Wat het stedelijk gebied en de stedebouwkundige discipline betreft, is deze vaardigheid echter nagenoeg verdwenen. De negentiende-eeuwse en vroeg-twintigste-eeuwse grote openbare werken verkregen een belangrijke betekenis voor de stedelijke vitaliteit doordat het ontwerp een verweving van netwerken van verschillende schaalniveaus mogelijk maakte. Daarbij speelde vooral de aard van het profiel een belangrijke rol: het meest gangbare systeem was de combinatie van primaire en secundaire wegen op één niveau; later vonden experimenten plaats met niveauverschillen tussen de primaire en secundaire systemen, bijvoorbeeld bij de Rotterdamse Maastunneltraverse.
Van belang is dat juist die verweving van netwerken van verschillende schaalniveaus een belangrijke conditie vormde voor de totstandkoming van nieuwe stedelijke functies langs de lineaire elementen: winkels, kantoren, cafés, hotels, enzovoorts. De verkeerstracés werden niet alleen ontworpen om knooppunten of centra

those that contribute to a crucial change in the appearance and layout of the city. The Erasmus bridge in Rotterdam, designed by Ben van Berkel, has played a major role in setting the tone for this revaluation of civil engineering structures. However, much less attention is being paid to the linear structures between the nodes. Viewed from the perspective of transport technology, the linear elements are seen above all as supply lines and, in terms of urban and landscape design, as harming and bisecting existing spatial structures.[8]
If we go further back than the last five decades we find a rich tradition, in the Netherlands as well, of designing linear infrastructure elements; a tradition that had an eye for the extra qualities to be found in infrastructure. This tradition existed in the nineteenth and twentieth centuries when, paradoxically, there was both an assumption of the need to build new infrastructure but also great uncertainty about that assumption. The government had to make enormous investments without knowing whether they would produce the desired results, particularly in the long term.
What we now call infrastructure was simply called 'public works' in the nineteenth century. Many big public works were designed in the nineteenth and beginning of the twentieth century with the idea that they would be structural elements in the city, both spatially and functionally. Their significance for the city and the landscape was often derived from the fact that their primary functions were combined with secondary functions. Famous examples are the Rotterdam canals, which were not designed purely as drainage canals (many people do not even know that this is their primary function); rather, the leitmotif for the design was their secondary function as an urban promenade. Such a combination can be found in numerous nineteenth-century waterfronts, which were laid out as boulevards and functioned as such. The significance of these big public works, therefore, did not depend simply on their primary function, a function about which there was great uncertainty, especially if it was to do with future developments in transportation. Their significance for the appearance of the city was enhanced by the ingenious use of the existing topographic peculiarities, such as height differences and shorelines, and by designing civil engineering structures to be an important part of the architecture of the city. These characteristics can be found in the Parisian boulevards, but also in many French railway engineering structures, in the American system of parkways by Olmsted and in the Dutch canals, ring roads and systems of quays, bridges and locks. These public works made a substantial contribution to the architecture of the city as an 'urban edifice'. Garden and landscape design played a prominent role in these designs, and the leading designers were often originally landscape architects: Olmsted and Vaux in the United States, Alphand and Davioud in France, de Zochers in the Netherlands. This tradition has been continued in the landscape outside the cities, represented in the Netherlands by the work of the Roads department of the State Forest Service, but these skills have largely been forgotten in the urban area and in the town planning discipline.
The big public works of the nineteenth and early twentieth centuries acquired significant importance for urban vitality because the designs allowed networks on various scales to be joined together. Profiles played an important role here: the most conventional system was a combination of primary and secondary roads on one level; later, experiments were under-

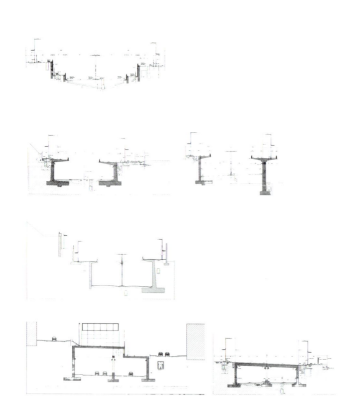

bereikbaar te maken, maar ook om zelf als een aantrekkelijke vestigingsplaats van stedelijke programma's te functioneren. De netwerken van de verschillende schaalniveaus werden niet als strijdig met elkaar beschouwd, de combinatie van de verschillende netwerken werd juist als een conditie voor 'stedelijke vitaliteit' gezien.
Kort gezegd bestond er veel aandacht voor de betekenis van infrastructuur als conditie voor nieuwe 'stedelijke vitaliteit', en voor de betekenis van infrastructuur als onderdeel van de architectuur van het 'stedelijk bouwwerk' en als landschapsarchitectonisch element. Deze doeleinden werden nagestreefd door bij het ontwerpen van grote openbare werken drie principes belangrijk te laten zijn:
• de 'defunctionalisering' van het stedebouwkundige ontwerp, wat wil zeggen dat de primaire functie niet de primaire leidraad bij het ontwerpen is;
• het gebruiken van de 'schaaldifferentiatie' als middel om grootschalige infrastructuren en lokale netwerken in één integraal ontwerp te combineren;
• de aandacht voor het 'auteurschap', oftewel het onderkennen van de potentiële culturele betekenis van een grootschalig openbaar werk door één ontwerper als hoofdverantwoordelijke voor de integrale vormgeving aan te wijzen.

In de twintigste eeuw, zeker in de tweede helft, zijn deze principes op de achtergrond geraakt. Weliswaar pleitten de Modernen voor een nieuwe esthetiek van dynamiek en snelheid, die ook in het infra-

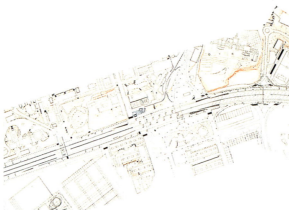

De ringweg van Barcelona: combinaties van primaire en secundaire wegen. Overzicht, detail en doorsnedes.
The Barcelona ring road: combinations of primary and secondary roads. Overview, detail and cross-sections.

structuurontwerp tot uiting moest komen, maar deze pleidooien lijken vooral de weg geëffend te hebben voor een technocratisering van het infrastructuurontwerp. Met die technocratisering werden andere principes richtinggevend bij het ontwerpen van infrastructuur:
• de 'functionalisering' van het ontwerp door in de vormgeving juist de primaire functie te benadrukken;
• de 'schaalseparatie' door de netwerken van de verschillende schaalniveaus van elkaar te scheiden;
• een 'veronachtzaming van de mogelijke culturele betekenissen' van infrastructuur.

Recente experimenten In de huidige Nederlandse ontwerppraktijk wordt met horten en stoten weer aandacht aan deze aspecten besteed. Ruim tien jaar geleden wees Willem Jan Neutelings al op de grote potenties van de ring van Antwerpen. Vanwege de reeds aanwezige combinatie van een doorgaande snelweg, een stadsautoweg en een daartussen liggend riant parkgebied, zag hij in de ring een ontwikkelingszone voor een nieuwe 'Ringcultuur'.
Een van de belangrijkste hedendaagse gerealiseerde ontwerpen waarin netwerken van verschillende schaalniveaus met elkaar zijn verweven, is de ringweg (Cinturon) van Barcelona. Daar zijn het doorgaande, interregionale verkeer en het stedelijke bestemmingsverkeer met elkaar gecombineerd in een systeem van primaire en

taken with the introduction of split levels for the primary and secondary systems, an example being the tunnels under the Maas in Rotterdam. This interlocking of urban networks on different scales was an important condition for the appearance of new urban activities along the linear elements: shops, offices, cafés, hotels, etc. The transport axes were designed not only to make urban nodes and centres accessible, but also as attractive areas to attract new development. These networks were not thought to conflict with each other; rather, their combination was seen as a condition for 'urban vitality'.

In short, there was a great deal of attention paid to the significance of infrastructure as a condition for 'urban vitality', as a part of the 'urban edifice' and as elements of landscape design. These goals were pursued by adhering to three important design principles:
the 'defunctionalizing' of urban design; in other words, the primary function does not form the primary guiding principle for design;
the use of 'scale differentiation' as a means of combining large-scale infrastructure and local networks in one integral design; attention to the 'authorship' of the landscape, or the recognition

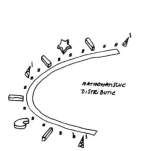 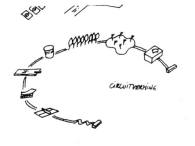

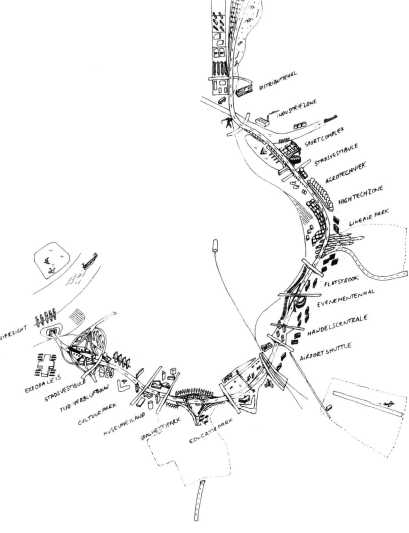

Stedebouwkundige studie van Willem Jan Neutelings naar de ring van Antwerpen.
Urban design study of the Antwerp ring road by Jan Willem Neutelings.

of the potential cultural significance of large public works by appointing one designer responsible for ensuring an integral design.

In the twentieth century, and certainly in the second half of this century, these principles have fallen into disuse. Although the Modernists make a plea for a new aesthetics of dynamics and

secundaire wegen, die door een hoge frequentie van afslagen met elkaar zijn verbonden. De wijze waarop de primaire en secundaire wegen met elkaar zijn gecombineerd wisselt per situatie, en is afhankelijk van de beschikbare ruimte en de reeds aanwezige niveauverschillen in het grondvlak. Doordat inventief gebruik is gemaakt van bestaande accidentaties in het grondvlak manifesteert de ringweg zich in het stadsbeeld als een architectonische bewerking van topo-

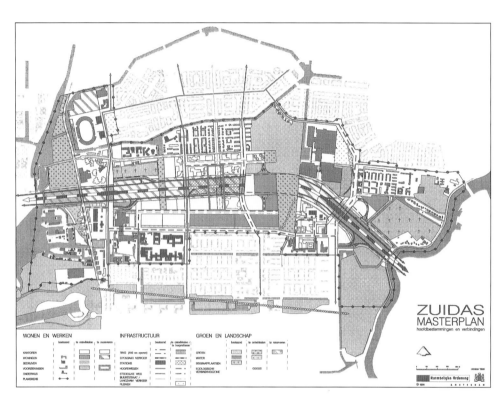
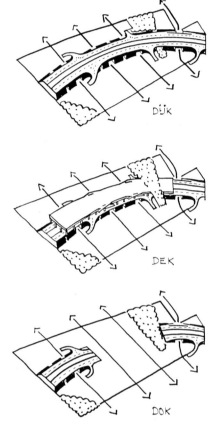

Het ontwerp en enkele alternatieven voor de Zuidas in Amsterdam.
The design and three options for the Southern Axis in Amsterdam.

speed that must also find expression in the design of infrastructure, these calls appear only to have paved the way for technocratic plans. This technocratic approach has introduced a different set of design principles for infrastructure:
• the 'functionalization' of design by emphasizing the primary function;
• 'separation of scales' by dividing the various scales;
• a 'disregard for the potential cultural significance' of infrastructure.

Recent experiments Current Dutch design practice has made a faltering start with rekindling interest in these aspects. More than ten years ago Willem Jan Neutelings drew attention to the great potential of the Amsterdam ring road. In the existing combination of a motorway, an urban expressway and large park in between he saw the ring road as a development zone for a new 'ring culture'.
One of the most important present day designs in which networks of various scales are linked together is the Barcelona ring road (the Cinturon). There the interregional through traffic and city-bound traffic is combined in a system of primary and

grafische eigenaardigheden. Het meest nadrukkelijk is dat het geval op de plaats waar de ringweg het oude havenfront van de stad passeert. Zonder de snelweg zelf te ontkennen, is hier een typisch geval van 'defunctionalisering' in praktijk gebracht. Het gaat er bij 'defunctionalisering' niet om de infrastructuur te verstoppen of weg te moffelen, maar om er een meerwaarde aan toe te voegen.
In Nederland worden de meeste ontwerpen voor lineaire elementen van infrastructuur vooralsnog gekenmerkt door de pogingen de veronderstelde *negatieve* effecten op de stedelijke vitaliteit en het stadsbeeld tegen te gaan. Dit heeft de laatste tien jaar onder meer tientallen kilometers geluidsscherm opgeleverd met veel verschillen in type en gedaante. Slechts een klein deel daarvan kan als een verrijking van het beeld van de snelweg worden beschouwd, zoals de schermen langs de Amsterdamse ringweg bij Amsterdam-Noord, langs de A20 in Rotterdam ter hoogte van de Kralingse Plas, langs de A16 bij Dordrecht en langs de A2 tussen 's-Hertogenbosch en Eindhoven. Steeds blijft echter het probleem van de voor- en achterkant van deze schermen: wat er vanaf de snelweg als een versterking van beweging en snelheid uitziet, blijkt aan de stadszijde een merkwaardige, al dan niet transparante, schutting te zijn. Een bizar experiment is het plan om het gehele snelwegknooppunt

Kleinpolderplein in Rotterdam met een transparante verpakking te omhullen.
Inmiddels zijn we met het ondergronds bouwen in een nieuwe fase van het verstoppen van de infrastructuur beland. De snelweg wordt beschouwd als een negatief element en dat is het overheersende motief om delen van de diverse grote ringwegen (de Sijtwende in Den Haag, de A20-corridor in Rotterdam en de Zuidas in Amsterdam) onder de grond te stoppen: 'Ziezo, daar zijn we vanaf.' En wanneer sprake is van een afweging van alternatieven, worden die alternatieven vooral beoordeeld op de mate waarin de directe omgeving met het fijnere stadsweefsel last heeft van de betreffende infrastructuur. Er wordt niet gekeken naar de mate waarin de directe omgeving profijt zou kunnen hebben van de infrastructuur. Zo is het opvallend dat de drie ontwikkelingsmodellen voor de Amsterdamse Zuidas (dijk, dek en dok) nauwelijks van elkaar verschillen als wordt gekeken naar de snelweg zelf en naar de relatie van de snelweg met

secondary roads connected with each other by frequent interchanges. The way in which the primary and secondary roads are combined varies depending on the situation, the available space and existing differences in ground levels. Through the inventive use of accidental surface features the ring road appears in the landscape of the city as an architectural treatment of topographic peculiarities. This is articulated most strongly where the ring road passes the old harbour front. Without denying the motorway itself this is a typical example of 'defunctionalization' in practice. 'Defunctionalization' does not mean hiding or papering over the infrastructure, but giving it an added value.
In the Netherlands most designs for linear infrastructure elements have been characterized by attempts to counter their assumed negative impacts on urban vitality and the image of the city. In recent years this has given rise to many kilometres

Geluidweringen langs de A2.
Noise barriers along the A2.

andere netwerken. Het wegprofiel en het aantal afslagen zijn in de drie 'alternatieven' gelijk. Deze benadering staat niet op zich. In een recente studie naar ondergrondse oplossingen voor snelwegtracés constateert Van der Hoeven dat in de meeste gevallen de nieuwe bovengrondse ruimte wordt ingericht met traditionele stedebouwkundige patronen die de aanwezigheid van de snelweg geheel ontkennen.[9] Ondergrondse oplossingen voor de grootschalige infrastructuur worden pas echt interessant wanneer ze leiden tot nieuwe mogelijkheden voor combinaties van ondergrondse en bovengrondse netwerken. De meeste ontwerpvoorstellen voor infrastructuurtracés waarin sprake is van een verweving van netwerken van verschillend schaalniveau, hebben het tot dusver niet verder gebracht dan de status van studie.
Dit thema werd onder meer aan de orde gesteld tijdens de architectuur- en stedebouwmanifestatie 'AIR-Alexander' in 1993.[10] Er werd op gereageerd door Robert Geddes en Manuel de Solà-Morales. Geddes beschouwde de A20 als een aanleiding om langs de snelweg een parallelzone met stedelijke programma's te organiseren. De Solà-Morales ontwierp een nieuw type snelwegafslag dat als onderdeel van zowel het stedelijke als het regionale wegennetwerk zou dienen en als zodanig een aantrekkelijke vestigingsplaats voor diverse stedelijke programma's zou vormen.

of noise barriers of many types and shapes. Only a small proportion of these can be considered to be visual enhancements to the motorway. Examples include the barriers along the Amsterdam ring road in Amsterdam Noord, the A20 in Rotterdam near Kralingse Plas, the A16 near Dordrecht and the A2 between 's-Hertogenbosch and Eindhoven. But there is still a problem with the fronts and backs of these barriers: what appears from the motorway as an enhancement of the effect of movement and speed is from the city side an odd, sometimes transparent, fence. And in a bizarre experiment, there are plans to enclose the whole Kleinpolderplein traffic interchange in a transparent casing.
Meanwhile, with the emergence of underground construction we have entered a new phase of hiding infrastructure. The motorway is seen as a negative element, and this is the dominant motive for hiding parts of a number of large ring roads underground (the Sijtwende in the Hague, the A20 corridor in Rotterdam and the Southern Axis in Amsterdam). 'There. That's sorted.' And if there are alternatives, these are mainly assessed on the degree to which they affect the direct surroundings and the finer urban fabric. No attention is paid to the degree to which the immediate surroundings could profit from the pres-

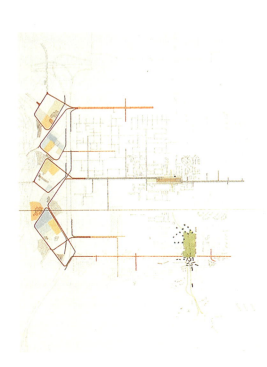

Stedebouwkundige studie van Manuel de Solà-Morales voor een nieuw type snelwegafrit.
Design study for a new type of motorway exit road by Manuel de Solà-Morales.

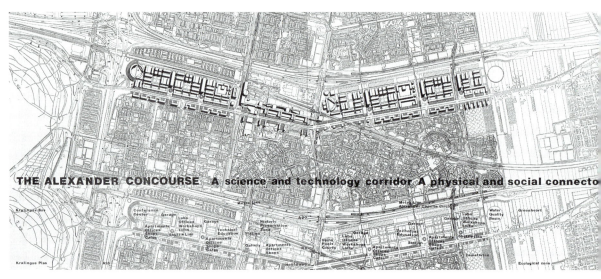

Stedebouwkundige studie van Robert Geddes.
Design study by Robert Geddes.

ence of the infrastructure. In this respect it is remarkable that the three development models for the Southern Axis of Amsterdam (dijk, dek and dok) differ hardly at all in terms of the motorway itself and its relation with other networks: the three 'alternatives' have the same road profile and number of exits. This approach is not taken on its own, though. In a recent study of underground designs for motorways, Van der Hoeven notes that in most cases the above ground space is used for traditional urban patterns that completely deny the existence of the motorway.[9] Underground solutions for big infrastructure only become interesting when they create opportunities for combinations of underground and above ground networks. The most design proposals for infrastructure routes which involve an interweaving of networks of various scales have so far been taken no further than studies.

This theme was addressed during the 'AIR-Alexander' architecture and town planning congress in 1993.[10] Robert Geddes and Manuel de Solà-Morales reacted to this. Geddes considered

Meer recent zijn de voorstellen van MVRDV voor de A20-corridor in Rotterdam en de A6-corridor in Almere, en de voorstellen van De Nijl voor het westelijk deel van de Amsterdamse Ringweg (A9). Deze studies behoren tot de interessantste delen van het project 'Mobiliteit en intensief ruimtegebruik' van de Rijksplanologische Dienst.[11]
De Nijl ontleent zijn inspiratie aan de ringweg van Barcelona en combineert de snelweg A9 en de stadsweg Lelylaan in een vergelijkbaar profiel. Hierdoor ontstaat in de gehele zone ruimtewinst voor nieuwe bebouwing. Bovendien ontstaat zo een betere conditie voor de ontwikkeling van nieuwe stedelijke programma's, omdat de bedrijven en winkels die zich hier vestigen aan twee netwerken van verschillende schaalniveaus tegelijk zijn gekoppeld.
De voorstellen van MVRDV bouwen voort op dit principe, maar zijn aanzienlijk radicaler. Voor de situaties in Rotterdam en Almere heeft MVRDV wat het zelf noemt een 'kantwerk' van parallelbanen ontworpen die plaats bieden aan verkeerssoorten met maar liefst vier verschillende snelheden. Het is de bedoeling dat gebouwen een adres aan de snelweg kunnen krijgen. In zijn meest zuivere vorm vereist

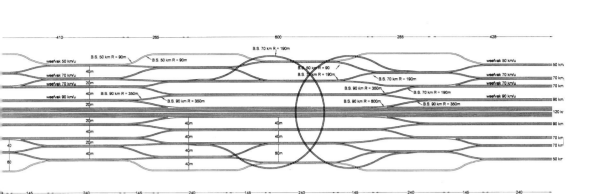
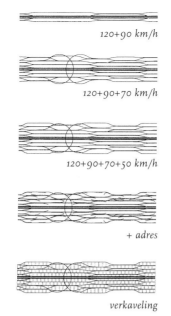

120+90 km/h

120+90+70 km/h

120+90+70+50 km/h

+ adres

verkaveling

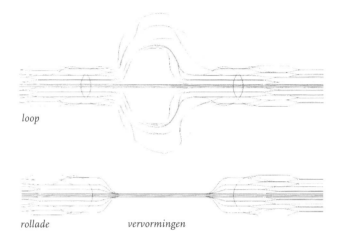

Stedebouwkundige studie van MVRDV voor de snelweg A20 Rotterdam-Noord.
Urban design study for the A20 motorway in Rotterdam-Noord by MVRDV.

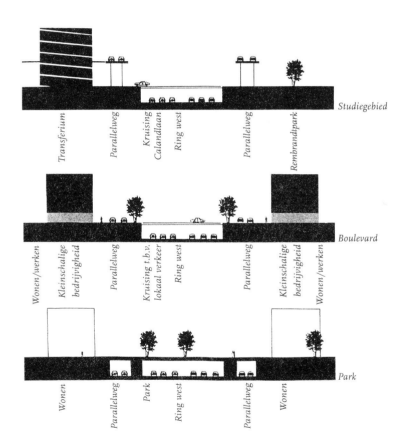

Stedebouwkundige studie van De Nijl voor de herinrichting van de Lelylaan in Amsterdam.
Design study for the reconstruction of the Lelylaan in Amsterdam by De Nijl.

het 'kantwerk' echter een enorm ruimtebeslag, waarbij de ruimtes tussen de parallelbanen niet direct als aantrekkelijke vestigingslocaties ogen. In geval van ruimtenood kan het 'kantwerk' worden samengeperst tot een 'rollade' (Rotterdam). Dit levert weliswaar spectaculaire vormen op, maar heeft ook tot gevolg dat de vestigingsconditie voor gebouwen helemaal onduidelijk wordt. Het is een extreem voorbeeld waarin de vorm louter door de functie en door de beperktheden van de context wordt bepaald; van een 'defunctionalisering' is geen sprake. Als er een overvloed aan ruimte is (Almere), kan het 'kantwerk' uit elkaar worden getrokken, waardoor juist de eigenschap van de verweving van netwerken verdwijnt.

Deze ontwerpen zijn interessant omdat ze nieuwe technische mogelijkheden laten zien, maar wat de meerwaarde van die mogelijkheden is voor de stedelijke vitaliteit en het stads- en landschapsbeeld, is niet duidelijk.

De meest controversiële projecten zijn uiteindelijk de grootschalige lineaire elementen die visueel nadrukkelijk in het landschap aanwezig zijn, maar zich niet lenen voor een verweving met andere netwerken. Het gaat dan met name om de nieuwe lange-afstandsspoorlijnen, zoals HSL en Betuweroute. In beide gevallen zijn verschillende lobby's actief (de woningbouwsector, de agrarische sector en de organisaties voor natuur en milieu) die delen van deze gebieden claimen

the A20 to be an invitation to assemble a development programme for a zone parallel to motorway. De Solà-Morales designed a new type of motorway exit road that can serve as part of both the urban and regional road networks and as such forms attractive location for a variety of urban developments. More recently, proposals have been made by MVRDV for the A20 corridor in Rotterdam and the A6 corridor in Almere, and by De Nijl for the western part of the Amsterdam ring road (A9). These studies belong to the most interesting parts of the RPD's 'Mobility and intensive land use' project.[11] De Nijl derives his inspiration from the ring road around Barcelona and combines the A9 motorway and the Lelylaan city street in a similar profile, creating space in the whole zone for new buildings. Moreover, it delivers better conditions for the development of new urban development programmes because shops and businesses located here are connected to two networks on different scales at the same time. The proposals by MVRDV build on this principle but are considerably more radical. For the Rotterdam and Almere situations, MVRDV has designed what it calls a 'lacework' of parallel lanes for traffic moving at no less than four different speeds. The idea is to give buildings an address on the motorway. In its purest form, this 'lacework' requires an enormous amount of space and the areas between the parallel roads appear unattractive. If there is a lack of space, the 'lacework' can be 'rolled up' (Rotterdam). Although this may take on spectacular forms it clouds the advantages of the sites for inward investment. It is an extreme example in which the form is determined simply by the function and the limitations of the circumstances; 'defunctionalization' is not an issue. If there is more than enough room (Almere) the 'lacework' can be stretched out, which results in the loss of exactly those features which lead to a conjunction of networks. These designs are interesting because they reveal new engineering possibilities, but their value for urban vitality and the appearance of town and country is not clear.

The most controversial projects are the linear elements that make a big visual impact in the landscape but that do not lend themselves to connections with other networks. These are the new long-distance railway lines, such as the high speed rail network and the Betuwe rail freight route. In both cases, various lobbies are active (the housing sector, the agricultural sector and nature and environmental organizations) and claim parts of these areas for their own purposes, making it all the more difficult to please everyone. But at the same time these interventions could be the ideal way to give the Green Heart and the Betuwe a new identity, considering that these areas face increasing fragmentation under the pressure from the range of interests claiming space in these areas. Just as the river dikes emphasize the unity of the river flood plains (and the recent dike improvement works prove that landscape designers can come up with inventive solutions) the high speed train routes should also become new landscape elements on the same scale as the whole of the Green Heart.

New conditions for a design culture of big infrastructure works I shall not finish this essay with a number of suggestions or recommendations for the design of large-scale infrastructure. Infrastructure has reluctantly been rediscovered as an object of urban design. The principal question now is how the still experimental character of most designs can result in a more sustainable design culture in which it is again obvi-

voor hun eigen doeleinden. De tegenstellingen maken het des te moeilijker om het met de grootschalige ingreep iedereen naar de zin te maken. Maar tegelijkertijd zouden deze ingrepen wel eens het middel bij uitstek kunnen zijn om het Groene Hart en de Betuwe van een nieuwe identiteit te voorzien, aangezien deze gebieden door de verschillende deelbelangen kampen met een toenemende versplintering. Zoals de rivierdijken de eenheid van het rivierenlandschap benadrukken (en bovendien bij de recente dijkverzwaringen is gebleken dat landschapsontwerpers voor inventieve oplossingen kunnen zorgen), zo zou toch ook het HSL-tracé een nieuw landschappelijk element op de schaal van het gehele Groene Hart moeten kunnen worden.

Nieuwe condities voor een ontwerpcultuur van grote openbare werken Ik zal dit stuk niet besluiten met een aantal suggesties of aanbevelingen voor het ontwerpen van grootschalige infrastructuren. Schoorvoetend is de infrastructuur de laatste jaren herontdekt als stedebouwkundige ontwerpopgave. De voornaamste vraag is hoe het nu nog experimentele karakter van de meeste ontwerpen kan uitmonden in een meer duurzame ontwerpcultuur, waarin de vormgeving van de grote openbare werken weer als vanzelfsprekend een belangrijk aspect van het stedebouwkundig werk zal zijn.

Om een dergelijke ontwerpcultuur tot bloei te kunnen laten komen, zal aan twee belangrijke condities moeten worden voldaan. De eerste conditie is dat de inhoudelijke blinde vlek binnen de ontwerpende disciplines op het gebied van de openbare werken verdwijnt. Deze blinde vlek zal vooral daar moeten verdwijnen waar de stedebouwkundigen en de landschapsontwerpers worden gevormd: in het onderwijs.[12]

De tweede conditie is dat er een nieuw institutioneel kader komt waarbinnen het mogelijk is om complexe opgaven tot werkelijk integrale ontwerpen te bewerken. De meeste complexe opgaven op het gebied van combinaties van verschillende soorten netwerken doen zich voor binnen de territoria van de grote stedelijke regio's. Hier leiden de verschillende competenties van nationale en lokale planningsinstituties tot de grootste patstellingen, waaruit vervolgens de meest verschrikkelijke compromissen worden geboren. Maar tegelijkertijd liggen hier ook de grootste mogelijkheden. Belangrijke voorbeelden van een geïntegreerde aanpak van grootschalige infrastructuren, zoals de Cinturon van Barcelona en de Peripherique van Parijs, zijn totstandgekomen onder de conditie dat verschillende departementen en besturen op stadsregionaal niveau waren geïntegreerd.

Ook de hiervoor beschreven situaties in Hongkong en Singapore zijn het gevolg van integrale planvorming die voor een groot deel te danken is aan de schaal van de verstedelijking: in feite zijn deze stadstaten prototypen van geheel verzelfstandigde stedelijke regio's. Op het niveau van de regio is het ook mogelijk om te komen tot nieuwe vormen van gronduitgifte en grondprijsbeleid die de gemeentegrenzen overschrijden. Vooruitlopend op de oprichting van stadsprovincies zijn in de drie grote steden de afgelopen jaren reeds initiatieven genomen om een vorm van integrale planontwikkeling tot stand te brengen voor de belangrijkste infrastructurele problemen in deze regio's.[13] Doordat de stadsprovincies in de ijskast zijn gezet, is de status van deze initiatieven niet helder meer. Maar ook wanneer de stadsprovincies definitief niet doorgaan, is er veel te zeggen voor een constructie die leidt tot meer integratie van het ruimtelijk beleid, vooral als het gaat om de aanleg van grote openbare werken. Interessant en hoopgevend in dit kader is het initiatief van de gemeente 's-Hertogenbosch om met alle grote steden langs de A2 (Amsterdam-Utrecht-'s-Hertogenbosch-Eindhoven-Maastricht-Luik) de ervaringen en de ideeën uit te wisselen die verband houden met de ontwerpopgave van de relatie tussen de stad en de snelweg. Wellicht kan de A2 een voorbeeld worden voor wat een moderne grootschalige lineaire infrastructuur zou kunnen zijn: een verrijking van het beeld van het stedelijk landschap die het mogelijk maakt de structuur van dit landschap op een nieuwe wijze te lezen en te interpreteren.

Voor deze tekst heb ik dankbaar gebruikgemaakt van opmerkingen en suggesties van Henco Bekkering, Luisa Calabrese, Jan Heeling, Willem Hermans, Frank van der Hoeven en John Westrik.

Noten / *notres*

1. H. Harsema (red.), 'Landschap van wegen en kanalen; 75 jaar adviezen van de afdeling Verkeerswegen van het ministerie van LNV aan de Rijkswaterstaat'. Wageningen, 1991.

2. Joost Schrijnen, 'Manifest. Tijd voor stedebouw, landschapsarchitectuur en infrastructuurontwerp; Over het ontwerpen aan vol en mooi Nederland'. Uitgave ter gelegenheid van het zestigjarige bestaan van de BNS. Amsterdam, 1995. / *Publication on the occasion of the sixtieth anniversary of the BNS. Amsterdam, 1995.*

3. Michelle Provoost, 'Asfalt; Automobiliteit in de Rotterdamse Stedebouw'. Rotterdam, 1996.

4. Sigfried Giedion, 'Time, Space and Architecture'. Cambridge (Mass), 1947. Zie hierin vooral hoofdstuk IX, 'Space-Time in City Planning'.

5. Jane Jacobs, 'The Death and Life of Great American Cities'. New York, 1961.

6. H. Priemus e.a., 'De stedelijke investeringsopgave 1999-2010 gekwantificeerd'. Delft, 1998.

7. Frans Becker e.a. (red.), 'De inrichting van Nederland; Achttiende jaarboek voor het democratisch socialisme'. Amsterdam 1998.

8. Dit is niet helemaal waar. Zie noot 1. / *This is not at all true. See note 1.*

9. Frank van der Hoeven, 'indRINGende voorbeelden'. Delft, 1998.

10. AIR staat voor Architecture International Rotterdam, een initiatief van de Rotterdamse KunstStichting. Zij organiseerde in 1993 een manifestatie die gewijd was aan het vraagstuk van de herinrichting van het stadsdeel Alexanderpolder in Rotterdam. / *AIR stands for Architecture International Rotterdam, an initiative by the Rotterdam KunstStichting. They organized an event in 1993 dedicated to the reconstruction of the Rotterdam district of Alexanderpolder.*

11. 'Mobiliteit en intensief ruimtegebruik', een uitgave van de Rijksplanologische Dienst. Den Haag, 1997. / *'Mobiliteit en intensief ruimtegebruik', a publication by the national Spatial Planning Agency (RPD). The Hague, 1997.*

12. Aan de TU Delft is hiermee langzaam maar zeker een begin gemaakt. Het thema 'openbare werken' zal een nieuwe rode draad gaan vormen in het onderwijs van de afstudeerrichting Stedebouwkunde. Sinds 1997 zijn drie aio's bezig met een promotieonderzoek over het ontwerp van grootschalige infrastructuren. En in 1998 is een afstudeeratelier over dit thema gestart. Tevens zullen de relaties tussen de afdelingen Stedebouwkunde en Civiele Techniek weer aangehaald moeten worden. / *Delft University of Technology is slowly making a start with this. The topic 'public works' will be a new theme in the urban planning and design course. Since 1997 three trainee research assistants have been researching their theses on the subject of large-scale infrastructure; and in 1998 a final year studio project on this theme was run for the first time. At the same time, the relations between the Town Planning and Civil Engineering departments will be restored.*

13. In Rotterdam berustte dit initiatief bij de Dienst Stedebouw en Volkshuisvesting. Die was hiertoe gemachtigd door de samenwerkende gemeenten van de stadsregio Rotterdam. Zie 'Een haalbare kaart; Ruimtelijk-strategische opgaven Stadsregio Rotterdam', Rotterdam 1996. In Den Haag zijn de gezamenlijke Kamers van Koophandel van de regio Haaglanden de initiatiefnemers van een pleidooi voor een integraal ruimtelijk beleid voor de regio. / *In Rotterdam this initiative rests with the Urban Planning and Housing Department, which was authorized by the municipalities collaborating in the Rotterdam metropolitan region to carry out this study. See 'Een haalbare kaart; ruimtelijk-strategische opgaven Stadsregio Rotterdam', Rotterdam 1996. In The Hague, the Chambers of Commerce of the Haaglanden region have called for an integral policy for the region.*

ous that the design of large public works is an important aspect of the work of the urban designer.

Two important conditions are required to bring such a design culture to fruition. The first is the disappearance of the blind spot the design disciplines have for public works. This blind spot will have to be removed where planners and landscape architects are formed: in their education.[12] The second condition is the construction of a new institutional framework that allows complex tasks to be moulded into truly integral designs. The most complex assignments for combinations of various sorts of networks can be found within the large urban regions. This is where the various competencies of the national and local planning institutes lead to the worst cases of stalemate, out of which the most awful compromises are born. But at the same time they also contain the biggest opportunities. Important examples of an integrated approach to large-scale infrastructure, such as the Cinturon in Barcelona and the Peripherique in Paris, came about under conditions in which the various departments and city-regional administrations were integrated. The Hong Kong and Singapore situations described above are also the result of integral planning made possible largely because of the scale of urban development: in fact, these city states are prototypes of completely independent city regions. At the regional level it is also possible to devise new methods for the allocation of land and land price policies that transcend municipal boundaries. In anticipation of the formation of new metropolitan provinces, the three biggest Dutch cities have in recent years taken initiatives to devise a form of integral planning for the most important infrastructural problems in these regions.[13] As the plans to create metropolitan provinces have now been shelved the status of these initiatives is no longer clear. But even if the metropolitan provinces are definitely axed, there is a lot to be said for a construction that leads to more integration of spatial policy, especially if it concerns the construction of large public works.

One interesting and hopeful development is the initiative taken by the city of 's-Hertogenbosch to exchange ideas and experiences with all the cities on the A2 motorway (Amsterdam, Utrecht, 's-Hertogenbosch, Eindhoven, Maastricht and Liège) on designing the relationship between the city and the motorway. The A2 could well serve as an example of what modern large-scale linear infrastructure might be: an enrichment of the visual urban landscape that makes it possible to read and interpret this landscape in a new way.

I wish to thank Henco Bekkering, Luisa Calabrese, Jan Heeling, Willem Hermans, Frank van der Hoeven and John Westrik for their comments and suggestions on earlier drafts of this essay.

Sjoerd Cusveller

Nederland projectenland

Projectland Netherlands

Two hundred and thirty-two plans, from back gardens to housing estates, from kerbstones to the Maasvlakte in the port of Rotterdam, from car parks to the high speed rail link, from market squares to regional visions, and from habitat creation to Chinatown. Compiling 'Landscape architecture and town planning in the Netherlands 95–97' has brought the full range of both disciplines into view. The professional communities came up with 158 plans for inclusion in the yearbook. The selection committee or the editors added a further 74 plans that they felt should be included in the selection procedure. Twenty-three plans were finally selected for inclusion in the book.

At first sight, the entries represent a fair cross-section of the fields in which landscape architecture, town planning and urban design are active. This is of value now that a lively debate is taking place on the desired spatial development of the Netherlands. The notional start of the debate is easy to pinpoint. On 20 March 1997, when the New Map of the Netherlands was presented, the professional community, and in fact everyone connected with the spatial planning and development of the Netherlands, was left in no doubt about the enormous scale of new development facing the country from now until 2005. The inventory made for the New Map of the

232 Plannen: van achtertuin tot woonwijk, van stoeprand tot Maasvlakte, van parkeerplaats tot HSL-lijn, van marktplein tot regiovisie en van natuurontwikkeling tot Chinatown. Het samenstellen van het jaarboek 'Landschapsarchitectuur en stedebouw in Nederland 95-97' is zo'n moment waarop de volle breedte van de twee disciplines in beeld komt. Vanuit de vakwereld zijn 158 plannen ingestuurd om in aanmerking te komen voor opname in het jaarboek. Op initiatief van de redactie of van de selectiecommissie zelf zijn daar nog eens 74 plannen aan toegevoegd die in elk geval bij het selectieproces betrokken zouden moeten worden. Uiteindelijk zijn 23 plannen geselecteerd voor opname in het jaarboek.

Op het eerste gezicht bieden de inzendingen een mooie doorsnede van de terreinen waarin de vakgebieden landschapsarchitectuur en stedebouw zich bewegen. Dat is waardevol nu er een levendig debat plaatsvindt over de gewenste ruimtelijke inrichting van Nederland. De fictieve start van dat debat is nauwkeurig te traceren. Op 20 maart 1997 wordt de vakwereld en eigenlijk iedereen die met de inrichting van Nederland te maken heeft hardhandig geconfronteerd met de enorme omvang van ingrepen die Nederland tot 2005 te wachten staan. De inventarisatie van de 'Nieuwe Kaart van Nederland' maakt dan op de meest directe wijze duidelijk dat een groot deel van ons land de komende jaren op de schop gaat. In navolging van de inmiddels legendarische ARCAM-kaart uit 1995, zijn op de Nieuwe Kaart niet de voornemens of de verkennende studies ingetekend, maar de concrete plannen, die Nederland het komende decennium zullen transformeren. Een transformatie die zich niet beperkt tot het stedelijk gebied. Ook de mate van de veranderingen die het landelijk gebied van Nederland te wachten staan en de grote hoeveelheid infrastructurele werken komen op de Nieuwe Kaart glashelder naar voren. Dat was vooral voor stedebouwkundigen verrassend, omdat in de daaraan voorafgaande jaren het debat in de vakwereld zich concentreerde op de (her)inrichting van het stedelijk gebied en dan met name het ontwerp voor de zogenaamde VINEX-locaties.

Door de zelf opgelegde beperking tot concrete, in uitvoering komende plannen toont de Nieuwe Kaart weliswaar de kwantitatieve omvang van de transformatie van Nederland, maar ontloopt het met pijnlijke precisie uitspraken over een mogelijke samenhang in die verzameling van ingrepen. Tijdens de presentatie viel niet voor niets de term 'Nederland Projectenland'. De samenhang tussen de verschillende ingrepen kan op een aantal niveaus geformuleerd worden. Al eerder, in zijn 'maiden speech', hekelt de voorzitter van de BNSP Joost Schrijnen in 1995 de sectorale aanpak bij de ruimtelijke inrichting van Nederland en formuleert hij de noodzaak tot intensieve samenwerking tussen de institutionele werelden van verkeer en waterstaat, ruimtelijke ordening en landinrichting. Daarnaast gaapt er een grote kloof tussen de opgaven voor de inrichting van Nederland op de lange termijn en de dagelijkse werkelijkheid van de concrete planvorming op lokaal niveau. Die opgaven hebben betrekking op de effecten van klimaatverandering en de huishouding van zoet- en zoutwater die zijn grenzen heeft bereikt. Ook de toekomstige ontwikkeling van de haven van Rotterdam en van Schiphol als belangrijke economische steunpilaren en de steeds toenemende mobiliteit vragen om aanvaardbare oplossingen binnen de beperkte ruimte van Nederland. In diezelfde beperkte ruimte van met name West-Nederland zal ook een plek gevonden moeten worden voor forse ruimteclaims ten behoeve van woningbouw en bedrijfsterreinen. Parallel hieraan ligt de opgave van de verdere uitbouw van de Ecologische Hoofdstructuur en de herinrichting van vrijkomende landbouwgronden.

Als de Nieuwe Kaart iets duidelijk maakt, dan is het wel het grote belang van gemeentegrens – en zelfs provinciegrens – overstijgende en integrale planvorming.

Die constatering is des te schrijnender nu de vorming van stadsprovincies als één van de belangrijkste politieke voertuigen voor regionale planvorming vooralsnog op een dood spoor is beland. In dit licht bezien is het misschien niet eens zo opmerkelijk dat het denken over de toekomstige inrichting van Nederland de afgelopen jaren vooral een impuls heeft gekregen door particulier initiatief. Zo verkent de Stichting Ontwerpen voor Nederland in haar publicatie 'De Vrije Ruimte; Nieuwe Strategieën voor de Ruimtelijke Ordening van Nederland' nieuwe vormen van verstedelijking, waarbij de traditionele grenzen tussen stedelijk gebied, landelijk gebied, bedrijfsterreinen en infrastructuur worden verkend. Het 'Metropolitane Debat' gaat nog verder en heeft als inzet verbindingswegen aan te leggen in het niemandsland tussen de ideeën voor de inrichting van Nederland op lange termijn en de dagelijkse werkelijkheid van de planvorming. Het brengt daartoe de belangrijkste ruimtelijke opgaven van Nederland op de langere termijn in kaart en stelt van daar uit een samenhangende agenda op voor de inrichtingsvraagstukken. Het Metropolitane Debat baseert zich onder meer op het werk van de Rijks Planologische Dienst (RPD).

Met haar vier scenario's voor Nederland 2030 heeft de RPD zich weer actief gemengd in het debat over de inrichting van Nederland en

Netherlands makes it immediately clear that a large proportion of the country will be subject to (re)development. Following on from the now legendary ARCAM map of 1995, the New Map presents the concrete plans – not proposals or exploratory studies – that will transform the country during the next decade. This transformation will not be limited to urban areas. The changes that can be expected in rural areas and the large package of infrastructure works are clear to see on the New Map. This was particularly surprising for urban planners because in previous years the debate in the professional world had concentrated on the (re)construction of urban areas, especially the designs for the 'VINEX sites'.

By limiting itself to concrete plans that will be implemented, the New Map illustrates the quantitative aspects of this transformation, but it painfully avoids any comment on a possible overarching rationale to this collection of projects. It was hardly surprising, then, that the epithet 'Projectland Netherlands' cropped up during the presentation. The connections between the various projects can be formulated on a number of levels. Earlier, in his 'maiden' speech, the BNSP chairman, Joost Schrijnen, had criticized the sectoral approach taken towards national spatial planning of the country and formulated the need for intensive cooperation between the different bureaucratic worlds of transport and public works, spatial planning and land development. In addition, there is a yawning gulf between the challenges of long-term national spatial planning and the day to-day reality of plan making at the local level. These challenges relate to climate change and the management of marine and fresh water bodies, which have reached their limits. The future development of the port of Rotterdam and Schiphol airport as important economic bastions and the ever growing levels of mobility demand acceptable solutions within the limited space available in the Netherlands. In this same limited space, particularly in the west of the country, room also has to be found for significant claims on land for housing and industrial and commercial development. In parallel with this, the National Ecological Network is to be further expanded and surplus agricultural land converted to new uses. If the New Map makes anything clear it is the importance of integrated development that transcends municipal boundaries – and even provincial boundaries. This observation is the more poignant now the formation of metropolitan provinces as one of the most important political vehicles for regional planning has stalled, at least for the time being.

In light of this it is perhaps not so remarkable that recent thinking about the future development of the Netherlands has been driven in the main by private initiative. In its publication 'De Vrije Ruimte; Nieuwe Strategieën voor de Ruimtelijke Ordening van Nederland' the Stichting Ontwerpen voor Nederland ('Design for the Netherlands Foundation') explores the traditional boundaries between urban areas, rural areas, industrial estates and infrastructure by developing new forms of urbanization. The 'Metropolitan Debate' goes further still and seeks to establish links across the no man's land between ideas for the long-term development of the Netherlands and the day-to-day reality of plan making. It maps out the most important questions facing spatial planning and uses these to construct a coherent agenda for the planning and design issues. The Metropolitan Debate builds on work done by the National Spatial Planning Agency (RPD) and others. With its four scenarios for 'Netherlands 2030', the RPD has taken an active part in the debate on the spatial development of the Netherlands and has formulated the most important issues.

The private initiatives mentioned above still come from, or are connected with, institutes that have been traditionally and professionally associated with the spatial planning of the country. The most surprising, and possibly most characteristic, aspect of the current state of affairs in the professional community is the emergence of new players. Organizations representing various interests in society, such as the ANWB, Chamber of Commerce, World Wide Fund for Nature, Schiphol airport, the water boards and Natuurmonumenten (the Dutch Society for the Preservation of Nature) are abandoning their wait-and-see attitude and taking an active part in spatial planning. They have compiled plans that go beyond their own concrete project goals, are drawn on a greater scale and work to a longer time horizon. Apart from their content, these initiatives make it clear that the traditional field of spatial planning is undergoing drastic change. The nature and scale of the tasks at the (inter)regional and national scales are such that the sectoral, project-oriented way of working with the standard players from the various government organizations is no longer adequate. This observation is supported by the rapid increase in interest from and involvement of national political circles in the spatial development of the Netherlands.

Until a few years ago local government dealt with actual development and construction on the ground, as can be seen on the New Map of the Netherlands. Involvement of central government is limited to sectoral projects of national significance, such as the dike reconstruction programme, the expansion of Schiphol and the high speed railway link, and to setting indicative spatial policy expressed metaphorical terms and to the co-financing of individual projects at the local level. The enormous scope of the challenge in time and space and the enormous scale of the associated government investments make the need for an integral national policy for the spatial development of the Netherlands even more pressing. Instead of passively accommodating sectoral developments, the targeted use of government funding to achieve a preferred spatial configuration is back on the political agenda. This raises the issue of national spatial development from a debate within the professional community to a subject of wider political and public discussion.

Design quality The selection committee let itself be guided in its choice of projects for inclusion in the yearbook by the design qualities of the submitted plans. This approach was decided on after some discussion. The committee had set itself the goal of compiling a yearbook that would encourage answers to topical spatial planning questions. But this objective was torpedoed by the lack of quality displayed by the plans – at least, when there were plans available for the topic under consideration; the great majority of the submissions take the familiar 'Projectland Netherlands' approach. In this respect the submissions to the yearbook display striking parallels with the inventory made for the New Map of the Netherlands. Very few designs cover larger areas or plan for the long term. Regional plans and so-called 'strategic designs', which have gained in importance in recent years, are hard to find. New plans for reconsolidating rural areas are scarce, even though these were specifically asked for. Habitat restoration and the construction of the National Ecological Network have hardly been formu-

formuleert de belangrijkste vraagstukken voor die inrichting. De hiervoor genoemde initiatieven komen nog voort uit of zijn gelieerd aan instellingen die zich van oudsher en beroepshalve met de ruimtelijke orde van Nederland bezighouden. Het meest verrassende en wellicht het meest kenmerkende voor de huidige stand van zaken in het vakgebied is de opkomst van nieuwe actoren op het toneel. Maatschappelijke instellingen als ANWB, Kamer van Koophandel, Wereld Natuur Fonds, Schiphol, waterschappen of Natuurmonumenten verlaten hun afwachtende houding en opereren actief op het terrein van de ruimtelijke ordening. Zij laten plannen maken die hun op concreet projectniveau geformuleerde doelstellingen overstijgen, en een hoger schaalniveau en een verdere tijdshorizon omvatten. Afgezien van de inhoud maken voorgenoemde initiatieven duidelijk dat het traditionele veld van de ruimtelijke ordening drastisch aan het veranderen is. De aard en de omvang van de opgaven op (inter)regionaal en landelijk niveau zijn zodanig dat de sectorale, projectgewijze werkwijzen met de gangbare actoren uit de verschillende overheden niet langer voldoen. Deze observatie wordt ondersteund door de rasse toename van de belangstelling voor en de betrokkenheid bij de ruimtelijke inrichting van Nederland vanuit de landelijke politiek. Tot voor een paar jaar geleden was de concrete inrichting van Nederland vooral een zaak voor de lokale overheid, zoals uit de Nieuwe Kaart van Nederland af te lezen valt. De betrokkenheid van de landelijke overheid beperkt zich tot sectorale projecten van nationale betekenis, zoals de dijkverzwaringen, de uitbreiding van Schiphol en de HSL-lijn, tot een door metaforen gestuurd voorwaardescheppend ruimtelijk beleid en tot de co-financiering van afzonderlijke projecten op lokaal niveau. De enorme reikwijdte van de ruimtelijke opgaven in tijd en ruimte en de enorme omvang van de daarmee gepaard gaande overheidsinvesteringen, maken de vraag naar een integraal, nationaal beleid voor de ruimtelijke inrichting van Nederland hoogst actueel. In plaats van het passief accommoderen van sectorale maatschappelijke ontwikkelingen staat de inzet van de overheidsinvesteringen ten behoeve van een gewenste ruimtelijke ontwikkeling van Nederland weer op de politieke agenda. De inrichting van Nederland is daarmee niet alleen onderwerp van een debat in de vakwereld, maar vormt ook het onderwerp van een politiek-maatschappelijk debat.

Ontwerpkwaliteiten De selectiecommissie heeft zich bij de keuze voor opname in het jaarboek vooral laten leiden door de ontwerpkwaliteiten van de ingezonden plannen. Die invalshoek is niet zonder discussie totstandgekomen. De commissie streefde ernaar met het jaarboek een belangrijke impuls te geven aan het formuleren van antwoorden op actuele ruimtelijke opgaven. Maar die inzet heeft schipbreuk geleden door het gebrek aan kwaliteit van de betreffende plannen; zo er al plannen op dat specifieke terrein zijn ingestuurd, want de inzendingen begeven zich in overgrote meerderheid op het bekende terrein van 'Nederland Projectenland'. De verzameling inzendingen voor het jaarboek vertoont daarin opvallende parallellen met de inventarisatie van de Nieuwe Kaart. Ontwerpen die zich uitstrekken over grotere gebiedsdelen of betrekking hebben op een lange tijdsduur ontbreken nagenoeg geheel. Regionale plannen en het zogenaamde strategisch ontwerpen dat de afgelopen jaren steeds meer aan betekenis heeft gewonnen, zijn vrijwel afwezig. Plannen voor de herinrichting van de landelijke gebieden zijn mondjesmaat en dan nog op uitdrukkelijk verzoek ingezonden.

Natuurontwikkeling en de aanleg van de ecologische hoofdstructuur zijn nog nauwelijks geformuleerd als ontwerpopgave.
Maar ook de grote infrastructurele werken lijken gezien de inzendingen aan de ontwerpers voorbij te gaan. Dijkverzwaring, HSL-lijn,

Betuwelijn, de uitbreiding van Schiphol en Tweede Maasvlakte; ze vallen op door hun afwezigheid. En voor zover ze wel aanwezig zijn, zijn ze niet geformuleerd als een ontwerpopgave. Een andere actuele opgave die spaarzaam is doorgedrongen in de verzameling inzendingen is de vernieuwing van de naoorlogse woonwijken.
Uit de inzendingen komt de nogal eenzijdig aandacht voor het objectmatige aspect van het ontwerp naar voren. Het ontwerpen van een beeld van stad en land lijkt dominant boven het aangeven van een mogelijke ruimtelijke ontwikkeling in de tijd door het ontwerpen van condities of het ontwerp van een betekenisvolle situering van programmatische onderdelen. Illustratief daarvoor is dat een relatief groot aantal architectenbureaus plannen heeft ingezonden. Deze indruk wordt nog scherper als we kijken naar de uiteindelijke selectie die in het jaarboek is opgenomen.

Opnamecriteria Bij de selectie is niet gestreefd naar het bieden van een representatief overzicht van de verschillende terreinen waarop de disciplines zich bewegen. De uiteindelijke selectie laat vooral zien wat de vakgebieden maken en niet wat de inhoud van de vakgebieden is. Een ontwerpende invalshoek bij de benadering van de ruimtelijke opgave staat daarbij voorop. Het belangrijkste criterium voor opname in het jaarboek is een hoge kwaliteit van het ontwerp, gekoppeld aan een thematiek die de opgave overstijgt. Het begrip kwaliteit krijgt een specifieke invulling door de persoonlijke zienswijzen en opvattingen van de leden van de selectiecommissie en de discussies tijdens het selectieproces. Eén van de belangrijke factoren daarin is of de plannen verrassen, de aandacht vasthouden, een nieuw of onverwacht gezichtspunt bieden. Daarmee is een uitermate streng criterium gesteld, want het wil niets anders zeggen dat meer van hetzelfde, hoe goed ook, niet goed genoeg is voor opname in het boek. Kwaliteit is daarnaast vooral geformuleerd in termen van rust en terughoudendheid van het ontwerp, een gevoel voor de kenmerken en de eigenschappen van de locatie en voor de aard en betekenis van de opgave. In dat verband kost het moeite om geen criminele plannen aan te wijzen. Vooral in kleine gemeenten kunnen uitbundige ingrepen al snel de aanwezige kwaliteiten tenietdoen door een gebrek aan inzicht van de ontwerper of een gebrek aan expertise bij de opdrachtgever. De vanzelfsprekende kwaliteiten van sommige locaties vallen pas op als die kwaliteiten onder vormgevend geweld verdwijnen. De beste ontwerpingreep is dan veelal niets doen of storende elementen weghalen.
Inbedding in de locatie en in de historiciteit van het gebied vormen een belangrijk onderdeel van het kwaliteitsbegrip. Dat wil zeggen dat plannen moeten steunen op de specifieke kenmerken en eigenschappen van de locatie. De aanleg van grote boscomplexen in het Groene Hart heeft bijvoorbeeld niet zoveel te maken met het specifieke karakter van het veenweidegebied. In stedelijk gebied leidt het miskennen van de eigenschappen van de locatie al snel tot een vorm van decoratie.
En dat druist in tegen elk gevoel van ontwerpen de eerlijkheid, waarbij een hechte relatie bestaat tussen de inhoud en de vorm van het ontwerp. Dienstbaarheid van het ontwerp gaat boven de creatieve vondstjes. Doorwrochtheid van het ontwerp boven het oppervlakkige design. Acceptatie van de ruimtelijke fenomenen van de moderne wereld boven de verhullende ontwerpen.

Infrastructuur Een opgave waar de selectiecommissie bij voorbaat veel van verwacht, is de aanleg van grootschalige infrastructuur. Het ontwerp van infrastructuur wordt al jaren gezien als een belangrijke opgave en staat op het ogenblik door de enorme hoeveelheid investeringen die ermee gemoeid zijn alleen maar meer in de

lated in terms of their spatial design. The large infrastructure works, too, seem to have passed urban designers by if the submissions are anything to go by. Dike reconstruction works, the high speed train link, the Betuwe rail freight line, the expansion of Schiphol airport and the second Maasvlakte are all conspicuous by their absence. And when they are present the planning remits are not formulated in design terms. Another topical issue that has scarcely found its way into the submissions is the renewal of the post-war housing estates.
The submissions reflect a rather lop-sided concern for the objects of design. Designing an image of town and country predominates over indicating possible spatial development paths in time by creating the right conditions, or by careful siting of the various elements that make up the development programme. The relatively large number of architecture practices that have sent in plans reflects this fact. This impression is heightened by looking at the final selection presented in the yearbook.

Selection criteria The selection does not pretend to provide a representative overview of the various fields in which the professions are active. The final selection reveals above all what the professions produce, not what they are about. It therefore focuses on a design approach to planning issues.
The most important criterion for inclusion in the yearbook is a high quality of design linked to a theme which goes beyond the specific task at hand. The concept of quality has been filled in by the personal views of the members of the selection committee and the results of their discussions during the selection process. One of the most important factors in this is whether the plans contain an element of surprise, hold the attention and offer a new or unexpected perspective. This is a severe criterion because it in fact means that more of the same, however good, is not enough for inclusion in this book.
Quality is formulated above all in terms of the 'quietness' and restraint of the design, a feeling for the features and characteristics of the site and for the nature and significance of the task in hand. In this respect, it is hard not to hold up some really awful plans. In small communities, in particular, exuberant developments can easily destroy the existing qualities through lack of insight by the designer or lack of expertise by the client. The obvious quality of some sites seems to attract attention only when it disappears in the wake of a heavy handed plan. The best intervention is often simply doing nothing, or just removing disruptive elements.
Embedding the design in the site itself and in the historicity of the area is an important aspects of quality. Plans must rest on the specific features and characteristics of the site. The planting of large areas of woodland in the Green Heart, for example, has little to do with the specific character of the fenland and peat grasslands in this area. Failing to appreciate the characteristics of urban sites quickly leads to a form of decoration. And that goes against any feeling for an honest design which displays a close relationship between content and form: functionality rather than frills; a solid rather than a superficial design that is open to modern spatial phenomena instead of concealing them.

Infrastructure It was in the field of new large infrastructure projects that the committee had high expectations. The design of infrastructure has for many years been seen as an important task, and is attracting increasing (political) attention because of the enormous amounts of public money involved. Infrastructure appears in one way or another in 21 of the submissions. Many involve the introduction of infrastructure into the urban or rural environment, while routing as a topic appears only sporadically. The high expectations have not been met in the plans, which tend to deny the existence of the infrastructure works rather than designing them as contemporary cultural phenomena in the national landscape.

The three plans selected succeed in formulating the construction of new infrastructure as a modern design remit and working this out in a design. Perhaps it is no accident that they concern typically Dutch engineering structures such as dikes, polders, locks windmills and tunnels. The Naviduct in Enkhuizen combines a dike, lock and polder with the development of a wetland in one composition. The study into the siting of wind turbine parks relates the siting and make-up of the turbine park to characteristics of the underlying landscape. And the design of the Heinenoord tunnel is one of those rare designs in which the engineering structure itself becomes a design element that finds a counterpoint in the surrounding area.

Rural areas The reconstruction of rural areas will become increasingly important in future. The main reasons for this can be found in the transformation of agriculture, the creation of new natural areas, the forming of the National Ecological Network, the increasing demand for recreation areas for city dwellers and spreading infrastructure. It is strange to have to observe that this staggering level of redevelopment is taking place tacitly, without any public discussion about the changing face of the country. Plans for nature development may seem to be good by definition; but development control committees only deal with the built environment, and there is no culture of questioning plans in the profession. The redevelopment of rural areas has not been formulated in design terms but in terms of ecology or infrastructure. This is the most pronounced price we have to pay for dividing up the task of structuring the physical development of the country between various government departments: housing, spatial planning, environment, transport and public works, agriculture, nature management and fisheries.

In the field of rural planning, 41 plans for nature development, recreation areas, new woodlands and regional plans for the use of non-urban areas were put forward for consideration. This required some effort because few plans in this field were submitted by the professional community. Very few plans, though, appear to be able to span the previously mentioned institutional frameworks and assemble these into a meaningful whole. Many plans also display a misunderstanding of the site, have a romantic outlook on existing nature or are only fixed on concealing the supposed changes.

A positive exception is the 'Visie Stadlandschappen' (discussion document on urban landscapes), in which the ministry of agriculture reformulates the relation between urban development and rural areas. The design-based approach taken in this document makes it one of the most refreshing and fruitful texts in recent years.

A comparable relaxed and thoughtful attitude towards the possibilities for redeveloping rural areas are the studies for East Groningen. These plans demonstrate convincingly that the

(politieke) belangstelling. 21 inzendingen hebben op de een of andere manier betrekking op infrastructuur. Veelal gaat het hierbij om de inpassing van infrastructurele werken in het stedelijk of landelijk gebied. De tracering van de infrastructuur komt slechts sporadisch aan de orde.

De inzendingen op het terrein van de infrastructuur maken de hoge verwachtingen niet waar. Zij zijn eerder gericht op het ontkennen van het bestaan van die infrastructuur, dan op het vormgeven van infrastructuur als een eigentijds cultureel fenomeen in de ruimte van Nederland.

In de drie geselecteerde plannen is het gelukt de aanleg van nieuwe infrastructurele werken als een eigentijdse opgave te formuleren, en als zodanig ook vorm te geven.

Misschien niet helemaal toevallig gaat het steeds om typisch Nederlandse waterstaatswerken als dijk, polder, sluis, windmolen en tunnel. Het Naviduct in Enkhuizen combineert in een prachtige vormentaal dijk, sluis en polder met de ontwikkeling van 'wetlands'. De studie naar de situering van windmolenparken relateert de plaatsbepaling en de compositie van het windmolenpark aan de kenmerken van het onderliggende landschap. En de inpassing van de Heinenoordtunnel is een van de zeldzame ontwerpen waarbij de infrastructuur zelf als element opgenomen wordt en in de inrichting van de omgeving een contrapunt krijgt.

Landelijk gebied De herinrichting van het landelijk gebied is een opgave die de komende jaren alleen maar aan importantie zal winnen. Transformatie van de landbouw, de ontwikkeling van nieuwe natuurgebieden, de aanleg van de ecologische hoofdstructuur, de toenemende behoefte aan recreatiegebieden voor de stedeling en de infiltratie van infrastructuur zijn de belangrijkste factoren die daarbij een rol spelen. Het is vreemd te moeten constateren dat die enorme herinrichting zich stilzwijgend afspeelt, zich onttrekt aan een openbare discussie over het aanzien van Nederland.

Plannen voor natuurontwikkeling lijken wel per definitie goed. Het fenomeen welstandscommissie heeft alleen betrekking op de gebouwde omgeving en er bestaat geen cultuur onder vakgenoten om plannen ter discussie te stellen. De herinrichting van het landelijk gebied wordt nauwelijks als een ontwerpopgave geformuleerd, maar als bijvoorbeeld een ecologische opgave of een opgave van infrastructurele aard. Hier wreekt zich het meest uitdrukkelijk de opdeling van de inrichting van Nederland in verschillende instituties: volkshuisvesting, ruimtelijke ordening en milieubeheer, verkeer en waterstaat en landbouw, natuurbeheer en visserij. Op het terrein van de (her)inrichting van het landelijk gebied zijn 41 plannen voor natuurontwikkeling, recreatiegebieden, nieuwe bossen en regionale plannen voor het gebruik van niet-stedelijke gebieden ter beoordeling voorgelegd. Daarvoor was wel een extra inspanning nodig, vanuit de vakwereld zelf zijn weinig plannen op dit terrein ingezonden.

Maar heel weinig plannen blijken in staat de geschetste opdeling in institutionele kaders te overbruggen en in een betekenisvolle verhouding te plaatsen. Veel plannen tonen daarentegen een onbegrip voor de locatie, hebben een romantische opvatting over de hedendaagse natuur of zijn er slechts op uit het vermeende negatieve beeld van veranderingen te verhullen. Een positieve uitzondering is de 'Visie Stadslandschappen', waarmee het ministerie van LNV opnieuw de verhouding tussen de stedelijke ontwikkelingen en het landelijk gebied formuleert. Door zijn ontwerpmatige benadering is deze nota een van de meest verrassende en vruchtbare geschriften van de laatste jaren.

Een vergelijkbare ontspannen en genuanceerde houding ten opzichte van de mogelijkheden die de herinrichting van het landelijke gebied met zich meebrengt, zijn de studies voor Oost-Groningen. Op een overtuigende wijze laten deze plannen zien dat de neergang van de akkerbouw ook de ruimte schept voor nieuwe ontwikkelingen.

Uitleggebieden Nog steeds neemt het ontwerp van de uitleggebieden, traditioneel het belangrijkste werkterrein van de stedebouwkundige, een vooraanstaande positie in. Niet minder dan 44 plannen vallen onder deze noemer, variërend van een dorpsuitbreiding voor een tiental woningen tot en met complete nieuwe stadsdelen. Bijna de helft van de plannen betreffen ontwerpen voor de zogenaamde VINEX-locaties. Van al de ontwerpen voor uitleggebieden is uiteindelijk maar één voorbeeld opgenomen: het wooneiland Cuijck. Het ontwerp is vooral als model, als icoon bijzonder interessant, ook al vraagt het ontwerp nog om verdere uitwerking en toetsing aan de dagelijkse praktijk. De andere ontwerpen voor stedelijke uitbreidingen, inclusief de VINEX-locaties, bieden op hun best meer van dezelfde gemiddeld hoge kwaliteit en op zijn minst de idee van comfortabele woonwijken.

Na alle debatten en ontwerponderzoeken over de ruimtelijke inrichting van de VINEX-locaties in de afgelopen jaren, is de oogst nogal teleurstellend. Vrijwel nergens wordt gezocht naar nieuwe vormen van stedelijkheid of andere woonvormen. Er zijn twee belangrijke uitzonderingen, IJburg en Leidsche Rijn. De grote verdienste van IJburg is de creatie van een uitermate genuanceerd eilandenrijk in plaats van eerder voorgestelde 'aanplempingen'. De openbare ruimte wordt ingezet als drager om uiteindelijk de eenheid in het stedelijke beeld zoveel mogelijk te kunnen waarborgen. In Leidsche Rijn moet een set van regels het beoogde stedebouwkundige 'Patchwork' sturen. Een aantal grote elementen, zoals het centrale park vormen hier de dragers van het plan.

De uitwerking van Leidsche Rijn in het 'Beeldkwaliteitsplan Vleuten' is een uitgekiende combinatie van diversiteit en strengheid. De aangebrachte verschillen in stedelijke ruimtetypen hebben een onderlinge samenhang die ook op de grotere schaal een betekenis heeft.

Herinrichting stedelijk gebied Naast de uitleggebieden, blijft ook stedelijke vernieuwing een belangrijke opgave.
27 Plannen zijn te schikken onder verdichting van de stedelijke bebouwing of het ontwerp van een nieuw gebruik voor verwaarloosd stedelijk gebied. Het valt opdat de herstructurering van de naoorlogse woonwijken, een opgave die de laatste jaren actueel geworden is, nog nauwelijks in de toegezonden plannen aan de orde komt. In vergelijking met de ontwerpen voor het uitleggebied, zijn op het terrein van de herinrichting van stedelijk gebied absoluut en relatief gezien veel uitstekende ontwerpen ingezonden. Wellicht is de complexiteit van de opgave in het stedelijk gebied een impuls om naar bijzondere en innovatieve oplossingen te zoeken. De herinrichting van het stedelijk gebied krijgt in de selectie dan ook veel meer aandacht dan de uitleggebieden. En hierbinnen ligt nog eens de nadruk op de naoorlogse woonwijken.

In Alphen aan den Rijn wordt op een bijzonder ingenieuze wijze met traditionele middelen de herinrichting van het centrum aangegrepen om Alphen aan de Rijn te leggen. Het ontwerp voor het stationsgebied in Arnhem is van alle inzendingen de enige waar de programmatische en logistieke aspecten het plan bepalen. Het is in feite een ontwerp voor een nieuw maaiveld, waarin alle problemen zijn opgelost en dat een ondergrond biedt voor het fysieke ontwerp van nieuwe gebouwen.

De Wijert in Groningen is een vorm van herstructurering van een naoorlogse woonwijk uit de jaren zestig op basis van een fijnzinnige

decline of arable farming in this area presents opportunities for new development.

Greenfield sites The design of greenfield developments, traditionally the most important work for the urban planner, still occupies a prominent place. No less than 44 plans fall into this category, varying from 20 or 30 houses on the edge of a village to completely new urban districts. Almost half the plans are designs for the so called 'VINEX sites', but of all these plans only one example has been included in this book: the residential island of Cuijck. This design is of interest primarily as a model, an icon, even though it does need further elaboration and testing against hard reality. The other plans, including those for the VINEX sites offer at best the same average good quality of design and at least convey the impression of being comfortable residential areas. But after all the debates and design studies on the spatial development of the VINEX sites in recent years, the resulting crop of plans has been rather disappointing. Almost no attempt has been made to find new urban forms or residential formulas, with two important exceptions: IJburg and Leidsche Rijn. The greatest virtue of IJburg is the creation of a highly differentiated island community instead of earlier proposed 'fillers'. The public open spaces have been used to bring ensure a degree of unity to the townscape. In Leidsche Rijn a set of rules has been designed to guide the development of the intended 'Patchwork', with a number of larger elements, such as the central park, forming the major carriers of the plan. The elaboration of the plan for Leidsche Rijn in the form of the Vleuten design guide is a clever mix of variety and discipline. The differences in urban spaces introduced by the plan are connected in a way which lends meaning at a higher scale.

Reconstruction of urban areas In addition to greenfield developments, urban renewal remains an important challenge. Twenty-seven plans address the intensification of the built up area or designs for new uses for neglected urban areas. It is noticeable that the restructuring of post-war housing areas, a topical issue, is hardly addressed by the submitted plans. Compared to the designs for greenfield sites there are many excellent designs for urban reconstruction. It may be that the complexity of the challenge in urban areas provides an added stimulus to look for unusual and innovative solutions. In view of this, the redevelopment of urban areas receives more attention in the selection than greenfield developments. And in this selection the emphasis lies on post-war housing areas.

In Alphen aan den Rijn traditional methods are being used in an ingenious way to reconstruct the town centre. Of all the submissions, the design for the station area of Arnhem is the only one which is determined by the development programme and logistical considerations. It is, in fact, a completely new design for the ground level that solves all the problems and which provides a foundation for the physical design of new buildings. The reconstruction of De Wijert, a housing estate in Groningen built in the sixties, is based on a refined analysis of the existing situation. Making useful new additions to the functioning of the estate and enhancing its spatial structure are the main considerations. De Bargeres in Emmen is one of the next generation of housing estates from the glory days of the woonerf, specially designed neighbourhoods with traffic control measures and speed restrictions. It is an enclosed and one-sided development. Upgrading the woonerf clusters and the introduction of new links make the district a more complex but at the same time more legible urban area. The addition of formal and functional complexity (although to a greater degree) also characterizes the redevelopment of the centre of Almere. Underneath an undulating ground level, space has been created for infrastructure and parking, the raised ground level itself providing room for an extensive development programme including offices, shops, housing and cultural amenities.

Public open space The (re)construction of the public domain occupies an important place in urban regeneration. In total, 34 plans of the submitted plans are for streets and squares. A further 9 plans go beyond the design of individual sites and provide designs for the open areas of the town or village as a coherent whole.

Designing public open space is by now almost an everyday assignment, and seldom are the well trodden paths abandoned. Notable projects include those for the city centres of Groningen and Breda. These move on from providing designs for one or more sites; instead, these city centres will be laid out again as one coherent whole over a period of many years and keeping strictly to the agreed design. The restraint needed to achieve this can also be found in the plans for the new bus station in Enschede. It is precisely those elements that determine the essence of a bus station, the platforms and information boards, that form the basis for this design. The squares in Tilburg are worthy of inclusion because they restore unity to a fragmented district. The plans for the banks of the Maas in Rotterdam where the Erasmus bridge meets the shore, make in their bravado a cheeky addition to the former dockland landscape. Lastly, the exceptional quality of the subtle and beautifully detailed Spuiplein in The Hague surpasses the average high standard of designs for public open spaces.

Parks and gardens Designing gardens for houses, business premises and institutes is traditional work for landscape architects. The 30 designs submitted make up an important section of the submitted plans. Nine address the complete construction and design of a business site. Twelve are for the design of parks, either for new parks or for the renovating of existing parks. Despite the average high quality, only three designs meet the stringent criteria set by the selection committee. The courtyards in Kop van Zuid stand out for the inventive dual use and contrasts between day and night. The Interpolis office garden in Tilburg makes a wonderful connection between the building and the public domain in the city through the individual but thoroughly convincing use of materials.

Skill The average level of work in the professions is not at all bad. The integrity and skill with which the plans have been made is beyond question and the quality of the submissions is generally high. That engenders confidence in the quality of the planned environment in the Netherlands. However, the selection committee is not concerned with average high quality. The committee has taken much trouble to find the front runners – both the regenerative impulses in the professions as well as actual demonstration plans. All in all this sometimes leads to a ruthless selection: a plan that is just good is not good enough for inclusion in the yearbook.

The limited number of submitted plans that provide an answer to topical questions concerning the spatial development of the

analyse van de bestaande situatie. De dienstbaarheid van de nieuwe toevoegingen aan het functioneren van de wijk en het versterken van de ruimtelijke kenmerken staan hier voorop. De Bargeres in Emmen is een wijk van een generatie later, uit de glorietijd van de woonerven, een besloten en éénzijdig woongebied. De herwaardering van de woonerven en een nieuwe verbinding maken van de wijk een veel complexer en tegelijkertijd veel 'leesbaarder' stedelijk gebied. Het toevoegen van programmatische en formele complexiteit, zij het hier in sterk verhevigde mate, kenmerkt ook de herinrichting van het centrum van Almere. Onder een golvend maaiveld is plaatsgemaakt voor de infrastructuur en parkeren. Het verhoogde maaiveld zelf biedt zo ruimte aan een uitgebreid programma van kantoren, winkels, woningen en culturele voorzieningen.

Openbaar gebied Parallel aan de stedelijke vernieuwing neemt de (her)inrichting van het openbare domein van de stad een belangrijke plaats in. In totaal 34 plannen hebben betrekking op de inrichting van pleinen en straten. Daarnaast zijn er nog negen plannen die verder gaan dan de inrichting van een afzonderlijke plek en de buitenruimte van de stad of het dorp als een samenhangend geheel ontwerpen. De inrichting van de openbare ruimte is zo langzamerhand een opgave van alledag geworden. Slechts zelden wordt van de gebaande paden afgeweken. Bijzondere projecten zijn met name de inrichting van de binnensteden van Groningen en Breda. Hier is afgestapt van de inrichting van één of meerdere plekken en wordt over een lange reeks van jaren met een grote standvastigheid de gehele binnenstad als een samenhangend geheel opnieuw ingericht. De terughoudendheid die hierbij betracht wordt, is ook te vinden bij het nieuwe busstation in Enschede. Juist de elementen die het wezen van het busstation bepalen, de perrons en de informatieborden, zijn hier als uitgangspunt van het ontwerp genomen. De pleinen in Tilburg zijn de moeite waard, omdat ze een voorheen versnipperd stadsdeel weer tot een eenheid smeden.

De inrichting van de Maasoevers in Rotterdam, waar de Erasmusbrug op de oevers aansluit, vormen in al hun stoerheid een eigenzinnige aanvulling op het voormalige havenlandschap. Ten slotte overstijgt het subtiele en prachtig gedetailleerde Spuiplein in Den Haag door zijn uitzonderlijke klasse het gemiddeld hoge niveau van de ontwerpen voor het openbare gebied.

Tuinen en parken Het ontwerp van tuinen bij particuliere woningen of bij bedrijven en instellingen zijn een traditionele opgave voor de landschapsarchitecten. Zij vormen dan ook met dertig ontwerpen een belangrijk deel van de inzendingen. De complete aanleg en inrichting van bedrijfsterreinen komt in negen inzendingen aan de orde. Twaalf inzendingen hebben betrekking op het ontwerp van parken, hetzij nieuwe parken hetzij de herinrichting van bestaande parken. Ondanks de hoge gemiddelde kwaliteit voldeden slechts drie ontwerpen aan de strenge criteria van de selectiecommissie. De binnenterreinen op de Kop van Zuid vallen op door het inventieve dubbel grondgebruik en het verschil van dag en nacht. De kantoortuin van Interpolis in Tilburg vormt met een eigenzinnig, maar trefzeker materiaalgebruik een prachtige verbinding tussen het gebouw en het openbare domein van de stad.

Vakmanschap In het algemeen valt de doorsnede van de vakgebieden niet tegen. De integriteit en het vakmanschap waarbij de plannen zijn gemaakt staan buiten kijf en de gemiddelde kwaliteit van de inzendingen is behoorlijk hoog. Dat geeft vertrouwen in de kwaliteit van de inrichting van Nederland. Het gaat er de selectiecommissie echter niet om de gemiddelde hoge kwaliteit te laten zien.

Met een grote mate van precisie heeft de commissie gezocht naar de uitschieters, de vernieuwende impulsen op het vakgebied of de letterlijk voorbeeldige ontwerpen. Al met al leidt dat tot een scherpe selectie, waarbij alleen een goed plan niet goed genoeg is om voor opname in het jaarboek in aanmerking te komen.

Enigszins teleurstellend was het geringe aantal ingezonden plannen dat een antwoord formuleert op de actuele opgaven voor de ruimtelijke inrichting van Nederland. De kloof tussen de inspirerende denkbeelden en studies die de afgelopen jaren zijn ontwikkeld over de opgaven voor de ruimtelijke inrichting van Nederland en de dagelijkse ontwerppraktijk op lokaal niveau, wordt slechts mondjesmaat overbrugd. Ook de traditionele grenzen tussen de inrichting van stedelijk gebied en die van het landelijk gebied en de aanleg van infrastructurele werken, blijken hardnekkiger dan gehoopt. De grote nadruk op de inhoudelijke kwaliteit van de inzendingen verhindert ook de opname van plannen, waarbij de opgave weliswaar van grote betekenis is, maar die niet voorbeeldig zijn uitgewerkt.

Voorbeelden daarvan zijn de ontwerpen voor de Maasvlakte, de Kustlocatie bij Den Haag en de HSL-lijn. Het kost dan ook gezien de hoeveelheid inzendingen veel tijd, maar relatief weinig moeite om de hoeveelheid van 232 plannen terug te brengen naar 25. Wat er aan plannen in het jaarboek opgenomen is, zegt veel meer over het hoge ambachtelijke peil van de vakgebieden stedebouw en landschapsarchitectuur in Nederland dan over de wijze waarop de disciplines vormgeven aan de opgaven voor de inrichting van het land. Dat laatste is een mooi thema voor het volgende jaarboek.

Netherlands was somewhat disappointing. The gulf between the recent inspiring images and studies of the future spatial development of the Netherlands and day-to-day planning at the local level has scarcely been bridged. Even the traditional boundaries between the planning of urban and rural areas and infrastructure appear to be more ingrained than was hoped. The great stress laid on the quality of the designs themselves makes it difficult to include plans for which the briefs are significant but have not been worked out in an exemplary fashion. Examples of these are the Maasvlakte extension to Europort, the offshore site near The Hague and the high speed train link. Given the number of submission, it took much time, but was relatively easy, to reduce the 232 plans down to 25.

The plans and designs included in the yearbook say more about the high level of craftsmanship in the Dutch town planning and landscape professions than about the way the disciplines can interpret the challenge of planning the physical development of the country. This last topic would be a good theme for the next yearbook.

Infrastructuur

Infrastructure

Sluizencomplex en baggerdepot

Lock complex and dredge depot

The landscaping associated with new engineering structures forms an important part of the procedure for realizing such projects. The contributions made by landscape architects, however, remained for a long time restricted to planting schemes for left-over corners, roadside verges and canal banks. But gradually both the ambition and the range of skills possessed by landscape architects have grown, and in recent years the work of the landscape architect has expanded to include the provision of advice and assistance to technical planners and engineers on the orientation and design of whole engineering structures. This has brought an exciting challenge within reach of the discipline: examining the landscape poten-

De landschappelijke inpassing van nieuwe civieltechnische werken vormt een belangrijk onderdeel van de procedure die wordt gevolgd voor de realisatie van dergelijke projecten. De bijdrage van landschapsarchitecten bleef echter heel lang beperkt tot het vervaardigen van beplantingsplannen voor overhoeken, wegbermen en kanaaloevers. Maar geleidelijk werd de ambitie en de vaardigheid groter. De laatste jaren breidde het werk zich uit, bijvoorbeeld tot het adviseren en assisteren van civiel-planologen en civiel-ingenieurs inzake de belijning en de vormgeving van de volledige kunstwerken. Daarmee is een interessante uitdaging binnen het bereik van de discipline gekomen, namelijk de uitdaging om elk weg- en waterbouwkundig project in zijn totaliteit op zijn landschapsvormende potentie te

PROJECT / PROJECT Een polder en baggerdepot voor de aanleg van een sluizencomplex bij Enkhuizen / Polder and dredge depot for the construction of a lock complex near Enkhuizen

LOCATIE / LOCATION De Markerwaarderdijk tussen Enkhuizen en Lelystad / The Markerwaarderdijk between Enkhuizen and Lelystad

LANDSCHAPSARCHITECTONISCH ONTWERP / LANDSCAPE DESIGN BY Lodewijk Baljon, tuin- en landschapsarchitect

BOUWKUNDIG ONTWERP EN COMPUTERANIMATIES / ENGINEERING DESIGN AND COMPUTER ANIMATIONS BY Zwarts en Jansma Architecten

OPDRACHTGEVER / COMMISSIONED BY Rijkswaterstaat

OPPERVLAKTE / AREA Polder: 10 ha, depot: 50 ha

JAAR VAN ONTWERP / DESIGN 1996

JAAR VAN UITVOERING / IMPLEMENTATION PERIOD 1997-2001

Links: Plattegrond. Situatie.
Left: Map. The site.
Computeranimatie van de polder met de nieuwe sluizen.
Op de achtergond het baggerdepot.
Computer animation of the polder with the new docks and the dredge depot in the background.

onderzoeken in plaats van er achteraf slechts dingen aan toe te voegen.

Een project waarbij in een vroeg stadium in de planvorming de landschappelijke mogelijkheden zijn uitgewerkt, is de bouw van een tweede sluis in de dijk tussen Enkhuizen en Lelystad. In de bocht van de dijk, die het Markermeer van het IJsselmeer scheidt, zal evenwijdig aan de dijk een tweede dijkvak worden aangelegd. Hierdoor ontstaat een langgerekte, ruitvormige polder met een oppervlakte van vijftig hectare. Het maaiveld van deze polder ligt op elf meter onder NAP. De weg die nu over de kruin van de dijk loopt, zal straks naar de bodem van de polder worden verplaatst. Zo wordt het mogelijk daar boven, dwars door de polder, een 120 meter lange, dubbele

tial of each road or civil engineering project in its totality, instead of simply adding on landscape elements afterwards. A project in which the landscape opportunities were expressed early on in the planning process is the building of a second dock in the dike between Enkhuizen and Lelystad. A second stretch of dike will be built in the bend of and parallel with this dike, which divides the Markermeer and IJsselmeer lakes. This will create a long, diamond shaped 50 hectare polder lying 11 metres below NAP (Normaal Amsterdams Peil). The road that now runs along the top of the dike will be rerouted along the bottom of the polder, making it possible to construct a 120 metre long double lock chamber with no headroom restrictions

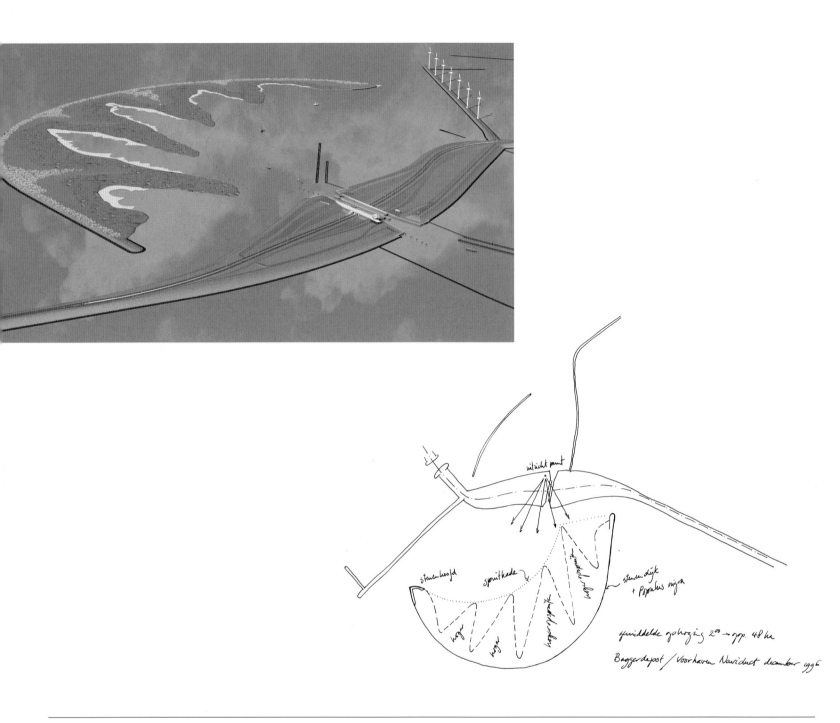

Vogelvlucht met de nieuwe, ruitvormige polder en het lagunegebied.
Bird's-eye view of the new diamond-shaped polder and the lagoon area.

Conceptuele schets van het ontwerp.
Draft sketch of the design.

straight through the polder. It will be built as a concrete chamber, making it resemble an aqueduct.

The landscape design contains a proposal for the inner and outer banks of the dike and the siting and treatment of the one million cubic metres of material to be dredged during the excavation of the polder. This material will be used to create an outside harbour to protect the lock complex from wave action and floating ice. The outer structures have been designed in the shape of a tight curve with a revetment of rip-rap, which in turn will be lined with a row of black poplars. The leeward side is designed as a lagoon area with long creeks. This will gradually develop into a biotope with natural vegetation and animal

sluiskolk met een vrije doorvaarthoogte te bouwen. De sluis zal worden uitgevoerd als een betonnen bak, zodat het geheel vergelijkbaar wordt met een aquaduct.

Het landschapsontwerp omvat een voorstel voor de behandeling van de binnen- en buitenzijde van de dijktaluds en de situering en de afwerking van de 1 miljoen kubieke meter bagger die vrijkomt tijdens het graven van de polder. Met het materiaal wordt een voorhaven gevormd, waardoor het sluizencomplex wordt beschermd tegen golven en drijfijs. De buitenrand wordt uitgevoerd als een strakke boog van steenbestorting, die op zijn beurt is afgezoomd met enkele rijen zwarte populieren. De luwe binnenzijde is ontworpen als een lagunegebied met diepe inhammen. Hier zal zich geleidelijk

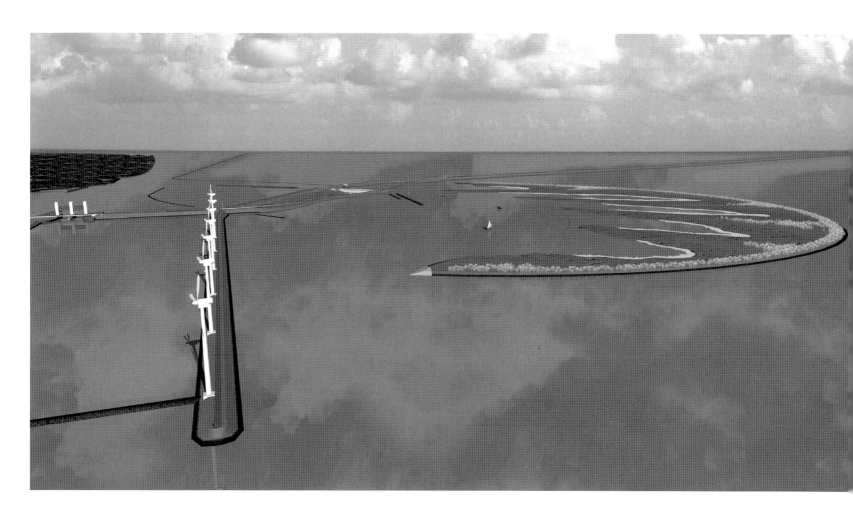

Vogelvlucht richting IJsselmeer.
Bird's-eye view over the IJsselmeer.

een natuurgebied ontwikkelen met vegetaties en diergemeenschappen van de zoetwatermoerassen. Gedurende de eerste jaren zal het depot aan de binnenzijde beschermd zijn door een langgerekt dijklichaam. Dit zal als gevolg van zetting langzaam onder water verdwijnen. Zo zal na verloop van een aantal jaren het oppervlaktewater vrij spel krijgen in de lagune. Het plan is gebaseerd op een sterk vormgegeven contrast tussen het kunstwerk en het natuurgebied, die op een intelligente wijze aan elkaar zijn gekoppeld. De kracht van het ontwerp is, dat straks in de topografie leesbaar zal blijven wat op deze plek is gebeurd.

communities belonging to freshwater marshland. For the first few years the depot will be protected on the inside by a long embankment. This will settle and gradually sink beneath the water, allowing the water free rein in the lagoon. The plan is based on linking the strongly contrasting designs for the engineering structure and the nature area in an intelligent manner. The power of the design lies in the fact that these events will remain inscribed in the topography of the site.

Het landschapsplan voor de Tweede Heinenoordtunnel

Landscape plan for the Second Heinenoord Tunnel

In future more facilities will be built underground, certainly in the western part of the Netherlands where the planning regime is largely inflexible. The high speed railway line hidden under the Green Heart of the Randstad is undoubtedly a forerunner to a whole series of architectural and engineering projects with one feature in common – they must be out of site. Sites where underground facilities surface also present special challenges to planners and designers. Drawing up a good proposal for linking these often extensive building constructions into ground level development requires both an understanding of the engineering logic of the project and respect for the sensitivity of the landscape context.

In 1995 a start was made with the construction of the Second

In de komende decennia zullen steeds meer voorzieningen ondergronds gaan, zeker in het planologisch weinig flexibele West-Nederland. De onder het Groene Hart weggewerkte hogesnelheidslijn bijvoorbeeld vormt slechts een voorbode van wat ongetwijfeld een hele reeks van bouwkundige en civieltechnische projecten gaat worden die met elkaar gemeen hebben dat ze alleen kunnen of mogen worden gerealiseerd als ze uit het zicht blijven. Waar de ondergrondse voorzieningen het maaiveld raken, ligt evenwel een vrij specifieke opgave voor ruimtelijk ontwerpers. Het maken van een voorstel voor een goede aansluiting tussen dergelijke, vaak omvangrijke bouwwerken en de bovengrond vergt aan de ene kant begrip van de constructieve logica van het project en aan de andere kant respect voor de gevoeligheden van de landschappelijke situatie.

PROJECT / PROJECT Het inrichtingsplan voor de omgeving van de openingen van de Tweede Heinenoordtunnel / Plan for the areas around the entrances to the Second Heinenoord Tunnel

LOCATIE / LOCATION De beide buitendijkse oevers van de Oude Maas ten zuiden van Barendrecht / Both banks of the Oude Maas outside the dikes to the south of Barendrecht

ONTWERP / DESIGN BY Ministerie van Landbouw Natuurbeheer en Visserij Dienst Landelijk Gebied, Michiel Veldkamp

OPDRACHTGEVER / COMMISSIONED BY Rijkswaterstaat, directie Zuid-Holland

OPPERVLAKTE / AREA Twee keer circa 5 ha / Two areas of 5 ha

JAAR VAN ONTWERP / DESIGN 1997

JAAR VAN UITVOERING / IMPLEMENTATION 1998-1999

Links: Het ontwerp voor de tunnelmonding op de noordoever van de Oude Maas.
Left: The design of the tunnel opening on the north bank of the Oude Maas.

Computeranimatie van de noordelijke tunnelmonding met het gronddepot.
Computer animation of the northern tunnel opening with the soil depot.

In 1995 is een aanvang gemaakt met de bouw van de Tweede Heinenoordtunnel ten zuiden van Rotterdam. De tunnel wordt geconstrueerd om de filevorming op de wegen van en naar het Europoortgebied te verminderen door het langzame verkeer een eigen onderdoorgang onder de Oude Maas te geven. De nieuwe tunnel zal bestaan uit twee buizen: één voor fietsers en bromfietsers en één voor landbouwvoertuigen. De tunnelbuizen zullen worden geboord en zullen daarom dieper liggen dan een traditionele, afgezonken tunnel. Dat leidt ertoe dat de tweewielers, in tegenstelling tot de landbouwvoertuigen, de tunnel via een lift of roltrap zullen bereiken en verlaten. Voor het geheel van de trappen, de lifttoren en de toegangsschacht aan de beide zijden van de Oude Maas is een ontwerp gemaakt door architectenbureau Zwarts en Jansma. Dit

Heinenoord Tunnel to the south of Rotterdam. The tunnel is being built to ease traffic congestion on the roads to and from Europort by providing slow-moving traffic with its own route under the Oude Maas river. It will be a dual tunnel construction, with one passage for bicycles and mopeds and one for farm machinery. The tunnels will be bored and therefore lie deeper than a traditional immersed tube tunnel and so cyclists will enter and leave the tunnel by lift escalator. The design for the whole complex of escalators, stairs, lift towers and entrance areas on both sides of the Oude Maas is by Zwarts en Jansma architects. It provided the basis for harmonizing the landscape works and the tunnel opening with the surrounding river bank areas.

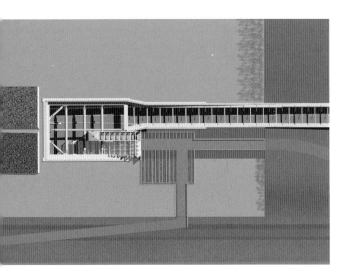
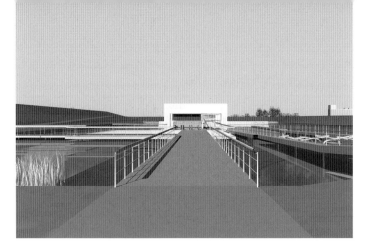
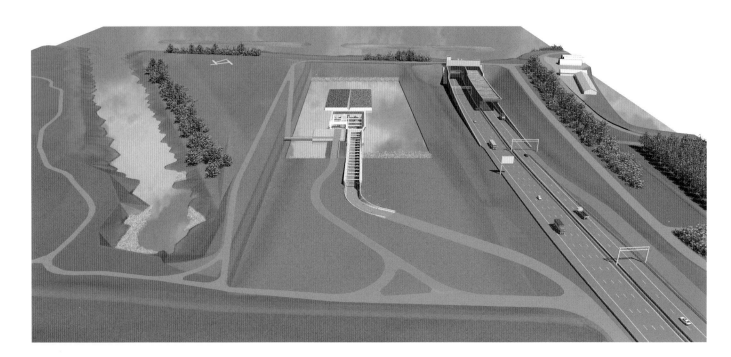

De noordelijke tunnelmonding in een rechthoekige vijver.
The northern tunnel opening in a rectangular pond.
De brug over de vijver naar het toegangsplein.
Bridge over the pond to the entrance hall.
Het toegangsplein voor langzaam verkeer.
The entrance for slow traffic.

The design of both tunnel openings are based on four design decisions that have been guided by the desire to work with the needs of the situation. In the first place, it was decided that the huge amounts of material removed when boring the tunnel would be deposited in two neatly formed depots either side of the entrance buildings and sown with grass and herb vegetation; these will emphasize the perpendicular orientation of the tunnel to the river. Second, the tunnel buildings are to be surrounded by rectangular ponds which reflect them, showing off the high-tech steel and glass architecture to best effect without detracting from its simplicity. The third design element concerns access for cyclists and mopeds. Squares of gratings designed to harmonize with the architecture will be laid near

ontwerp vormde het uitgangspunt voor de landschappelijke inpassing van de tunnelmonden in de rivieroevergebieden.
De ruimtelijke opzet voor beide tunneluiteinden is gebaseerd op vier ontwerpbeslissingen, waarvan een deel in het teken staat van werk-met-werk-maken. Om te beginnen is besloten om met de enorme hoeveelheid grond die bij het boren vrijkomt, aan weerszijden van de toegangsgebouwen grote, strak afgewerkte en met grassen en kruiden begroeide depots te vormen die de loodrechte ligging van de tunnel ten opzichte van de rivier bevestigen. Ten tweede zullen de bouwkundige elementen van de tunnel worden omsloten door rechthoekige vijvers, zodat de hightech-architectuur van staal en glas in zijn waarde wordt gelaten, overzichtelijk blijft en op een aantrekkelijke wijze in het water wordt gereflecteerd. Een derde planelement heeft

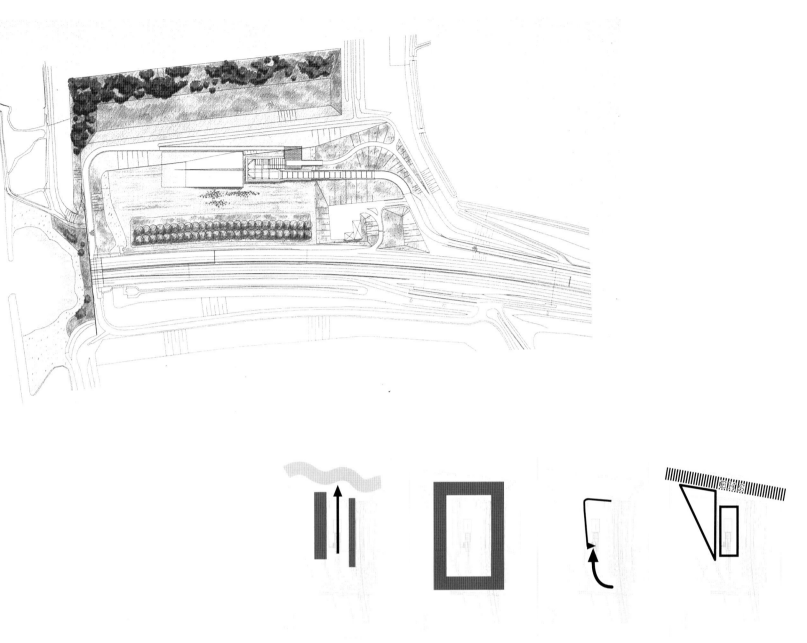

Oriëntatie, contrast, ontsluiting en oeverherstel en natuurontwikkeling / Orientation, contrast, acces and restauration and development of the shoreline

Het ontwerp voor de tunnelmonding op de zuidoever van de Oude Maas.
Design for the tunnel opening on the south bank of the Oude Maas.

De vier ontwerpprincipes.
The four design principles.

betrekking op de toegang voor het langzame verkeer. Om de fietsers en bromfietsers uit de verschillende richtingen op te vangen en naar de lift of de roltrap te begeleiden is bij beide ingangen een plein van persroosters ontworpen dat harmonieert met de architectuur. Tot slot stellen de ontwerpers van de Dienst Landelijk Gebied voor om de ecologische schade die met de bouw van de eerste Heinenoordtunnel is veroorzaakt, te verhelpen door tijdens de aanleg van de Tweede Heinenoordtunnel oeverherstel te plegen. Door de aanleg van vooroevers met een ruim bemeten gradiënt van droog naar nat, die zich ook uitstrekt over de taluds van de gronddepots, wordt een bijdrage geleverd aan de ontwikkeling van een ecologische verbinding langs de rivier.

both entrances to guide the cyclists and mopeds to the lift or escalators. Lastly, the designers from the Government Service for Land and Water Management propose to make up for ecological damage caused by the construction of the first Heinenoord tunnel by restoring bankside habitats during the construction of the new tunnel. The development of ecological corridors along the river will be aided by the construction of wide, shallow banks exhibiting a range of habitats from wet to dry. These will extend onto the sides of the depots.

Landelijk gebied

Rural areas

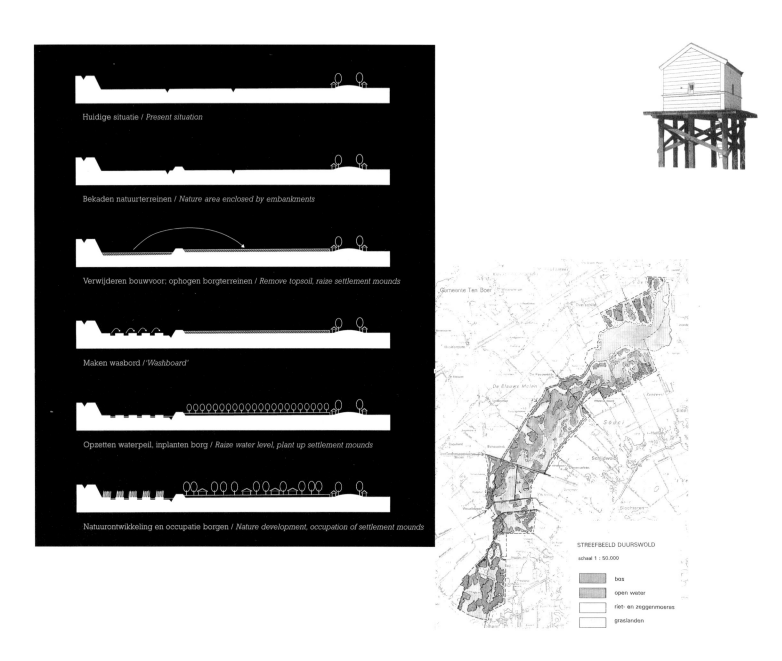

Nieuwe natuur in Duurswold

New nature in Duurswold

The multi-year policy programme to establish the National Ecological Network was launched at the beginning of the nineties. It prompted landscape architects in particular to reflect on the effects it might have on the quality of the Dutch landscape. The policy says next to nothing about the varied topographical features in the natural environment of the Netherlands and how they can be integrated into the familiar, mainly agricultural Dutch landscape. Neither is there a consensus on the way the creation of new natural areas can be

De lancering van het meerjarige beleidsprogramma voor de realisering van de 'Ecologische Hoofdstructuur' in het begin van de jaren negentig, was aanleiding, vooral voor landschapsarchitecten, zich te bezinnen op de consequenties van dat programma voor de kwaliteit van het landschap. Het beleid laat zich nauwelijks uit over de verschillende topografische gedaanten die de natuur in ons land kan aannemen en over de vraag hoe die zijn in te passen in de ons vertrouwde, overwegend agrarische patronen. Evenmin bestaat er consensus over de wijze waarop nieuwe natuurgebieden kunnen

PROJECT / *PROJECT* Twee ruimtelijke voorstellen voor de uitwerking van de 'Ecologische Hoofdstructuur' in Oost-Groningen / *Two proposed plans to develop the National Ecological Network in East Groningen*
LOCATIE / *LOCATION* Het gebied tussen Groningen en Delfzijl / *The area between Groningen and Delfzijl*
ONTWERP / *DESIGN BY* H+N+S Landschapsarchitecten
WEST 8 Landscape Architects en Karelse Van der Meer Architecten
OPDRACHTGEVER / *COMMISSIONED BY* Stichting Keuningcongres
OPPERVLAKTE / *AREA* Circa 3000 ha / *About 3000 ha*
JAAR VAN ONTWERP / *DESIGN* 1996

Uiterst links: De bewerking van het grondvlak in het plan van H+N+S.
Far left: Surface treatment in the plan by H+N+S.
Links: Het huidige plan van de provincie Groningen voor Duurswold.
Left: The existing plan by the Groningen provincial council.
Het ontwerp van H+N+S voor Duurswold: rietlanden en langgerekte woonbossen.
The design by H+N+S for Duurswold: reedbeds and long wooded residential areas.

worden gefinancierd en over de vraag of niet-ecologische plattelandsfuncties verantwoordelijkheid kunnen nemen voor ecologische arealen of daarvan mee kunnen profiteren. Deze constateringen waren voor het bestuur van het Keuningcongres aanleiding om de landschappelijke potenties van het omvangrijke natuurontwikkelingsproject Duurswold ter discussie te stellen. Het Keuningcongres is een non-profitorganisatie die zich ten doel stelt de confrontatie tussen de historische geografie en de ruimtelijke ontwikkeling van Noord-Nederland jaarlijks thematisch aan de orde te stellen.

financed; nor on the question of whether non-ecological rural functions can take responsibility for natural areas, or profit from them. These considerations led the board of the Keuningcongres to invite discussion on the landscape potential of the extensive Duurswold nature development project. The Keuningcongres is a non profit organization that holds a congress each year to compare, contrast and explore the relation between the historical geography and spatial development of the Northern Netherlands.

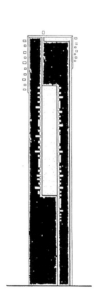  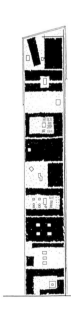

Een impressie van nieuwe vormen van wonen bij de woonbossen.
An impression of new formes of housing near the wooded residential areas.
Het landschap van Duurswold.
The Duurswold landscape.

Verschillende occupatiepatronen van de borgen.
Different layouts of the mansions.

The input to the heavily attended congress, held in September 1996, was provided by a cultural historian, a social geographer, a planner and three landscape design consultancies. The designers were asked to draw up a picture of the future of the area between Groningen and Delfzijl. All the papers and the plans made by H+N+S and WEST 8 for the area can be seen as a powerful signal to the provincial council of Groningen that it should reconsider the current plans to allow wet grasslands and scrub vegetation to develop in Duurswold.

De input voor het massaal bezochte congres, dat in september 1996 werd gehouden, werd verzorgd door een cultuurhistoricus, een sociaal-geograaf een planoloog en drie bureaus voor landschapsarchitectuur. De ontwerpers was gevraagd de toekomst van het gebied tussen Groningen en Delfzijl in beeld te brengen. Alle inleidingen en de plannen die door H+N+S en WEST 8 voor het gebied zijn gemaakt, zijn te beschouwen als een krachtig signaal in de richting van de provincie Groningen: de provincie zou het vigerende ontwerp voor de ontwikkeling van natte graslanden en spontaan opschietende stru-

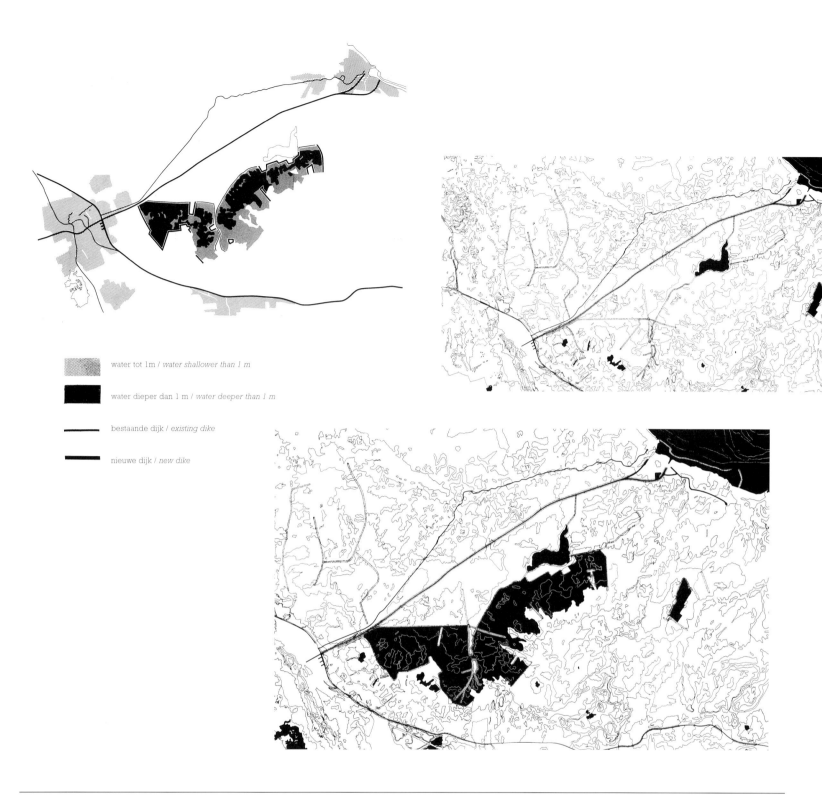

Het 'grote' Gasmeer.
The 'large' Gasmeer lake.
De huidige en de toekomstige topografie volgens het voorstel van WEST 8.
Present and future topography in the West 8 proposal.

welen in Duurswold moeten heroverwegen.
De beide ontwerpbureaus stellen voor om recreatieve, bosbouwkundige en stedelijke programma's aan het project te koppelen. WEST 8 suggereert de voorgenomen vernatting in combinatie met de nog te verwachten bodemdaling van het gebied aan te grijpen als landschapsvormend mechanisme. In de ogen van de ontwerpers is er alle aanleiding om de vorming van het grote Gasmeer te bewerkstelligen. De oevers daarvan zouden afhankelijk van de positie en de ontsluiting een woonoord of een veenmoeras kunnen worden.

Both design consultancies propose linking recreational, forestry and urban development programmes to the project. WEST 8 suggests taking the opportunity to use the proposed creation of wetland habitats and the expected land subsidence as landscape forming processes. In the eyes of the designers, the situation lends itself to the creation of a large Gasmeer lake. The shores of this lake could become, depending on location and access, a housing area or a fenland area. H+N+S suggests an attractive combination of developing swamp and fen habitat in

De maquette van het Gasmeer. Nieuwe woon- en verblijfgebieden langs de oevers van het Gasmeer.
Model of the Gasmeer. New residential and recreational areas along the banks of the Gasmeer.

the lower lying areas and wooded residential areas on the higher ground, the latter jutting out like long piers from the ribbon villages into the central area. The beautiful village of Fraeylemaborg near Slochteren was the original model for this idea.
The plans and spatial strategies proposed by H+N+S and WEST 8 are important because they reveal the topographical nuances in the existing landscape. These nuances enrich and add variety to the provincial council's plan. Moreover, the

H+N+S suggereert een aantrekkelijke combinatie van moerasvorming in de laagste delen en woonbossen in de hogere delen, waarbij de woonbossen als langgerekte pieren vanaf de dorpslinten het middengebied insteken. De schitterende Fraeylemaborg bij Slochteren stond model voor dit idee.
De plannen en de ruimtelijke strategieën van WEST 8 en H+N+S zijn vooral van belang, omdat ze de topografische nuances van het huidige landschap manifest maken. Die nuances vormen een belangrijke verrijking en differentiatie van het plan van de provincie.

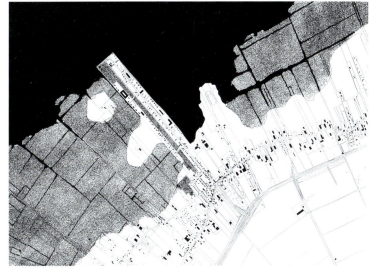

Situatie.
The site.

Bovendien leiden de geschetste combinaties van natuurontwikkeling en nieuwe woon- en verblijfsvormen tot een kwalitatief veel hoogwaardiger verankering van de ecologische hoofdstructuur in de historische topografie van Groningen. Dit is van niet gering belang, aangezien de betrokkenen in de provincie en de streek zelf wijzen op de sociaal-culturele, politieke en economische potenties van nieuwe natuur in dit landsdeel dat van oudsher relatief weinig ruimtelijke dynamiek kent.

proposed combinations of habitat creation and new forms of residential and recreational use embeds the National Ecological Network in the historical topography of Groningen in a more profound way. This is of no small significance in a region and province that have always experienced a slow pace of change and where those involved seek to exploit the social, cultural, political and economic potential of 'new nature'.

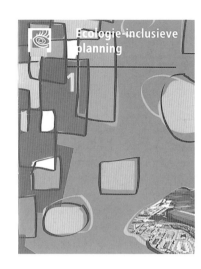
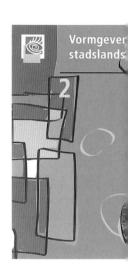

PROJECT / *PROJECT* Visie Stadslandschappen (het hoofdrapport en de zes
thematische rapporten) / Visie Stadslandschappen
(main report and six thematic reports)
LOCATIE / *LOCATION* Nederland / The Netherlands
ONTWERP / *DESIGN BY* Ministerie van Landbouw, Natuurbeheer en
Visserij Directie Natuurbeheer
OPDRACHTGEVER / *COMMISSIONED BY* Minister van Landbouw, Natuurbeheer en Visserij
JAAR VAN SAMENSTELLING EN PUBLICATIE / *DATE OF COMPILATION AND PUBLICATION* 1995

Een visie op de vorming van stadslandschappen

A vision for the creation of urban landscapes

The division of responsibilities for housing, agriculture, transport and public works between three government ministries means that the planning and (re)development of the Netherlands is not always properly coordinated. This can be seen in the programmes for optimizing sectoral objectives, despite the ambitions of the National Spatial Planning Agency and the provincial spatial planning agencies to achieve more integration in the area of spatial planning. The chronic lack of harmonization between strategies and policy instruments for urban development on the one hand and agricultural policies on the other have been a thorn in the flesh of many administra-

Doordat de verantwoordelijkheden voor de volkshuisvesting, de landbouw en het verkeer en de waterstaat wettelijk verdeeld zijn over drie verschillende ministeries wordt de inrichting en herinrichting van Nederland gekenmerkt door verkokerd handelen. Dat komt tot uiting in programma's voor het optimaliseren van sectorale doelstellingen. Ondanks de ambities van bijvoorbeeld de Rijksplanologische Dienst en de provinciale planologische diensten voor integratie in de sfeer van de ruimtelijke ordening, was vooral het chronische gebrek aan afstemming tussen de strategieën en het instrumentarium voor verstedelijking enerzijds en de verbetering van de agrarische productiestructuur in het landelijke gebied anderzijds een doorn in het oog

 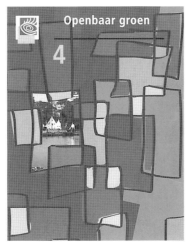 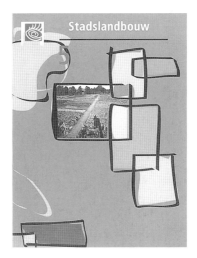 

Concentrische stad /
Concentric city

Gelede stad /
The segmented city

Fragmentenstad /
Fragmented city

Kruisingen en afslagen
Crossroads and turn-offs

Landschappelijke herkenning
Identification of the landscape

Oriëntatiepunten
Orientation point

Verschil in identiteit
Difference in identity

Zes rapporten verenigen uiteenlopende invalshoeken en hypothesen, de Discussienota en de Balans vormen de 'boekensteunen'.
Six reports combine various approaches and hypotheses, the 'Discussion document' and the 'Balance' are the 'bookends'.

De veranderende patronen van het stedelijk landschap.
The changing patterns of the urban landscape.
Beweging vormt een belangrijk motief voor de transformatie van het stadslandschap.
Movement is an important theme for the transformation of the urban landscape.

van veel bestuurders, gebruikers en beheerders van de ruimte. Die schijnbare incompatibiliteit werd de laatste jaren heel manifest in de overgangszones tussen het stedelijke en het landelijke gebied in het westen van ons land. De doorgroei van de Randstad tot een Hollandse metropool vergde immers ook een bredere visie op de ontwikkeling van het tussenstedelijke landschap en veel meer eendracht in de sfeer van tempo, bestemming en omvang van 'rode' en 'groene' investeringen.

In het begin van de jaren negentig werd duidelijk dat met name de minister van Landbouw zijn ideeën over de geleidelijke verstedelijking van het platteland expliciet moest maken. De minister heeft het aanhoudende gemor vanuit de hoek van de stadsplanners in 1995

tors, users and managers of the land. In recent years, this apparent incompatibility has been clearly exposed along the urban fringes in the west of the country. The growth of the Randstad into a metropolitan area requires a broader vision for the landscapes between the urban zones, and much more harmony between the speed, nature and scale of investments in 'red' and 'green' land uses.

In the early nineties it became clear that the agriculture minister in particular would have to declare his ideas on the creeping urbanization of the countryside. The minister's reply to the continuing grumbles from urban planners was to publish the discussion document 'Visie Stadslandschappen' ('A vision for

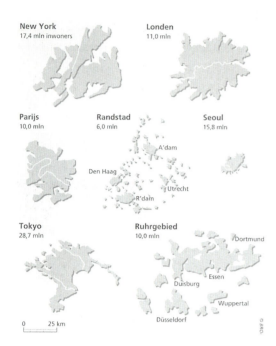

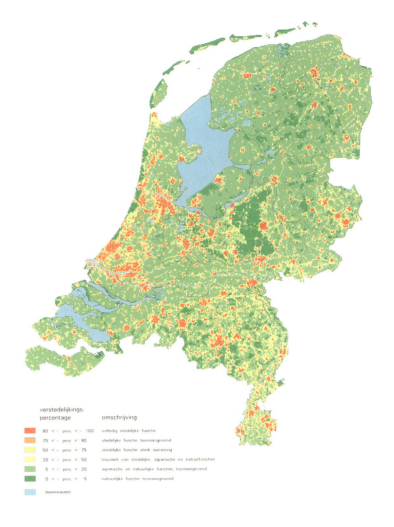

Randstad Holland in vergelijking met metropolitaine gebieden.
Randstad Holland compared with metropolitan areas.

De relatieve verstedelijking van Nederland.
The relative urbanization of the Netherlands.

urban landscapes') in 1995. This is a seven part study packaged in a colourful ring binder. The biggest achievement of the document is the successful attempt to relate a large number of different hypotheses, insights and experiences of the interaction between town and country and publish them together in one book. The six thematic reports discuss 'ecology-inclusive planning', 'design quality', 'multifunctional landscape structures', 'public green space', 'urban farming' and 'new country estates'. Together, these themes provide a splendid overview of the problems and potentials of urban fields, opening them up for discussion and communication.

beantwoord met het uitbrengen van de discussienota 'Visie Stadslandschappen', een zevendelig werkstuk in een kleurrijke klapper. De grote verdienste van de nota is de geslaagde poging om een groot aantal uiteenlopende hypothesen, inzichten en ervaringen op het vlak van de interactie tussen stad en ommeland met elkaar in verband te brengen en thematisch te boek te stellen. In de zes themarapporten wordt ingegaan op de thema's 'ecologie-inclusieve planvorming', 'ontwerp- en vormgevingskwaliteit', 'multifunctionele landschappelijke structuren', 'openbaar groen', 'stadslandbouw' en 'nieuwe buitenplaatsen'. Met deze thema's is voor het eerst een prachtig overzicht voorhanden dat de problematiek en de potenties

De verschillende elementen van het stadslandschap in het 'Streefbeeld' van de 'Balans'.
The different elements of the urban landscape in the 'Target figure' of the 'Balance'.

van stadslandschappen bespreekbaar en overdraagbaar maakt. De visie is op grote schaal verspreid en werd zeer goed ontvangen. De nota heeft haar status van discussienota meer dan waargemaakt. De materie is tijdens regionale conferenties voorgelegd aan de vele doelgroepen en via voordrachten en casestudies verder uitgediept en verbijzonderd. De resultaten van de discussiesessies zijn verwerkt in de 'Balans Visie Stadslandschappen'. In deze vervolgnota zijn de ideeën en de voorstellen uit de discussienota verder aangescherpt en zijn prioriteiten voor het onderzoek en het beleid gesteld.

The document has been widely distributed and acclaimed, more than justifying its status a discussion document. The material was presented at a number of regional conferences to the various target groups, and has since been developed and illustrated in more detail in lectures and case studies. The results of the discussion sessions have been reported in the 'Balans Visie Stadslandschappen'. This follow-up document refines the ideas and proposals in the original document and sets priorities for research and policy.

PROJECT / *PROJECT*   Een locatiestudie voor windmolenparken / Location study for wind turbine parks
LOCATIE / *LOCATION*   Friesland, Zuid-Flevoland en Zeeland
ONTWERP / *DESIGN BY*   Veenenbos en Bosch landschapsarchitecten
OPDRACHTGEVER / *COMMISSIONED BY*   NOVEM, NUON en PNEM
JAAR VAN ONTWERP / *DESIGN*   1997

Windturbines in het landschap

Wind turbines in the landscape

Work to expand and build of large wind energy parks using turbines that can generate more than 300 kilowatts is faltering. Despite the agreement made between central government and the seven windiest provinces in the country to raise the proportion of Dutch electricity supply generated from wind energy to six per cent, this proportion will probably be less than three per cent of the total in the year 2000. And that while it is technically possible to generate 20 per cent from wind energy. The development of wind parks is being delayed largely because there is as yet no clear answer to the objections surrounding their impacts on the landscape. Wind turbines are said to be foreign, intrusive elements in the landscape. The result is that for the time being only smaller wind turbines are being built, and these in the least sensitive areas. They can be found mainly along roads, dikes and near local landscape features.

To break out of this impasse, the electricity companies NUON and PNEM, in collaboration with NOVEM (Netherlands Agency for Energy and Environment), launched a study to identify

De aanleg en uitbreiding van grootschalige windenergieparken met turbines met een vermogen van meer dan driehonderd kilowatt stagneert. Ondanks de convenanten tussen het Rijk en de zeven meest windrijke provincies, waarin werd vastgelegd dat er naar zal worden gestreefd om zes procent van de Nederlandse elektriciteitsvoorziening met windenergie te dekken, ziet het er naar uit dat de hoeveelheid elektriciteit die met windenergie wordt geproduceerd rond het jaar 2000 minder dan drie procent van het totaal zal bedragen. En dat terwijl vanuit technisch oogpunt al tot twintig procent van de stroom uit wind te winnen zou zijn. De ontwikkeling van de windturbineparken wordt vooral vertraagd doordat er nog geen adequaat antwoord is gevonden op de landschappelijke bezwaren tegen dergelijke installaties. De windturbines zouden landschapsvreemde elementen zijn die de horizon vervuilen. Het gevolg daarvan is dat er vooralsnog alleen kleine aantallen turbines worden geplaatst en wel op de landschappelijk minst problematische plekken. De turbines verrijzen vooral langs wegen en dijken en lokale landschappelijke incidenten.

Om uit de impasse te geraken hebben de energieproducerende

De Eemspolder / *The Eems polder*

Bij de boer in Friesland / *Near farms in Friesland*

Polder De Uitslag op Overflakkee / *De Uitslag polder on Overflakkee*

Links: Drie strategieën voor de plaatsing van windturbines in Zeeuws-Vlaanderen: creëren, versterken, aanpassen.
Left: Three strategies for placing wind turbines in Zeeuws-Vlaanderen: create, strengthen, adjust.

Impressies van de plaatsingsvarianten van windturbines.
Impressions of the siting options for wind turbines.

bedrijven NUON en PNEM samen met de NOVEM een onderzoek gestart dat criteria voor de locatie en de opstelling van windmolenparken moet opleveren. Hierdoor zal het probleem duidelijker bespreekbaar worden, zodat de maatschappelijke terughoudendheid wellicht kan worden overwonnen. De bedrijven hebben aan drie ontwerpbureaus de opdracht gegeven om voor vier locaties verschillende ontwerpen te maken. Voor elke locatie moesten voorstellen worden ontwikkeld voor de plaatsing van circa twintig windturbines. Dit moest gebeuren volgens drie vooraf aangereikte ontwerpstrategieën. Deze strategieën werden aangeduid met de termen 'aanpassen', 'versterken' en 'creëren'. Met de strategie 'aanpassen' werd beoogd de opstelling van de turbines op een vanzelfsprekende wijze in het bestaande landschapspatroon te integreren. Bij de strategie 'versterken' was het zaak om met behulp van windturbineclusters de karakteristieke eigenschappen van het betreffende landschap te ondersteunen. En de strategie 'creëren' was er op gericht om met de opstelling van de turbines zelf een nieuw ruimtelijk patroon te ontwikkelen. Twee locaties lagen in Friesland, een lag op de rand van Zuid-Flevoland en het IJsselmeer en een lag op de grens van

criteria for the siting and layout of wind turbine parks. The criteria are intended to open the problems up to discussion and improve the chances of overcome public reluctance to accept wind parks. The companies invited three landscape design consultancies to draw up designs for four sites. Proposals had to be made for siting about 20 wind turbines on each site according to three design strategies presented earlier to the consultants. The three strategies are called 'adjust', 'strengthen' and 'create'. 'Adjust' calls for an obvious form of integration into the existing landscape. The 'strengthen' strategy uses the wind turbines to build on characteristic features of the landscape. In the 'create' strategy the layout of the wind turbines is used to mark out a new pattern in the landscape. Two sites were in Friesland, another in the Zuid-Flevoland polder along the shoreline of the IJsselmeer lake and one was in Zeeuws-Vlaanderen bordering the Westerschelde estuary.

One of the invited consultancies was Veenenbos and Bosch landscape architects. They used the three ways of siting the

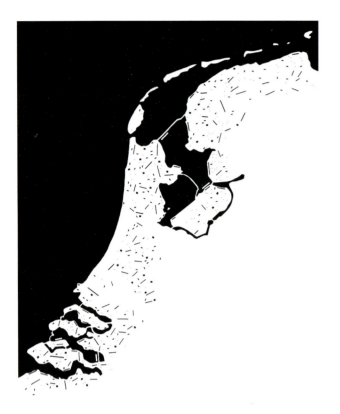
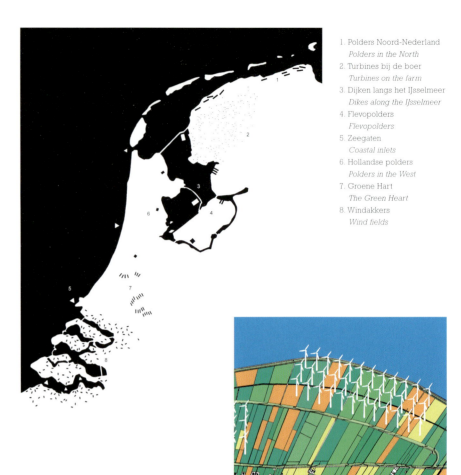

1. Polders Noord-Nederland
   Polders in the North
2. Turbines bij de boer
   Turbines on the farm
3. Dijken langs het IJsselmeer
   Dikes along the IJsselmeer
4. Flevopolders
   Flevopolders
5. Zeegaten
   Coastal inlets
6. Hollandse polders
   Polders in the West
7. Groene Hart
   The Green Heart
8. Windakkers
   Wind fields

Eemspolder

Plaatsing van windmolens volgens de huidige praktijk. Acht typen opstellingen volgens Veenenbos en Bosch.
Siting of wind turbines according to current practice. Eight layouts according tot Veenenbos en Bosch.

wind turbines in the landscape to construct a systematic overview of twelve possible and very different solutions. In the 'adjust' strategy the designers have sought to relate the designs to the linear elements and points in the topography. In the 'strengthen' strategy there is always a regular pattern that reacts to the main features that determine the structure of the surrounding area. For the 'create' strategy the designers have drawn up four layouts that contrast with the underlying landscape.

Following this study, the consultancy examined the topic further, supported by a project subsidy from the Fonds voor Beeldende Kunsten, Vormgeving en Bouwkunst. This led the consultants to call for a new approach to the siting problem. Instead of distributing a large number of more or less identical medium sized wind parks throughout the western part of the Netherlands, a smaller number of strongly contrasting parks should be established that meet 20 per cent of the country's electricity needs. The main premise of the study is that the wind turbine parks are so sited that the different characteristic

Zeeuws-Vlaanderen en de Westerschelde.

Een van de uitgenodigde bureaus was Veenenbos en Bosch landschapsarchitecten. Het heeft de drie manieren om de turbines in de vier geselecteerde landschappen te situeren en op te stellen samengebracht in een systematisch overzicht van twaalf denkbare, wezenlijk verschillende oplossingen. Bij de aanpassingsstrategie hebben de ontwerpers aansluiting gezocht bij punt- en lijnvormige gegevenheden in de topografie; bij de strategie versterken is steeds sprake van een regelmatig patroon dat reageert op hoofdrichtingen in de omgeving; en bij de strategie 'creëren' hebben zij vier met de landschappelijke context contrasterende opstellingen ontworpen.

Na deze studie heeft het bureau met een projectsubsidie van de stichting Fonds voor Beeldende Kunsten, Vormgeving en Bouwkunst een vervolgonderzoek gedaan. Op basis daarvan pleit het bureau voor een andere aanpak van de plaatsingsproblematiek. In plaats van een grote hoeveelheid min of meer identieke middelgrote opstellingen over de westelijke helft van Nederland te spreiden, zou een kleiner aantal sterk van elkaar verschillende opstellingen moeten worden ontwikkeld die met elkaar twintig procent van de energiebehoefte

Wieringermeer

Noorderhaaks

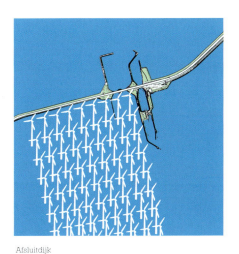
Afsluitdijk

Groene Hart

Vijf voorbeelden van opstellingen 'in dialoog'
met de landschappelijke karakteristieken.
Five examples of layouts 'in dialogue' with the features of the landscape.

kunnen dekken. Het uitgangspunt van de studie is dat de windturbineparken zo worden gesitueerd dat de differentiërende kenmerken van de verschillende cultuurlandschappen worden versterkt. Andere delen van de Nederlandse kustzone kunnen dan turbinevrij blijven. In het kader van het vervolgonderzoek ontwierp het bureau voor acht windrijke gebieden evenzoveel verschillende typen opstellingen die als het ware in dialoog zijn met de plaatselijke landschappelijke karakteristieken. In het Gronings-Friese aandijkingengebied bijvoorbeeld zijn langgerekte, parallel aan de kustlijn gesitueerde velden van turbines gedacht. In het Groene Hart stellen de ontwerpers van het bureau zich een geclusterde variant op dat thema voor. Voor het Friese Midden wordt voorgesteld een of enkele windturbines bij de boerderijen te situeren. En voor Zeeland zijn groepjes van zes tot acht turbines op akkers ontworpen. Een bijzondere kans doet zich voor langs de dijken van het Markermeer en het IJsselmeer, waar de turbinetechniek zich mooi verhoudt tot de civiele techniek van de dijken en de sluizen. Een andere vondst is het in driehoeksopstellingen situeren van grote turbines van één megawatt bij de grote zeegaten, zoals Noorderhaaks, IJmuiden en de Maasvlakte.

features of the various farming and other traditional landscapes are enhanced. Other parts of the Dutch coastline could then be kept free of wind turbines.
In this follow-up study the consultancy made designs for eight windy areas that strike up a dialogue with the local features of the landscape. In the newly empoldered area on the coast of Groningen and Friesland in the north, long fields of turbines are laid out parallel to the coast. In the Green Heart of the Randstad the designers propose a clustered variation of the theme. For the Friese Midden (central Friesland) they propose siting one or a small group of turbines near each cluster of farm buildings. The designs for Zeeland are for groups of six to eight turbines standing in arable fields. A special opportunity is presented by the dikes of the Markermeer and the IJsselmeer, where turbine, dike and lock engineering structures relate well to each other. Another new idea lies in the triangular arrangement of large one megawatt wind turbines at major coastal inlets such as Noorderhaaks, IJmuiden and the Maasvlakte.

Stedelijke uitbreidingen

Urban expansions

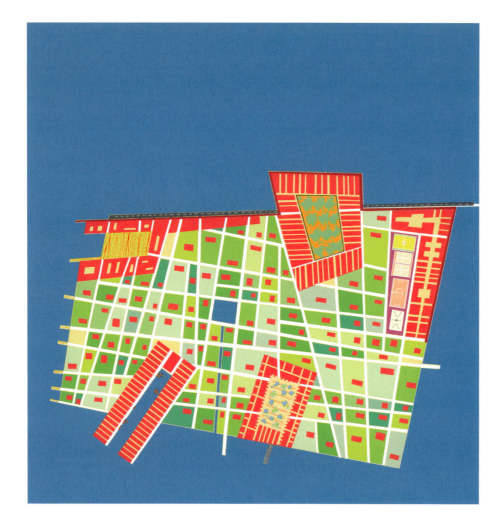

Wooneiland De Nielt bij Cuijk

Residential island De Nielt near Cuijk

Sustainability in urban planning and architecture is an ambiguous concept. We all more or less agree on why we should make more careful use of resources and use space more efficiently. But there is little consensus on what an environmentally-friendly house or residential area should look like.
Despite attempts by those who want to saddle urban planning with a set of recipes for sustainability, it has so far proved impossible to determine whether it would be more environmentally sound to live in the Bijlmermeer (flats), Nieuw-Sloten (suburban) or in Broek in Waterland (rural). When B+B consultants were awarded the commission to design the most sustainable plan for 500 houses near Cuijk, it was clear that the meaning of sustainability for the new estate would have to be 'discovered' during the planning process itself.
The De Nielt housing development will be built on an island in

In de stedebouw en de architectuur is het begrip duurzaamheid allesbehalve een eenduidig begrip. We zijn het met zijn allen min of meer eens over het antwoord op de vraag waarom er zorgvuldiger met grondstoffen en efficiënter met ruimte moet worden omgesprongen. Maar over het antwoord op de vraag welke gedaante een milieubewust vormgegeven huis of woonwijk tegen die achtergrond zou moeten aannemen, bestaat weinig overeenstemming.
In weerwil van de pogingen van degenen die de stedebouw willen opzadelen met een aantal duurzaamheidsrecepten is het vooralsnog onmogelijk gebleken om vast te stellen dat het om milieuredenen beter is om in de Amsterdamse grachtengordel, in de Bijlmermeer, in Nieuw-Sloten of in Broek in Waterland te gaan wonen. Toen bureau B+B de opdracht kreeg om voor een nieuwe wijk van vijfhonderd woningen bij Cuijk de meest duurzame configuratie te ontwerpen, was het dus zaak dat tijdens de planvorming van de wijk zelf, ook de

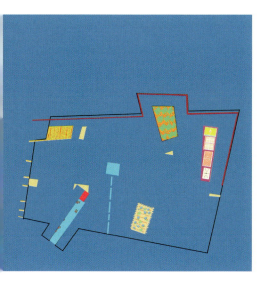

PROJECT / PROJECT Het stedebouwkundig plan voor een duurzame stadsuitbreiding van Cuijk / Plan for a sustainable new housing estate in Cuijk

LOCATIE / LOCATION Ten noordwesten van het dorp Cuijk / North-west of the village of Cuijk

ONTWERP / DESIGN BY B+B stedebouw en landschapsarchitectuur

OPDRACHTGEVER / COMMISSIONED BY Gemeente Cuijk

AANTAL WONINGEN / NUMBER OF HOUSES 592 nieuwe woningen / 592 new houses

JAAR VAN ONTWERP / DESIGN 1997

JAAR VAN UITVOERING / IMPLEMENTATION PERIOD Vanaf 1998 / From 1998

Uiterst links: Het ontwerp voor De Nielt.
Far left: The design for The Nielt.
Links: Vijf woonclusters.
Left: Five residential clusters.
De gemeenschappelijke woongebieden in de clusters.
Joint living areas in clusters.

Referentie: een wooneiland in het Lago di Orta.
Reference: a residential island in the Lago di Orta.

---

duurzaamheid ervan werd 'uitgevonden'.
De woonwijk De Nielt zal worden aangelegd op een eiland in een zandwinplas langs de Maas. De door de opdrachtgever gesuggereerde dichtheid van 45 woningen per hectare is door de ontwerpers verregaand gedifferentieerd. Het plan is gebaseerd op een verdeling in sterk geconcentreerde en sterk gespreide woningbouw. Zo blijven relatief grote oppervlakken grond beschikbaar voor groene bestemmingen. Een deel van het woningbouwprogramma is gerangschikt in vijf clusters met een dichtheid van zeventig woningen per hectare. Deze clusters nemen samen ongeveer de helft van de beschikbare oppervlakte in. De overige woningen worden regelmatig verspreid over het terrein, met een pakking van ongeveer vijftien per hectare. De bestemming en de inrichting van de niet-bebouwde oppervlakte is in overeenstemming gebracht met de woonmilieus: de buitenruimte bij de clusters is een geheel gemeenschappelijke ruimte, terwijl de

a lake created by the extraction of sand along the Meuse. The consultants introduced considerable variation to the housing density of 45 homes per hectare suggested by the municipality of Cuijk. The plan is based on a division into areas of highly concentrated building and others with a much more dispersed development pattern, freeing up relatively large areas of land to be laid out as green space. Part of the housebuilding programme has been arranged into five clusters at a density of 70 homes per hectare. These clusters take up about half the available area; the remaining houses are dispersed regularly over the site at a density of about 15 per hectare. The use and layout of the non built up area has been related to the residential environments. The open space near the clusters is entirely communal. In the remaining area it has been divided between the house owners, where the resulting private gardens will be

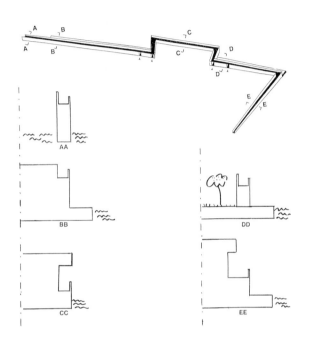
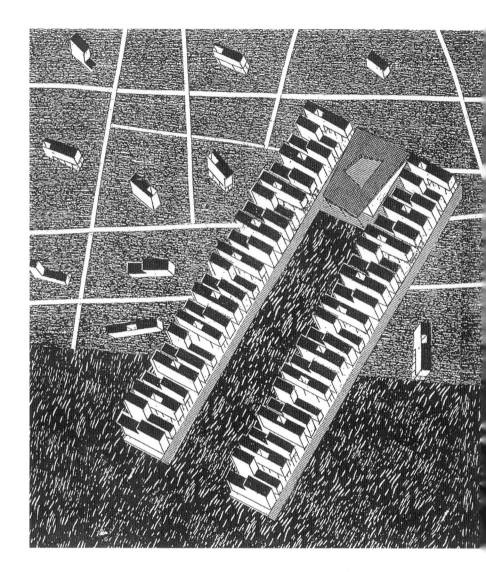

Verschillende doorsnedes van de 'Chinese muur'. Een schets van een wooncluster.
Several sections of the 'Chinese wall'. *Sketch of a residential cluster.*

divided by loosely surfaced and straight but not parallel paths, creating a mosaic of unequal plots varying in size from 200 to 400 square metres. This field of villas is dotted here and there by unused plots where children can give free rein to their imagination. Cars will be a rare occurrence in the streetscape on the island. Parking will be provided under the housing clusters and by the villas, allowing most of the land in De Nielt to be left unsurfaced. The network of paths will be the domain of cyclists and pedestrians.

The houses in the five clusters do not have their own garden but do have access to private areas on roof gardens, balconies and patios. The designs of the clusters are reminiscent of cloisters or campus settings, with buildings placed around central open spaces. The five public areas each have their own identity and make provision for the need for open space, sports facil-

buitenruimte in het overige deel van de wijk wordt uitgegeven aan de particuliere woningeigenaren. De eigen tuinen die zo ontstaan, worden van elkaar gescheiden met smalle, halfverharde paden en weggetjes die wel recht maar niet evenwijdig lopen. Zo ontstaat een mozaïek van ongelijke percelen, waarvan de maten variëren van tweehonderd tot tweeduizend vierkante meter. In dit veld van villa's is hier en daar een kaveltje onbestemd gelaten. Hier kunnen de kinderen hun avonturen beleven. Op het eiland zal de auto nauwelijks in het straatbeeld voorkomen. Geparkeerd wordt er onder de huizenclusters en op de eigen terreinen bij de villa's. Hierdoor kan het maaiveld van De Nielt grotendeels onverhard blijven en zal het netwerk van paden het domein worden van fietsers en voetgangers. De woningen in de vijf clusters hebben geen eigen tuin. Wel is er privé-buitenruimte op dakterrassen, balkons en patio's. De clusters zijn ontworpen als klooster- en campusachtige ensembles rond open-

De ligging van het wooneiland in de zandplas. Schetsen van het wooneiland.
Location of the residential island in the lake. *Sketches of the residential island.*

bare ruimten. Die vijf openbare ruimten hebben elk een eigen identiteit meegekregen. Samen voorzien deze plekken in de behoefte aan pleinruimte, sportvoorzieningen, wijkparken, haventjes en bloemenweides.

In tegenstelling tot de huizenclusters worden de vrijstaande woningen in opdracht van de eigenaren gebouwd. Om te bevorderen dat er daadwerkelijk duurzame woningbouw wordt gerealiseerd en een samenhangend totaalbeeld zal ontstaan, wordt in het stedebouwkundig plan voorgesteld om de uitgifte vergezeld te laten gaan van de uitvaardiging van een zogenaamde *urban code*. Daarin zou moeten worden vastgelegd wat de toegestane bouwwijze is (alleen houtbouw), hoe de villa op de kavel moet worden gesitueerd, wat het maximaal te bebouwen en te verharden oppervlak is, wat de uiterste bouwhoogte is, hoe de daken moeten worden geconstrueerd, en binnen welke grenzen de variatie in het kleurgebruik moet blijven.

ities, neighbourhood parks, moorings and flower meadows. In contrast to the housing clusters, construction of the detached houses will be the responsibility of the owners. To ensure that houses are built according to sustainability principles and together form a coherent urban design scheme, the development plan prescribes that an 'urban code' is issued with the sale of plots of land. This will describe the permitted building methods (wooden structures only), the siting of the house on the plot, the maximum permitted built and paved areas, roof height and design and the range of colours allowed.

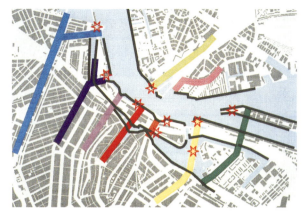
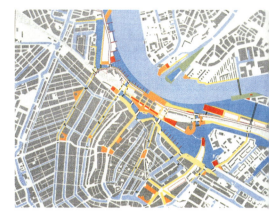

Vier verschillende waterfronten, passages naar de stad en 'ankers' / *Four various waterfronts, passages to the city and 'anchors'*

Kades, pleinen, lopers, pieren, parken en bijzondere gebouwen / *Quay squares, carpets, pers, parcs and special buildings*

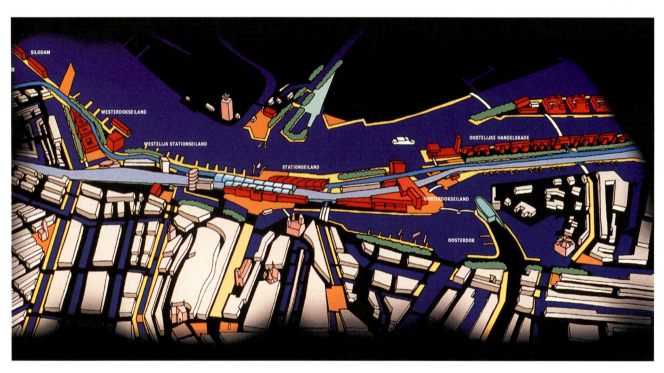

De IJ-oevers in Amsterdam

The IJ waterfront in Amsterdam

Amsterdam has for years cherished the ambition of once again linking the city centre to the IJ waterway. The past development of the city can to a large degree be attributed to presence of the IJ, but the construction of the railway line and the Central Station pushed it into the background. The reconstruction of the IJ waterfront is intended to change this situation and restore the IJ to its former prominent place in the city. At the start of the nineties there were plans to develop the IJ waterfront as an 'international development zone' with 'large scale office development'. But the 'Southern axis' of Amsterdam near Schiphol airport proved to be a much more attractive area for this type

Amsterdam heeft al jarenlang de ambitie om haar binnenstad weer met het IJ te verbinden. De stad heeft haar ontwikkeling voor een belangrijk deel aan het IJ te danken, maar het IJ is door de aanleg van het spoor en het Centraal Station verworden tot een achterkant van de stad. De herinrichting van de IJ-oevers moet verandering brengen in die situatie en het IJ weer een prominente betekenis geven. In het begin van de jaren negentig waren de IJ-oevers nog voorbestemd om een 'internationaal vestigingsmilieu' met 'grootschalige kantoorontwikkeling' te worden. Maar door de nabijheid van Schiphol bleek de Zuid-as van Amsterdam een veel aantrekkelijkere locatie. Daarom zet Amsterdam nu in op een gedifferentieerd milieu

Linksboven: Het concept voor het 'Plan Openbare Ruimte' en het plan voor de verschillende typen openbare ruimte.
Above left: Design concept for the 'Public Open Space Plan' and the design for the various types of public space.
Links: De keten van projecten langs het IJ.
Left: The string of projects along the IJ.

De zuidelijke IJ-oever, gezien vanuit Amsterdam-Noord.
The southern IJ waterfront, seen from Amsterdam North.

van zakelijke, culturele en toeristische voorzieningen, vermengd met woningen en aan het water gelieerde functies. De gemeente borduurt daarbij voort op de succesvolle ontwikkeling van het Oostelijk Havengebied met zijn KNSM-eiland, Java-eiland en Borneo/Sporenburg.
De transformatie van het Oostelijk Havengebied tot een aantrekkelijk woongebied is een van de vele projecten die langs het IJ worden gerealiseerd. Het water fungeert daarbij als bindend element tussen de vele en zeer verschillende initiatieven.
Met de aanleg van de woonwijk IJburg in het IJmeer zal het water weer een van de belangrijkste structurerende elementen worden –

of development. Amsterdam has now put its faith in a range of commercial, cultural and tourist amenities, mixed with homes and water-based activities. The city council is building on the successful development of the Eastern Docks area, notably the KNSM island, Java island and Borneo/Sporenbrug. The transformation of the Eastern Docks into an attractive housing area is one of the many projects being realized along the IJ. The water acts as a unifying element linking the many very different initiatives, and will be one of the most important structural elements in the construction of the IJburg housing district – from Pampus island in the east to the Houthavens in the West.

Het Oosterdok met New Metropolis.
The Oosterdok and New Metropolis.
De achterzijde van het Centraal Station.
The back of the Central Station.

Schets voor de overdekte parkeergarage aan de voorzijde van het station.
Sketch of the covered car park on front of the station.

Any idea of a total plan for the whole IJ waterfront has been abandoned. The uncertainty about the scale and timing of private investments has forced the adoption of a more project led approach in which the IJ waterfront will be slowly 'overrun'. The city council is taking the lead by developing vanguard projects to act as anchors for the further process of transformation and by designing and constructing the public open spaces. Recent examples of this are the Silodam in the west and the head of the Oostelijke Handelskade in the east. The fact that a project-based approach is being taken does not mean that the IJ waterfront as a whole will receive no attention.

van Pampus in het oosten tot de Houthavens in het westen.
Bij de IJ-oevers is afgestapt van het idee dat er een totaalplan voor het gehele gebied zou moeten komen. De onzekerheid over de omvang en het tijdstip van de private investeringen noopt tot een projectmatige aanpak waarbij de IJ-oevers langzaam worden 'veroverd'. De gemeente neemt hierbij het voortouw door speerpuntprojecten te ontwikkelen die als ankerplaats voor de verdere transformatie fungeren, en door de openbare buitenruimte te ontwerpen en in te richten. Recente voorbeelden hiervan zijn de Silodam in het westen en de kop van de Oostelijke Handelskade in het oosten. Dat een projectmatige benadering wordt gevolgd, wil niet zeggen dat de IJ-

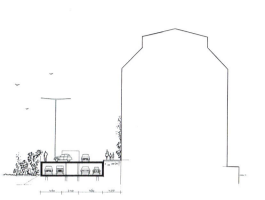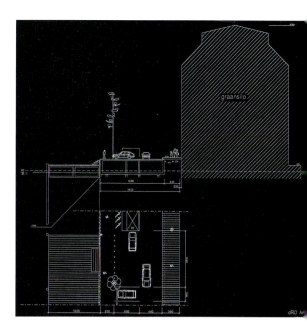
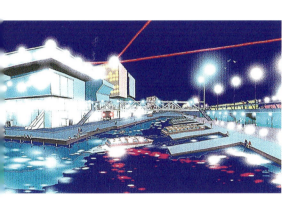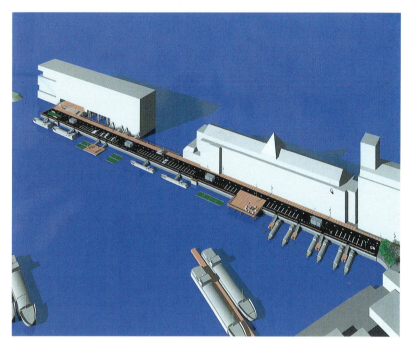

Doorsnede over de Silodam: parkeren onder de openbare kade.
Section of the silodam: parking under the public waterfront.
Nieuwe functies voor de IJ-oevers.
New functions for the IJ waterfront.

Een maquette van het ontwerp voor de Silodam.
Model of the design of the Silodam.

oevers als geheel geen aandacht krijgen. Integendeel, een gedifferentieerd instrumentarium moet er voor zorgen dat de verzameling van de afzonderlijke projecten de kwaliteit van de IJ-oevers definieert. Belangrijke organisatorische elementen daarbij zijn de integrale samenstelling van de projectgroep, de supervisie van prof. Tjeerd Dijkstra en Michael van Gessel en de directe terugkoppeling met de politiek, in casu de projectwethouder voor de IJ-oevers en de commissie van bijstand van de gemeenteraad. De leidende thema's voor de supervisie zijn de aanwezigheid van het IJ, de historiciteit van de plek en de morfologie van het gebied.
Dit zijn echter niet de enige elementen die samenhang scheppen.

Quite the reverse, a differentiated set of instruments will ensure that the collection of separate projects will define the quality of the IJ waterfront. In organizational terms, this is reflected in the composition of the project group, the supervision by professor Tjeerd Dijkstra and Michael van Gessel and the direct lines of communication with the city council, represented by the alderman in charge of the IJ waterfront project and the planning committee responsible for approving building designs.
The guiding themes for the development are the presence of the IJ, the historicity of the site and the morphology of the area. However, these are not the only elements that are to create

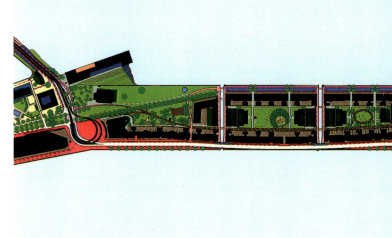

De maquette van de woningbouw op het Java-eiland.
Model of the housing project of Java island.
Het IJ, Java-eiland en Borneo-Sporenburg.
The IJ, Java island and Borneo-Sporenburg.
Het ontwerp voor de binnentuinen van het Java-eiland.
Design for the courtyards on Java island.
Het plan voor IJburg.
The plan for IJburg.

cohesion. The plan makes statements about the infrastructure and public domain for the whole IJ waterfront development. Although the IJ boulevard – which will eventually connect the Piet Hein tunnel (and IJburg) in the east with Sloterdijk in the west – will be designed for different modes of transport and varying traffic intensities along its route, it will retain its significance as the backbone around which the various projects and subareas are to be built. The 'Public Open Space Plan', drawn up under the guidance of Alle Hosper, defines the features of the various areas and the links with (the passages to) the centre of Amsterdam. An essential element in this plan is the

Ook op planniveau worden uitspraken gedaan over het geheel van de IJ-oevers. Die uitspraken betreffen de infrastructuur en de openbare ruimte. De IJ-boulevard, die uiteindelijk de Piet Heintunnel (en IJburg) in het oosten moet verbinden met Sloterdijk in het westen, verandert weliswaar steeds van intensiteit en modaliteit, maar blijft zijn betekenis houden als de spreekwoordelijke draad waaraan de verschillende projecten en deelgebieden zijn geregen. In het 'Plan Openbare Ruimte', dat werd opgesteld onder regie van Alle Hosper, worden de kenmerken gedefinieerd van de verschillende gebieden en de verbindingen met (de passages naar) de binnenstad van Amsterdam. Een essentieel element in het 'Plan Openbare Ruimte' is

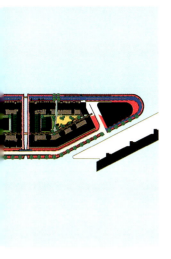

De maquette van het ontwerp voor IJburg.
Model of the design for IJburg.

de definiëring van vier oevers: de oevers van het IJ zelf met de vergezichten over het water, de grote maat, de wind en de leegte, én de oevers van de kleinschalige, intieme binnenhavens tussen de historische binnenstad en de aangeplempte eilanden in het havenfront. Door niet één, maar vier oevers te onderscheiden wordt een genuanceerde inrichting van de openbare ruimte mogelijk gemaakt. Dit sluit naadloos aan bij de projectgewijze aanpak van de IJ-oevers. Met de afzonderlijke projecten, of met de uitwerkingen voor de verschillende deelgebieden, krijgt ook de precieze betekenis van de openbare ruimte gestalte.

definition of four waterfronts: the banks of the IJ itself with views across the water, the expanse, the wind and emptiness; and the banks of the smaller-scale, intimate inner docks between the historic city centre and the island quays in the outer harbour. Distinguishing not one but four waterfronts allows differentiation in the design and layout of the public open space. This perfectly matches the project-based approach. The separate projects and detailing of the various subareas will give shape to the significance of the public domain.

PROJECT / PROJECT Het stedebouwkundig plan voor een nieuw woongebied bij Amsterdam / Plan for a new housing district near Amsterdam
LOCATIE / LOCATION IJmeer
ONTWERP / DESIGN BY Dienst Ruimtelijke Ordening Amsterdam Palmboom & Van den Bout Stedebouwkundigen, H+N+S landschapsarchitecten
OPDRACHTGEVER / COMMISSIONED BY Gemeente Amsterdam
OPPERVLAKTE / AREA 450 ha
PERIODE VAN ONTWERP / DESIGN 1995 - 1996
PERIODE VAN UITVOERING / IMPLEMENTATION PERIOD 1998 - 2010

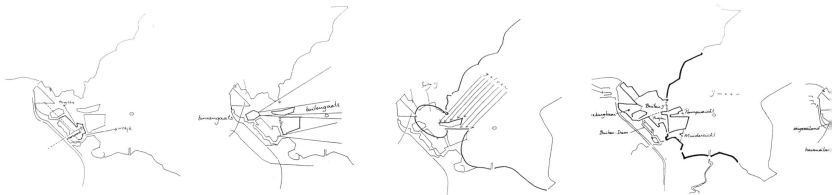

Het woongebied IJburg in Amsterdam

The IJburg housing district in Amsterdam

The first plans for building in the IJmeer date from 1965. Architect Jaap Bakema drew up his 'Pampusplan' as an addition to the Amsterdam 'finger city'. In this plan the new housing area enclosed Pampus island, taking up a large area of the IJmeer. Since then the idea of extending Amsterdam into the IJmeer resurfaced a number of times. In the mid nineties plan making really took off as the IJmeer had by then become one of the few areas near Amsterdam big enough to accommodate a sizeable housing development. IJburg, the extension of Amsterdam into the IJmeer, will cover 450 hectares of reclaimed land. The plan provides for 18,000 new homes. The plan for IJburg makes provision for the construction of six islands of different sizes. Two islands lie to the north-east and provide shelter for the other islands while at the same time introducing a new shoreline into the IJmeer. Careful composition of the coastline swill create the impression of an archipe-

De eerste planvorming voor een nieuw stedelijk woongebied in het IJmeer dateert uit 1965. Architect Jaap Bakema ontwierp toen als aanvulling op de Amsterdamse vingerstad het 'Pampusplan'. In dit ontwerp omarmt de nieuwe woonwijk het eiland Pampus en neemt ze een groot deel van het IJmeer in beslag.
Sinds 1965 heeft het idee van een stadsuitbreiding in het IJmeer steeds opnieuw de kop opgestoken. Halverwege de jaren negentig komt de planontwikkeling in een stroomversnelling. Het IJmeer is op dat moment nog een van de weinige locaties bij Amsterdam waar ruimte is voor een omvangrijk woongebied.
Voor de stadsuitbreiding in het IJmeer – IJburg – zal de komende jaren 450 hectare land worden gemaakt. Dit nieuwe land zal plaats bieden aan 18 duizend woningen.
Het stedebouwkundig plan voor IJburg voorziet in de aanleg van zes eilanden van verschillende grootte. In het noordoosten komen twee eilanden. Zij creëren de luwte voor de andere eilanden en brengen

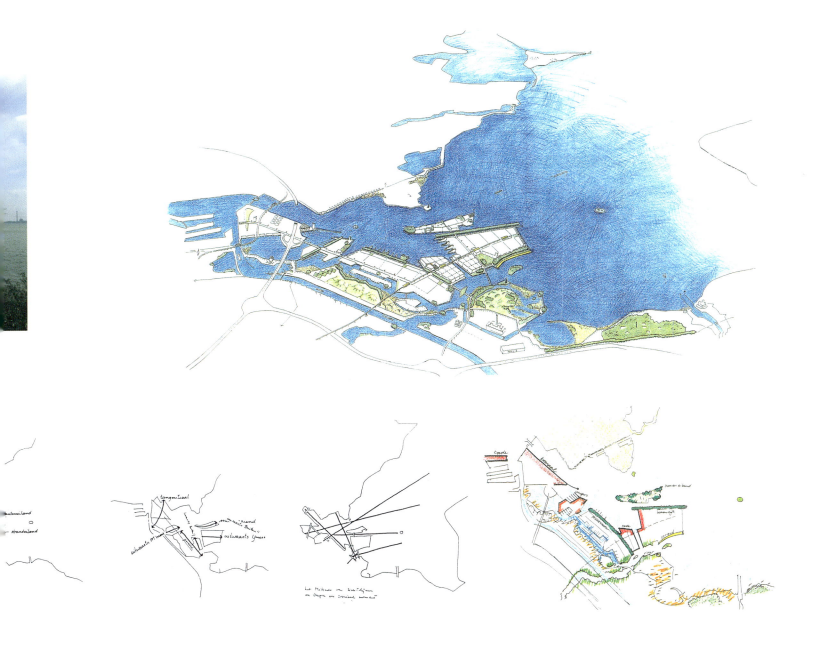

Linksboven: Situatie.
Above left: The site.
Links: Analytische schetsen van IJburg.
Left: Analytical sketches of IJburg.

Een vogelvluchtschets van het ontwerp voor IJburg.
A bird's-eye view of the design for IJburg.
De differentiatie van de oevers.
The range of different types of shores.

tegelijkertijd een geleding aan in het grote wateroppervlak van het IJmeer. Een zorgvuldige compositie van de kustlijnen versterkt het idee van een archipel. Tevens zorgt ze voor steeds wisselende doorzichten. De bruggen tussen de eilanden vormen het cruciale detail in de compositie. Bij de bruggen wordt het karakter van IJburg als eilandenrijk het sterkst ervaren. Door gebruik te maken van het verschil tussen de ruwe en de luwe kant van een eiland en de ligging ten opzichte van de zon en het centrum van de woonwijk wordt een sterke differentiatie in soorten oevers bereikt: dijken met bomen, zandstranden, kades, oevers met rietzomen of tuinen en aanlegsteigers.

Het samenstel van land en water en de compositie van de kustlijnen vormen samen het landschappelijke ontwerp van IJburg. Het landschappelijke ontwerp gaat aan de stedebouwkundige invulling vooraf en heeft zelf al een architectonische uitdrukkingsvorm, los van de bebouwing die er gaat komen. Het landschappelijke ontwerp omvat

lago and provide a range of different views. The bridges between the islands are the crucial detail in the composition as they create the strongest impression of an island community. By making use of the difference between the exposed and sheltered sides of the islands and their orientation relative to the sun and the centre of the new district, a wide range of different types of shores can be created: dikes planted with trees, sandy beaches, quaysides, reedbeds and gardens and jetties.

The composition of land and water and the design of the coastlines together form the landscape design for IJburg. This landscape design precedes the urban design and even has its own architecture independent of the buildings. The landscape design also includes the underwater world: the existing channels and currents determine the location of the islands. At the same time the long interface between land and water offers many opportunities for the formation of new natural habitats.

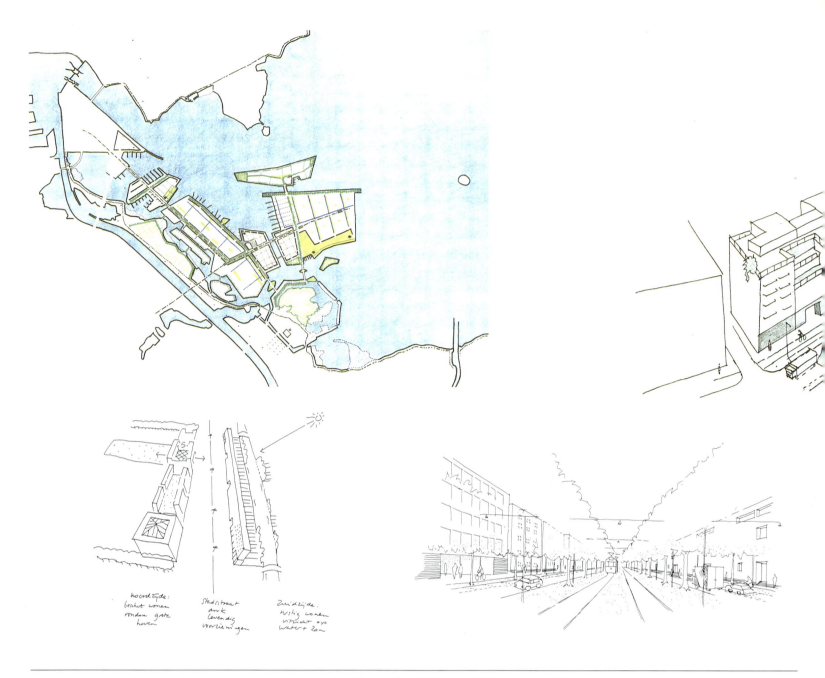

De eenvoudige hoofdstructuur voor een complex eilandenrijk.
A simple main structure for the complex island community.

Schetsen van de stadsstraat van IJburg.
Sketches of the stadsstraat of IJburg.

The irregular shape of the island shores has its counterpoint in the simple geometry of the urban structure of each island. The long lines of infrastructure connect the islands to each other, the centre of Amsterdam and the other urban concentrations in the region. The simplicity and neutrality of the urban structure allow more than one possible interpretation for the detailed designs so that each island can be given a different character. The differences between the islands are derived mainly from their positions and relate to aspects such as housing density, the character of the public domain, curtilages, architectural design and building typologies. The features of each island are described by a set of rules which, together with the planned layout, form the basis for more detailed designs for the islands. But IJburg will not be just a housing area. Its location in the IJmeer, its proximity to the nature area along the Diemerzeedijk

ook de wereld onder de waterspiegel. De bestaande geulen en stromingspatronen bepalen de ligging van de eilanden. Tegelijkertijd biedt het grote en zeer gevarieerde raakvlak tussen land en water tal van mogelijkheden voor natuurontwikkeling.

De relatief grote grilligheid van het ontworpen eilandenrijk heeft een contrapunt in de eenvoudige geometrie van de stedebouwkundige structuur van de afzonderlijke eilanden. De lange infrastructuurlijnen verbinden de eilanden met elkaar, met de Amsterdamse binnenstad en met de knooppunten in de regio. Door de eenvoud en de neutraliteit van de stedebouwkundige structuur zijn meerdere invullingen mogelijk, zodat de invulling per eiland kan verschillen. De verschillen tussen de eilanden vloeien vooral voort uit de positie van elk eiland en hebben betrekking op aspecten als de woningdichtheid, het karakter van de openbare ruimte, de rooilijnen, het architectonische beeld en de bebouwingstypologie. De kenmerken zijn per eiland

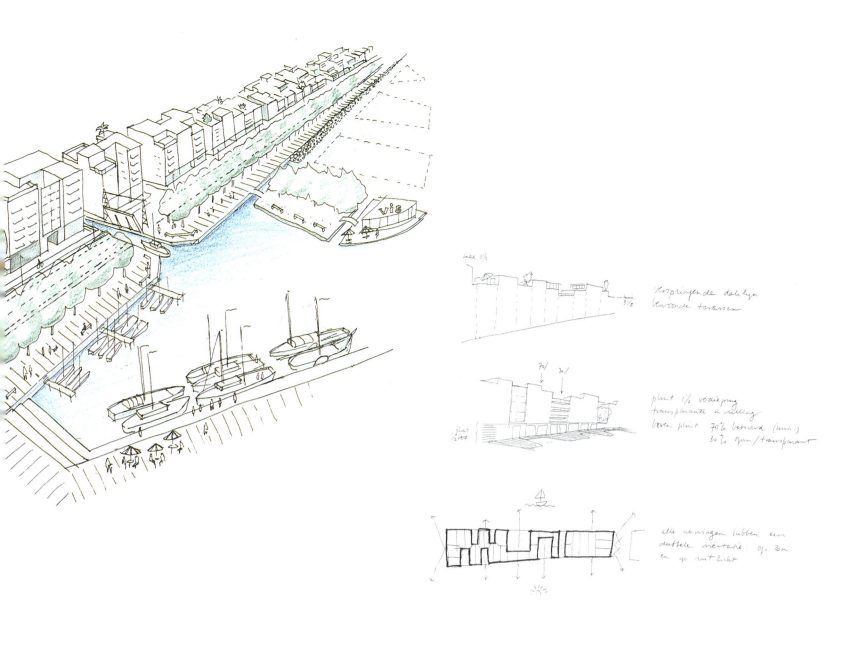

Vogelvlucht van de boulevard langs het Haveneiland.
Bird's-eye view of the boulevard along the Haven-island.

De spelregels voor de bebouwing langs de boulevard.
The rules for building along the boulevard.

vastgelegd in een stelsel van regels. De regels vormen tezamen met de stedebouwkundige structuur de bouwstenen voor een verdere uitwerking van de eilanden.

Maar IJburg zal niet alleen een woongebied zijn. Door de ligging in het IJmeer, de nabijheid van het natuurgebied langs de Diemerzeedijk en de vervoersverbindingen met de regio en de binnenstad van Amsterdam, heeft IJburg ook mogelijkheden om regionale betekenis te krijgen. Met de 'programmatische troefkaarten' van het plan – IJburgerhaven, Strand IJburg, Punt van Zeeburg en de nieuwe natuurgebieden – wordt het stedelijk karakter van het plangebied versterkt, waardoor IJburg ook betekenis kan krijgen voor mensen die er niet wonen.

and the transport links to Amsterdam city centre and elsewhere in the region provide opportunities to endow IJburg with a regional significance. The trump cards in the development programme – IJburg harbour, IJburg beach, Punt van Zeeburg and the new nature areas – give the area a stronger sense of being part of the city and offer something to people who do not live there themselves.

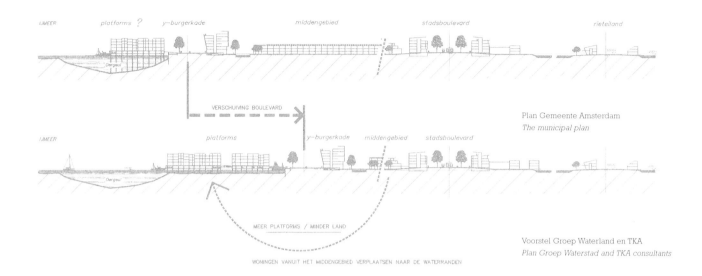

Plan Gemeente Amsterdam
The municipal plan

Voorstel Groep Waterland en TKA
Plan Groep Waterstad and TKA consultants

PROJECT / PROJECT Een stedebouwkundig plan voor het Haveneiland van IJburg / A plan for the Haven island in IJburg
LOCATIE / LOCATION IJmeer
ONTWERP / DESIGN BY TKA
OPDRACHTGEVER / COMMISSIONED BY Groep Waterstad (een samenwerkingsverband van vijf woningbouwcorporaties, vijf projectontwikkelaars en twee beleggers)
OPPERVLAKTE / AREA 30 ha
PERIODE VAN ONTWERP / DESIGN 1995 - 1997

Een plan voor het Haveneiland van IJburg

A plan for the Haven island in IJburg

The Haven (Harbour) island is one of the islands to be built in the IJburg residential district of Amsterdam. At the beginning of the nineties, Groep Waterstad and TKA consultants, took the initiative of presenting plans for a new housing development on the same site.

TKA then used these plans as a basis for working up the municipal plan for the Haven island in more detail. The consultants' plan assesses whether the IJburg plan meets the real needs of the private housing market and is at the same time a critique of the municipal plan. Their criticism of the council's plan is that it makes insufficient use of the water and does not

Het Haveneiland is een van de eilanden van het nieuwe Amsterdamse woongebied IJburg. De Groep Waterstad en het bureau TKA hebben in het begin van de jaren negentig op eigen initiatief al plannen gepresenteerd voor een woongebied op de locatie van het Haveneiland.

TKA heeft vervolgens op basis van die plannen het gemeentelijk plan voor het Haveneiland uitgewerkt. Het ontwerp van het bureau vormt enerzijds een toets voor de vraag of het plan voor IJburg aansluit bij de realiteit van de private woningmarkt. Anderzijds vormt het een kritiek op het gemeentelijk plan. De kritiek is vooral dat in het gemeentelijk plan de waterrijkdom

Links: Twee doorsnedes van het Haveneiland waarin de verschillen tussen het plan van de gemeente en de Groep Waterland en TKA tot uiting komen.
Two cross-sections of the Haven island showing the differences between the councils plan and the one of Group Waterstad and TKA consultants.

De maquette van het ontwerp voor het Haveneiland.
Model of the design for the Haven island.

van de locatie onvoldoende wordt uitgebuit, het parkeerprobleem niet wordt opgelost en het middengebied een onaantrekkelijk geheel is.

Met het 'Plan voor het Haveneiland' is gepoogd de relatie tussen de woningen en het water te optimaliseren. Het belangrijkste verschil met het gemeentelijk plan is, dat het Haveneiland honderd meter smaller is gemaakt. Hierdoor wordt het middengebied, het gebied waar het minste te merken is van het water, geminimaliseerd. Tegelijkertijd ontstaat zo aan de noordkant van het Haveneiland ruimte voor woonplatforms op palen in het water. De woonplatforms bestaan voor het grootste deel uit

solve the parking problems, and that the central area is unattractive.

With the 'Plan for the Haven island' an attempt has been made to get the most out of the relation between the houses and the water. The most important difference from the municipal plan is that the Haven island is 100 metres narrower. The effect of this is to reduce the size of the central area where the water plays little part in the overall design. At the same time, space is created on the northern side of the Haven island to build housing platforms supported on columns above the water. These housing platforms consist mostly of apartments built over a

Het ontwerp voor het woongebied aan de zuidzijde.
Design of the housing area on the southern side.

parking area. The configuration of these units varies. The apartments have views over the harbours between the platforms or in the IJmeer. These housing platforms will ensure that there is a close relationship between the water and the housing area. The housing in the central area is mainly low-rise and high density. The houses on the southern side of Haven island are mostly family houses with gardens bordering on the water. Similar to the municipal plan for the Haven island, the design by TKA is bisected along its length by a main street along which the various amenities will be situated. A tram line also runs down this street. Three waterways cut through the island

gestapelde woningen boven op een parkeerlaag. De configuratie van de woningen varieert. Vanuit de woningen is er direct uitzicht op de haventjes tussen de platforms of op het IJmeer. Vooral met deze woonplatforms wordt gezorgd voor een intensieve relatie tussen het water en het woongebied. In het middengebied staan overwegend laagbouwwoningen. De dichtheid daarvan is hoog. Aan de zuidkant van het Haveneiland staan vooral eengezinswoningen met een tuin die direct aan het water grenst.
Analoog aan het gemeentelijk plan wordt het Haveneiland in het ontwerp van TKA in de lengte doorsneden door een stadsstraat.

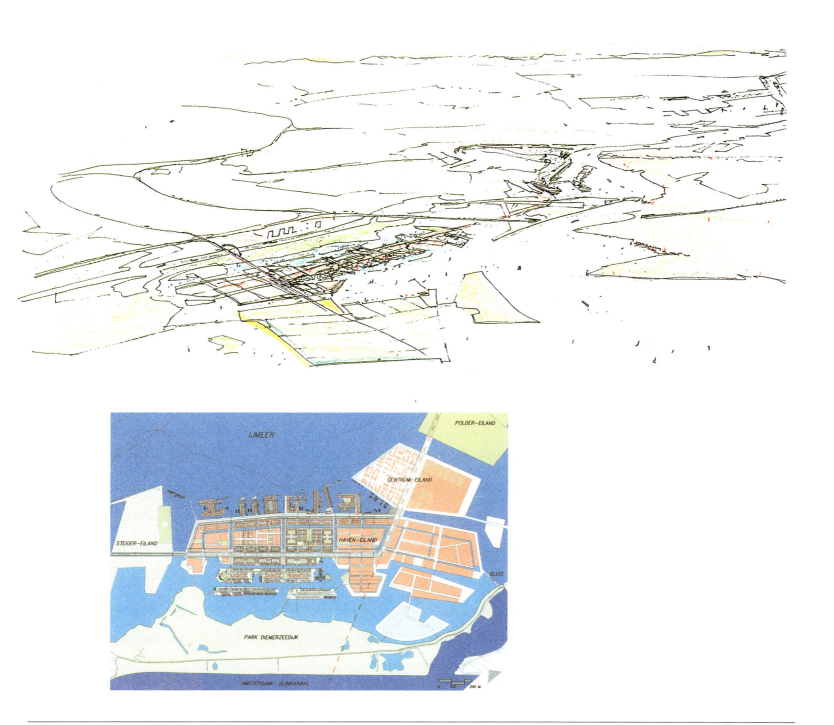

Een schets van het ontwerp voor het Haveneiland.
Sketch of the design for Haven island.
Het ontwerp voor het Haveneiland.
Design for Haven island.

Hier vinden de diverse voorzieningen een plek. Ook loopt er een tramlijn door deze straat. Drie watergangen in dwarsrichting zorgen voor direct zicht van de stadsstraat naar het IJmeer. Aan de noordzijde van het Haveneiland loopt een boulevard met een uitgesproken maritiem programma.
De grote oeverlengte en de daarmee gepaard gaande intensieve verweving van land en water geven het Haveneiland het beoogde maritieme karakter.

perpendicular to the main street, affording direct views over the IJmeer. A boulevard with a pronounced maritime development theme will run along the northern side of the island. The long shoreline will ensure that land and water are closely interrelated, giving the Haven island its intended maritime character.

Leidsche Rijn

Leidsche Rijn

Over the next five to ten years the biggest building site in the Netherlands will be to the west Utrecht beyond the A12 motorway and north of the A2 motorway. The Leidsche Rijn development will cover a total area of 2500 hectares, divided between the municipalities of Utrecht and Vleuten-De Meern, and will eventually comprise 30,000 homes, 220 hectares of industrial estates, 700,000 square metres of office space and a 300 hectare park. The planning process for Leidsche Rijn started in 1994 when Riek Bakker was commissioned to design a master plan for the whole area. Construction of the first houses will begin in 1998.

The enormous size and rapid pace of development and the complex relations between the two municipalities would appear to be the perfect conditions for the creation of a watertight planning process in which progress with development is more important than the final result. But, from the start, ambitions for the Leidsche Rijn development have been high. It is to be a complete and attractive urban area closely linked to the existing villages, not just another average housing scheme with

De komende jaren is de grootste bouwlocatie van Nederland die ten westen van de stad Utrecht, in de oksel van de A2 en A12. De stadsuitbreiding Leidsche Rijn heeft een totale oppervlakte van 2500 hectare, verdeeld over de gemeenten Vleuten-De Meern en Utrecht. Hier zal straks aan 30 duizend woningen, 220 hectare bedrijfsterrein, 700 duizend vierkante meter kantoorruimte en een stadspark van 300 hectare een plek zijn gegeven.

De planvorming voor Leidsche Rijn start in 1994 als Riek Bakker de opdracht krijgt om voor het totale gebied een *masterplan* te ontwerpen; in 1998 wordt met de bouw van de eerste huizen begonnen.

De enorme grootte, het hoge tempo en de complexe verhoudingen tussen de twee betrokken gemeenten lijken bij uitstek condities voor een doortimmerd planproces waarbij de voortgang belangrijker is dan het uiteindelijke product. Lijken, want voor Leidsche Rijn is vanaf het begin ingezet op een hoog ambitieniveau. Leidsche Rijn moet een volwaardig en wervend stedelijk gebied worden dat nauw verbonden is met de bestaande kernen, niet de zoveelste doorsnee woonwijk waar een buitenstaander niets te zoeken heeft.

Het planproces voor Leidsche Rijn is er op gericht vorm en inhoud

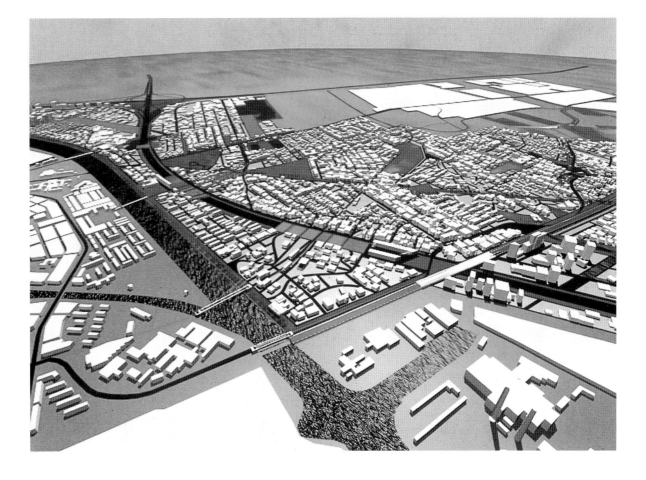

Links: De verschillende landschappen van het Veenweidegebied ten westen van Utrecht.
The various types of landscapes in the great grassland area tot the west of Utrecht.

De maquette van de 'Ontwikkelingsvisie Leidsche Rijn'.
Model of the 'Development Perspective for Leidsche Rijn'.

aan dat hoge ambitieniveau te geven en tegelijkertijd ruimte te blijven bieden aan maatschappelijke en demografische ontwikkelingen, veranderingen in woonvoorkeuren en bouwmethoden en wijzigingen in allerlei andere omstandigheden die zich in de loop der jaren ongetwijfeld zullen voordoen. De verschillende plannen die voor Leidsche Rijn zijn gemaakt, voeren als het ware de regie, zij voorzien het planproces van nieuwe impulsen en sturen de sterk diverse activiteiten van de betrokken personen en organisaties in dezelfde richting.

In het *masterplan* zijn de hoofdlijnen van de gewenste stedebouwkundige inrichting en de omvang van het te realiseren programma vastgesteld. Het plan dient als een soort ruimtelijk contract tussen de betrokken partijen. De centrale begrippen in het plan zijn 'compactheid' 'duurzaamheid' en 'identiteit'. Het begrip 'compactheid' houdt in dat Leidsche Rijn nauw verweven wordt met de stad Utrecht en de kernen Vleuten en De Meern. Een van de spectaculaire onderdelen van het plan is de verlegging en overkluizing van de A2, om zo de integratie met Utrecht te bewerkstelligen. Het begrip 'duurzaamheid' heeft betrekking op de grote aandacht bij de planvorming voor de ecologische en milieutechnische aspecten, maar ook op de letterlijke

nothing to offer to non-residents.

The planning process for Leidsche Rijn has been designed to turn these high ambitions into reality while at the same time allowing room for social and demographic change, shifts in housing preferences and building methods, and the inevitably changing circumstances in the years to come. The various plans for Leidsche Rijn provide overall direction and a new impetus to the planning process, and channel the highly diverse activities of the people and organizations involved in the same direction.

The master plan sets out the main structure of the development and the size of the development programme. It serves as a sort of spatial contract between the parties involved. The central concepts in the plan are 'compactness', 'sustainability' and 'identity'. 'Compactness' means that Leidsche Rijn is to be closely linked to the city of Utrecht and the villages of Vleuten and De Meern. One of the spectacular elements in the plan is the rerouting of the A2 motorway, which will also be covered over to facilitate the integration of the new district within

Het *masterplan* voor Leidsche Rijn.
The master plan for Leidsche Rijn.

Utrecht. 'Sustainability' is reflected in the considerable attention paid to ecological and environmental aspects, but also to the literal 'sustainability' (durability) of the plan itself. This implies that the master plan must leave as much as possible open to allow for changing circumstances. The 'identity' of Leidsche Rijn is derived mainly from its location. It is situated between the city of Utrecht and the suburban villages of Vleuten and De Meern. The area has a rich historical imprint and lies on the edge of the Green Heart of the Randstad. The master plan distinguishes two large residential areas: an intensively used urban district linked directly to Utrecht and a more suburban area around Vleuten-De Meern, linked in the middle by a park. After both municipalities had adopted the master plan in 1995, Utrecht and Vleuten-De Meern worked separately on more detailed plans. The 'Development Perspective for Leidsche Rijn' for the Utrecht part of the development to the west of the central park appeared in 1996. In this vision the most important designer, Rients Dijkstra, presents a new planning instrument. Specific characteristics have been assigned to each subarea based on a number of indices that describe, for example, the

duurzaamheid van het plan zelf. Dat wil zeggen dat het *masterplan* zoveel mogelijk ruimte laat voor veranderingen in inzichten en omstandigheden.
De 'identiteit' van Leidsche Rijn wordt vooral ontleend aan haar specifieke ligging. De stadsuitbreiding ligt in een cultuurhistorisch gezien rijk gebied tussen de stad Utrecht en de suburbane kernen Vleuten en De Meern en aan de rand van het Groene Hart. Met het *masterplan* worden zo twee grote woongebieden gedefinieerd: een intensief gebruikt, meer stedelijk gebied dat direct aansluit bij Utrecht en een meer suburbaan woongebied rond Vleuten-De Meern. Tussen de twee woongebieden ligt het centrale park, dat daarmee de verbindende schakel vormt.
Na de vaststelling van het *masterplan* door de twee gemeenten, in 1995, nemen Utrecht en Vleuten-De Meern afzonderlijk de uitwerking ter hand. Voor het Utrechtse deel, ten westen van het centrale park, verschijnt in 1996 de 'Ontwikkelingsvisie Leidsche Rijn'. In deze visie presenteert de belangrijkste ontwerper, Rients Dijkstra, een nieuw instrumentarium. Aan de hand van een aantal indexen, waaronder menging, spreiding, stapeling en dichtheid, worden aan elk deelgebied specifieke kenmerken toegewezen zonder dat het

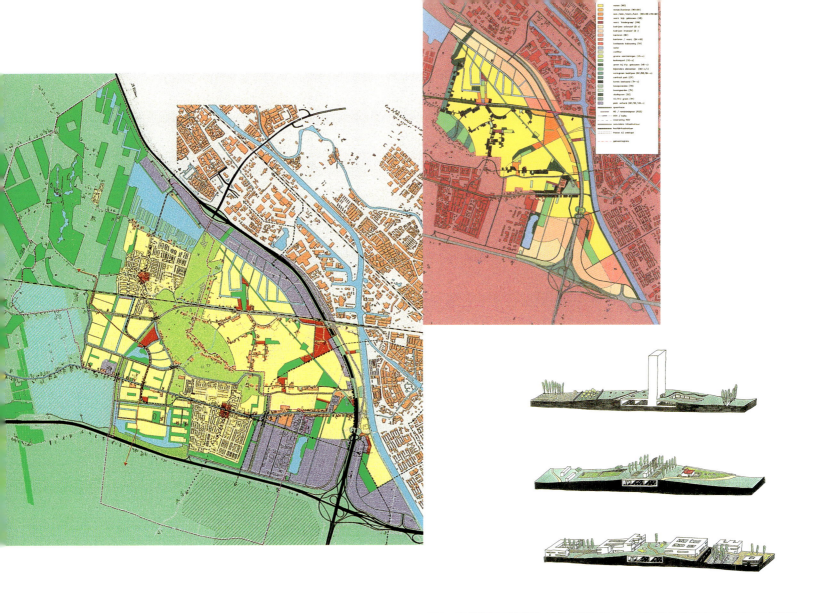

De structuurschets Vleuten-De Meern.
The Vleuten-De Meern structure plan.

De 'Ontwikkelingsvisie Leidsche Rijn'.
The 'Development Perspective for Leidsche Rijn'.

Enkele doorsnedes van het plan voor de overkapping van de A12.
Cross-sections of the enclosed A12 motorway.

beeld of de vorm wordt vastgelegd. Het beeld of de vorm zal de uitkomst zijn van het verdere ontwerpproces per deelgebied.
In hetzelfde jaar verschijnt ook de 'Structuurschets Vleuten-De Meern'. Met deze structuurschets wordt vooral beoogd de eigen identiteit van Vleuten-De Meern ten opzichte van Utrecht te benadrukken en te versterken. Het bureau VHP ontwerpt hiervoor een raamwerk van openbare ruimten die het landschap, de nieuwe uitbreidingen en de bestaande kernen samensmeden. In het 'Beeldkwaliteitsplan Vleuterweide', een onderdeel van de structuurschets, wordt vervolgens voor elk deelgebied een gedetailleerde verkavelingstypologie benoemd. Op basis daarvan vindt de verdere uitwerking plaats.
Voor het centrale park, het derde belangrijke onderdeel van Leidsche Rijn, wordt in 1997 een prijsvraag uitgeschreven. De winnaar, West 8 Landscape Architects, stelt onder meer voor een door een hoge muur omsloten stadspark aan te leggen, waarvan het programma en de invulling door opeenvolgende curatoren wordt bepaald.

degree of mixed development, dispersal, and the height and density of buildings, without predetermining the final urban designs to be drawn up for each subarea.
In the same year, the 'Vleuten-De Meern Structure Plan' appeared. This plan sets out to emphasise and enhance the identity of Vleuten-De Meern as opposed to that of Utrecht. VHP planning consultants have designed a framework of public open spaces that bind together the landscape, the new development and the existing villages. The 'Vleuterweide Design Guide', part of the structure plan, sets out detailed plot layout typologies for each subarea which provide the basis for the further designs.
A design competition was organized in 1997 for the third important part of the development, the central park. One of the proposals made by the winners, West 8 Landscape Architects, is for a city park enclosed by a high wall, which will be further developed by successive park curators.

PROJECT / *PROJECT 'Kremlin', een inzending voor de besloten ideeënprijsvraag Centrale Park in het plangebied Leidsche Rijn / 'Kremlin', a submission for the closed design competition for Leidsche Rijn*
LOCATIE / *LOCATION De centrale groene ruimte in Leidsche Rijn / The central green space in Leidsche Rijn*
ONTWERP / *DESIGN BY WEST 8 Landscape Architects*
OPDRACHTGEVER / *COMMISSIONED BY Gemeenten Utrecht en Vleuten-De Meern*
OPPERVLAKTE / *AREA Circa 300 ha / About 300 ha*
JAAR VAN ONTWERP / *DESIGN 1997*
JAAR VAN UITVOERING / *IMPLEMENTATION PERIOD 1998-2005*

Een park voor Leidsche Rijn

A park for Leidsche Rijn

Town parks can no longer be taken for granted as a spatial phenomenon. The expanding range of leisure activities, the rapid growth in mobility of the city-dweller, the growing public interest in nature and the environment and, not least, the demographic revolution of the last thirty years have contributed to the radical shift in the way large green spaces are viewed and used. The German Volkspark that formed the model for the most important Dutch city parks laid out during the first half of the twentieth century was an amenity that offered the stay-at-home city dweller an escape. But what the city park of the twenty-first century will be has yet to be resolved by recreation sociologists, landscape architects and urban planners alike.

Het stadspark is niet langer een vanzelfsprekend ruimtelijk fenomeen. De enorm gegroeide differentiatie in de vrijetijdsbesteding, de snel toegenomen mobiliteit van de stadsbewoner, de groeiende interesse voor natuur en milieu en – niet in de laatste plaats – de demografische revolutie van de afgelopen dertig jaar, hebben er aan bijgedragen dat de appreciatie en het gebruik van de grote groene ruimten in de stad volledig is gewijzigd. Het Duitse Volkspark, dat model stond voor de belangrijkste Nederlandse stadsparken uit de eerste helft van de twintigste eeuw, was een voorziening die voor tegenwicht zorgde in het arbeidzame bestaan van de honkvaste grotestadbewoner. Maar wat een stadspark in de eenentwintigste eeuw zou kunnen zijn, daar zijn de recreatiesociologen, landschapsarchitecten en stedebouwkundigen nog niet uit.

Minimaal 30 m gras / At least 30 m grass

Minimaal 20 m bos / At least 20 m woodland

Sloten, greppels, ecologische oevers / Ditches, ecological banks

Hagen / Hedges

Recreatief circuit, pad van 6 m / Recreational circuit with 6m wide path

Solitaire bomen, Jac.P. Thijsse-meubilair / Solitary trees, Jac.P. Thijsse furniture

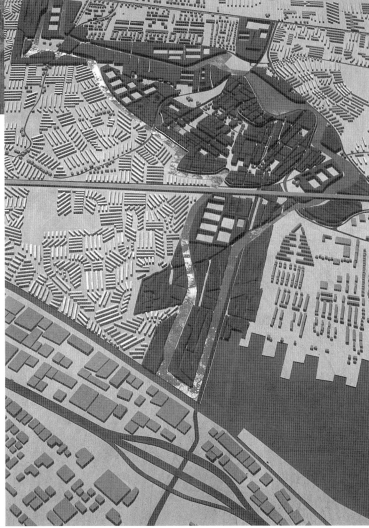

Uiterst links: Het huidige park.
Far left: The existing park.
Links: Situatie.
De huidige situatie.
The present situation.
Doorsnedes van het 'Jac.P. Thijsse-lint'.
Cross-sections of the 'Jac.P. Thijsse-lint'.

In de plannen voor de stadsuitbreiding Leidsche Rijn is ruimte gelaten voor een groot, centraal gelegen park. De afmetingen en contouren van deze niet te bebouwen vlek lijken de afkeer van de dorpsbewoners van Vleuten-De Meern te weerspiegelen om ten onder te gaan in een Utrechtse huizenzee.

De gemeenten Utrecht en Vleuten-De Meern nodigden een aantal bureaus van landschapsarchitecten uit om een ontwerp voor deze binnenstedelijke buffer te leveren. WEST 8 won de prijsvraag met een parkontwerp waarin de kwaliteiten van Pekings Verboden Stad, Tokioos Keizerlijke Paleis en Moskous Kremlin zijn geparafraseerd. De ontwerpers besloten van het driehonderd hectare grote oppervlak dat hen ter beschikking stond zeventig hectare tot een stadspark te ontwikkelen. Dit gebied, het Kremlin, is van zijn omgeving afgezon-

The plans for the Leidsche Rijn district of Utrecht provide room for a large central park. The dimensions and contours of this open space seem to reflect the aversion of the villagers of Vleuten-De Meern to the thought of being swallowed up by a sea of Utrecht housing estates.

Utrecht and Vleuten-De Meern invited a number of landscape design consultants to come up with a design for this internal city buffer. WEST 8 won the competition with a design for the park that paraphrases the qualities of the Forbidden City in Beijing, Tokyo's Imperial Palace and the Kremlin in Moscow. The designers decided to develop 70 of the 300 hectares available into a city park. This area, the 'Kremlin', is set apart off from its surroundings by the partial widening of the bed of the

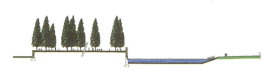
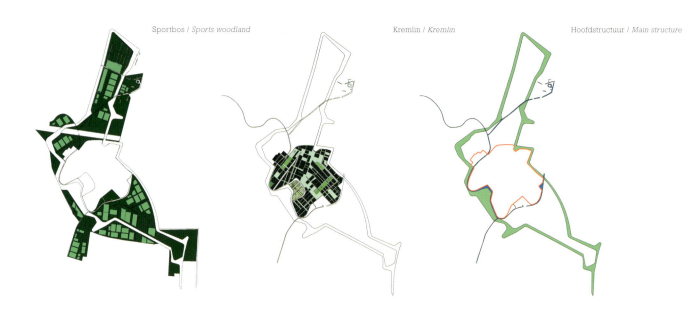

Impressie van het 'Jac.P. Thijsse-lint'.
Impression of the 'Jac.P. Thijsse-lint'.
Schematisch overzicht van de onderdelen van het park.
Overview of elements of the parks' structure.

Doorsnede van de begraafplaats en het 'Jac.P. Thijsse-lint'.
Cross-section of the graveyard and the 'Jac.P. Thijsse-lint'.

Leidsche Rijn river and a six metre high stone wall. It is an enclave of natural and artificial landscape elements in the tradition of the famous city parks, conceived as a green city in which time passes at its own pace. A new cemetery on higher ground is a special feature in this inner world.
A strip of flower meadow 12 kilometres long and of varying width, is called the 'Jac.P. Thijsse-lint' after the Dutch naturalist. This strip gives access to sports fields, allotments and other amenities. A circuit through the park for pedestrians, cyclists and skaters offers a variety of views. The Kremlin will be managed and developed by a curator, whose job will be to organize events, festivals and exhibitions. These will, in the course of time, transform the Kremlin from a wooded parkland

derd door de gedeeltelijk verruimde bedding van het riviertje de Leidsche Rijn en een zes meter hoge stenen muur. Het vormt een enclave van natuurlijke en cultuurlijke landschapselementen in de traditie van beroemde stadsparken. Het Kremlin is opgevat als een groene stad waarin de tijd zijn gang kan gaan. Een nieuwe begraafplaats op een hoger gelegen terrein vormt een bijzonder object in die binnenwereld.
Een langgerekt bloemrijk grasland met een lengte van twaalf kilometer en met een wisselende breedte is het 'Jac.P. Thijsse-lint' gedoopt. Dit lint ontsluit sportvelden, volkstuinen en andere buiten het Kremlin gelegen voorzieningen. Wandelaars, fietsers en skaters kunnen zich in dit parkcircuit bewegen over een pad dat hen steeds wisselende perspectieven biedt. Voor het beheer en de ontwikkeling

De ontwikkeling van het 'Kremlin'. Het ontwerp.
Development of the 'Kremlin'. The design.

van het Kremlin wordt een conservator aangesteld. Deze organiseert manifestaties, festivals en exposities die het Kremlin in de loop van de tijd zullen doen veranderen van een bosrijk park in een collectie van kleurrijke tuinen en bijzondere gebouwen.

WEST 8 heeft met het ontwerp 'Kremlin' het stadspark van de volgende eeuw voorgesteld als een te koesteren, geïsoleerde, introverte uitsparing in een metropolitaan web dat voortdurend wordt verdicht. Dat beeld voegt daadwerkelijk iets toe aan de deels historiserende, deels ecologiserende en deels populariserende tendensen in het parkontwerp van het fin de siècle.

into a collection of colourful gardens and special buildings. WEST 8's design for the Kremlin presents the city park of the next century as a cherished, secluded and introvert retreat within a continually growing metropolitan web. This image makes a real contribution to the partly historicizing, partly ecologizing and partly popular tendencies to be found in fin de siècle park design.

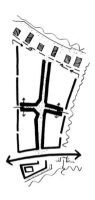
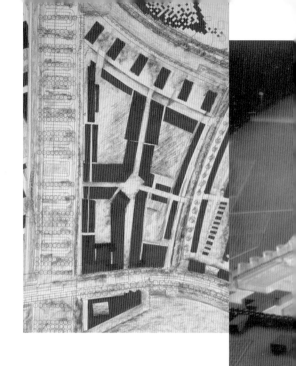

PROJECT / PROJECT Beeldkwaliteitsplan Vleuterweide / The Vleuterweide design guide
LOCATIE / LOCATION Gemeente Vleuten-De Meern
ONTWERP / DESIGN BY VHP Stedebouwkundigen+Architekten+Landschapsarchitekten
OPDRACHTGEVER / COMMISSIONED BY Gemeente Vleuten-De Meern, Fortis, Amvest, Amstelland Vastgoed, Ballast Nedam
AANTAL WONINGEN / NUMBER OF HOUSES Vleuten-De Meern totaal: circa 11.000 woningen Vleuterweide: circa 6.200 woningen / Number of homes: Vleuten-De Meern total: about 11,000, Vleuterweide: about 6,200
JAAR VAN ONTWERP / DATE OF DESIGN 1995-1997
JAAR VAN UITVOERING / IMPLEMENTATION PERIOD Vleuterweide: vanaf 2000 / Vleuterweide: from 2000

De kwaliteit van Vleuten-De Meern en Vleuterweide

The quality of Vleuten-De Meern and Vleuterweide

Part of the new Leidse Rijn district of Utrecht will be built in the municipality of Vleuten-De Meern. This prompted the municipal executive of Vleuten-De Meern to commission more detailed designs 'a structure plan' based on the Master plan for Leidsche Rijn and, in particular, the planning principles for the Vleuterweide and Veldhuizen areas. There was a desire not only to get to grips with the huge development programme, but also the consequences of the expansion of the housing stock (a threefold increase in the built-up area) for the spatial structure and quality of life in the existing villages and for the quality of the surrounding landscape.

In line with the municipality's desire to remain independent when the development is complete and not be annexed by Utrecht, the consultants were to pay particular attention to the contribution to be made by the two areas to the identity of Vleuten-De Meern. The council wants a new town that could only be built there, in Vleuten-de Meern. A local plan (bestemmingsplan) for Veldhuizen had already been adopted; for

De Utrechtse stadsuitbreiding Leidsche Rijn zal gedeeltelijk op het grondgebied van de gemeente Vleuten-De Meern worden gerealiseerd. Het gemeentebestuur van Vleuten-De Meern liet op eigen initiatief het *masterplan* voor Leidsche Rijn en in het bijzonder de uitgangspunten voor de wijken Vleuterweide en Veldhuizen uitwerken. Daarmee wilde de gemeente niet alleen greep krijgen op het enorme bouwprogramma en de fasering daarvan, maar ook op de consequenties van de toename van de woningvoorraad (een verdrievoudiging van het bebouwde oppervlak) voor de ruimtelijke structuur en de leefbaarheid van de bestaande dorpskernen en voor de kwaliteit van het omliggende landschap.

Vleuten-De Meern wil ook na de stadsuitbreiding een zelfstandige gemeente blijven en niet worden toegevoegd aan Utrecht. Daarom gaf de gemeente de opdracht dat bij de bewerking van het *masterplan* tot een structuurschets nadrukkelijk aandacht moest worden geschonken aan de vraag hoe de twee nieuwe wijken in de toekomst bij kunnen dragen aan de eigen identiteit van Vleuten-De Meern. Het gemeentebestuur wil een stad laten ontstaan die alleen op deze plek

Links: Een schets van de verkavelingstypologie en de uitwerking voor het centrum. De maquette van Vleuten-De Meern.
Sketch of the layout typologies and the design for the centre. Model of Vleuten-De Meern.

gebouwd kan worden. Voor Veldhuizen lag het bestemmingsplan al op tafel maar voor Vleuterweide is om die reden in het kader van de 'Structuurschets Vleuten-De Meern' het 'Beeldkwaliteitsplan Vleuterweide' opgesteld.

De 'Structuurschets' is het toetsingskader voor de opstelling van bestemmings- en inrichtingsplannen en is om die reden onderbouwend en motiverend van aard. De 'Structuurschets' omschrijft de doelstellingen voor de verstedelijking van Vleuten-De Meern. Het gaat daarbij vooral om het in korte tijd ontwikkelen van één samenhangende stad met een nieuw centrumgebied en een overwegend suburbaan woonmilieu, waarin de oude en nieuwe delen harmonisch samengaan en waarin het onder- en omliggende landschap op duurzame wijze is geïntegreerd. De schets valt grofweg uiteen in vier plandocumenten, waarvan de belangrijkste zijn: de aanbevelingen voor de samenhang tussen de twee grote uitbreidingen en die voor de beeldkwaliteit van Vleuterweide. De 'Structuurschets' onderscheidt een reeks openbare hoofdruimten, die samen een raamwerk vormen voor de verschillende wijkdelen. Het samensmedend effect van de

Vleuterweide a design guide was drawn up within the framework of the structure plan instead.

The structure plan provides the framework within which the local land use plans and detailed building plans are drawn up, and so it is backed up by supporting material and an explanatory text. The most important goals underlying the development of Vleuten-de Meern can be summarized as: in a short time creating one coherent new town with a new central area and predominantly suburban atmosphere in which old and new elements combine in a harmonious way and which interacts with the underlying landscape in a sustainable way. The structure plan consists of four main plan documents, the most important two being the recommendations for creating a coherent whole from the two main developments and the design guide for Vleuterweide. The structure plan distinguishes a series of main public open areas which together make up a framework linking the various neighbourhoods. The all-embracing effect of the public open space at the structural

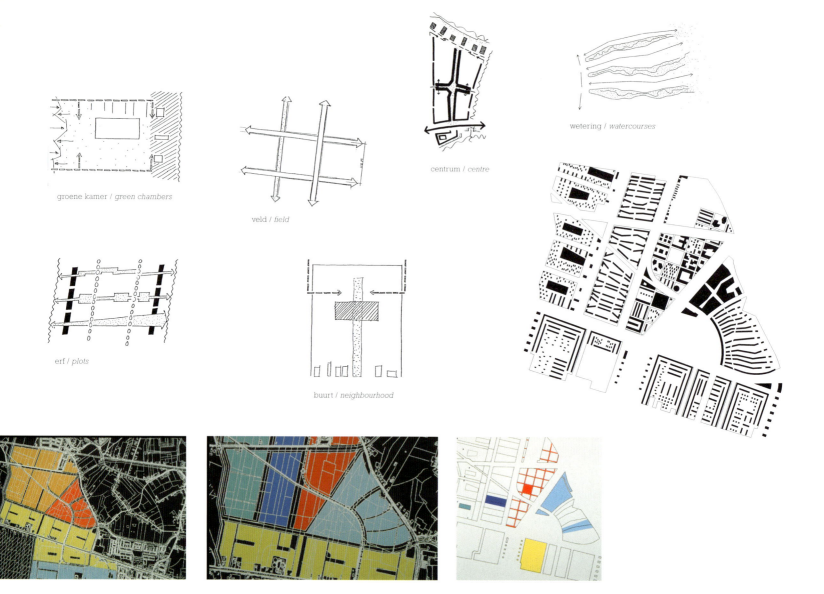

De vijf ontwerpthema's schematisch weergegeven.
The five design theme's schematicly represented.
Wijkdelen, buurten en ontwerpthema's.
Areas, neighbourhoods, design themes.

Een schematische weergave van de verkavelingstypologie voor Vleuterweide.
Diagramatic representation of the plot layout typologies for Vleuterweide.

level is illustrated in the design guide for Vleuterweide in the components for infrastructure, ground level layout and standard landscaping profiles. In the design guide, VHP have consciously avoided setting any binding rules for the teams that will make the most detailed designs. The guide intends to give each neighbourhood its own identity, but differs from most plans of its type in that it is a design and does not fall back on artistic rules.

According to the design guide, the various residential areas will each have their own particular identity, linked to a detailed set of plot layout typologies. The five districts in Vleuterweide have their own name and urban design theme and these are clearly explained. The centre is to be built around a pattern of 'waterways'; the De Scheg neighbourhood will consist of 25 'fields'; the Strip will consist of 10 *woonerven* (neighbourhoods with traffic calming); the banks of the Leidsche Rijn will consist of 5 'neigbourhoods'; and the houses in the Langs de Heycop area will be arranged in five 'green chambers'. The complete

openbare ruimte op structuurniveau is in het 'Beeldkwaliteitsplan Vleuterweide' geïllustreerd door middel van de componenten infrastructuur, maaiveldinrichting en groene principeprofielen.
VHP heeft in het 'Beeldkwaliteitsplan' bewust vermeden bindende regels op te nemen voor de teams die op het meest concrete schaalniveau de definitieve ontwerpen zullen maken. Het plan beoogt de wijkdelen een eigen profiel mee te geven, maar onderscheidt zich van gangbare beeldkwaliteitsplannen doordat het een ontwerp is en niet vervalt in artistieke regelgeving.
De verschillende woongebieden krijgen volgens het plan elk een zeer herkenbare identiteit, gekoppeld aan een gedetailleerd uitgewerkte verkavelingstypologie. De vijf wijkdelen van Vleuterweide hebben een eigen naam en een stedebouwkundig ontwerpthema meegekregen dat in het plan zorgvuldig wordt toegelicht. Zo zal het Centrum moeten worden opgebouwd volgens een patroon van 'weteringen', wijkdeel De Scheg zal gaan bestaan uit 25 'velden', de Strip uit 10 'woonerven', de Leidsche Rijnoevers uit 5 'buurten' en de woningen in het deelgebied Langs de Heycop zullen worden gerangschikt in 5

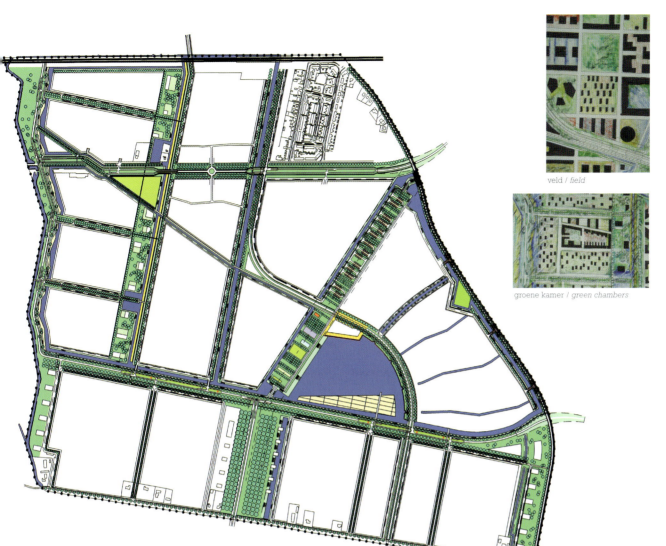

veld / *field* • erf / *plot*

groene kamer / *green chambers* • wetering / *water courses*

buurt / *neighbourhood*

Het ontwerp voor de openbare hoofdruimten.	Voorbeelduitwerkingen van de ontwerpthema's.
Design for the main public open space.	*Examples of the layouts for the design themes.*

'groene kamers'. De totale stedebouwkundige uitwerking is op die manier onderverdeeld in vijf te ontwerpen wijkdelen met ongeveer vijftig ontwerpopgaven van 50-500 woningen. Aanbevelingen over de overgangen tussen de wijkdelen, de architectonische articulatie van de woningen en de integratie van duurzaamheidsprincipes maken het 'Beeldkwaliteitsplan' tot een compleet en onontbeerlijk plandocument bij de start van het stedebouwkundige ontwerp op wijk- en buurtniveau.

Voorafgaand aan de selectie van de ontwerpteams wordt voor elk wijkdeel een aparte nota samengesteld met daarin de kwalitatieve en kwantitatieve aspecten van de desbetreffende bouwopgave. Elk ontwerpteam functioneert vervolgens autonoom. Voorwaarde is dat er een architect, een stedebouwkundige en een landschapsarchitect in vertegenwoordigd zijn en dat het team zich houdt aan de in de nota vastgelegde programmatische eisen.

urban area is thus broken down into 5 areas to be designed, with the whole composition consisting of about 50 groups of 50-1000 houses. Recommendations for the transition zones between these areas, the architectural expression of the houses and the inclusion of sustainability principles make the design guide a complete and indispensable planning document for launching the urban design process at the district and neighbourhood levels.

Before selecting design teams a separate report will be prepared for each area containing qualitative and quantitative aspects of the relevant development brief. Thereafter, the design teams work autonomously. Each team must contain an architect, an urban planner and a landscape architect, and the teams must respect the requirements for the development programme contained in the report.

Herinrichting van het stedelijk gebied

Reconstruction of urban areas

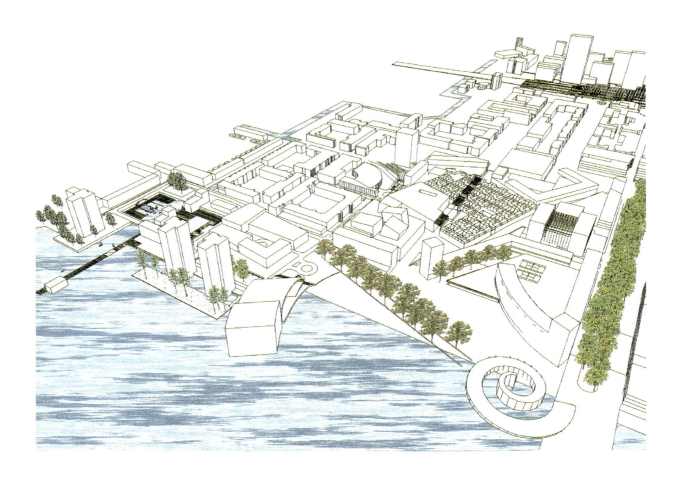

Almere, stad aan het water

A new waterfront for Almere

Twenty years ago a start was made with the plans for the centre of the last real New Town in the Netherlands: Almere. Building started at the beginning of the eighties and half the central part of Almere has by now been developed. The town council have purposely left parts of the central area unbuilt: Almere had to become big enough before it could fill these sites with developments pitched at the desired level. That time has now come. The now partly vacant land will be developed for town houses, shops, cafés and restaurants, cultural amenities and services, and will be a decisive factor in determining the image and economic well-being of the town. And on that score much can be achieved in Almere.

The new plan for the heart of the town launches a high quality comprehensive urban development programme, under the overall supervision of Rem Koolhaas' Office for Metropolitan

Twintig jaar geleden werd een begin gemaakt met de planvorming voor het centrum van de laatste echte *New Town* van Nederland: Almere. In het begin van de jaren tachtig werd met de bouw van het stadscentrum begonnen en inmiddels is het voor de helft ontwikkeld. Het gemeentebestuur heeft daarbij doelbewust gedeelten van het centrumgebied onbebouwd gelaten. De stad moest eerst voldoende omvang krijgen voordat invullingen met een hoger ambitieniveau aan de orde kwamen. Die tijd is nu aangebroken. Het nog gedeeltelijk braakliggende terrein moet als plaats voor stadswoningen, winkels, horeca- en culturele gelegenheden, voorzieningen en dienstverlening het imago en de economische ontwikkeling van de stad gaan bepalen. En op dat front valt er in Almere nog veel te winnen. Met het nieuwe plan voor het hart van de stad is een compleet en hoogwaardig stedebouwkundig programma gelanceerd, ruimtelijk georganiseerd onder regie van Rem Koolhaas' Office for Metropolitan

PROJECT / PROJECT Stedebouwkundig plan voor de uitbreiding en gedeeltelijke herstructurering van het stadscentrum van Almere / Urban plan for the expansion and partial reconstruction of the centre of Almere
LOCATIE / LOCATION Almere-Stad
ONTWERP / DESIGN BY Office for Metropolitan Architecture
OPDRACHTGEVER / COMMISSIONED BY Gemeente Almere, dienst Stadscentrum MAB, Blauwhoed/Eurowoningen
OPPERVLAKTE / AREA 100 ha, drie deelgebieden / 100 ha, three subareas
JAAR VAN ONTWERP / DATE OF DESIGN 1996-1997
JAAR VAN UITVOERING / IMPLEMENTATION PERIOD 1997-2007

Links: Vogelvlucht over het zuidelijk deelgebied.
Left: Bird's-eye view of the southern sector.
Profiel van het nieuwe centrum gezien vanuit het Weerwater.
Cross-section of the new centre as seen from the Weerwater.
Noord-zuid doorsnede.
North-south cross section.
Diagram van de openbare ruimte.
Diagram of the public spaces.
Diagram van de bebouwing.
Diagram of buildings.

Architecture. Het plan stelt een indeling van het stadscentrum in drie segmenten voor: een deel ten noorden van de spoorlijn, waar een zakencentrum wordt gerealiseerd; het reeds bestaande middengebied tussen het spoor en het stadshuisplein, waarvan de openbare ruimte zal worden heringericht; en ten slotte het zuidelijk deelgebied tussen het stadhuis en het Weerwater, waar een echt binnenstadmilieu moet ontstaan met uitgaansmogelijkheden met allure.
Het zeer omvangrijke, op de toekomst van de stad toegesneden programma, leidt niet alleen tot een groot ruimtebeslag maar heeft ook ingrijpende gevolgen voor de ontsluiting van de gehele binnenstad en het parkeren aldaar. *Pièce de résistance* van het plan is het dubbel gebruikte maaiveld in het zuidelijke deel van het plangebied. Waar het compact ontworpen centrum zal aansluiten op het Weerwater, wordt het maaiveld uitgevoerd als een licht gewelfd, betonnen vlak met een helling van circa 2,5 procent. Op dit vrij

Architecture. The plan proposes a division into three segments: the area to the north of the railway line where the business centre will be, the existing central area between the railway line and the stadhuisplein where the outdoor areas will be reconstructed, and the southern area between the town hall and Weerwater where the plans are for a real city centre atmosphere and stylish nightlife.
This extensive and forward-looking development programme not only claims a large area but also has drastic consequences for access to the town centre and car parking. The plan's *pièce de résistance* is the double use of the ground level in the southern section. A slightly domed concrete surface with a gradient of about 2.5% will be laid at ground level on the area where the compactly designed centre meets Weerwater. On this freely accessible and attractive field it will be possible to build on no

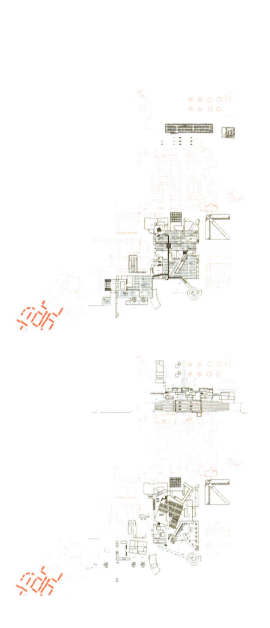
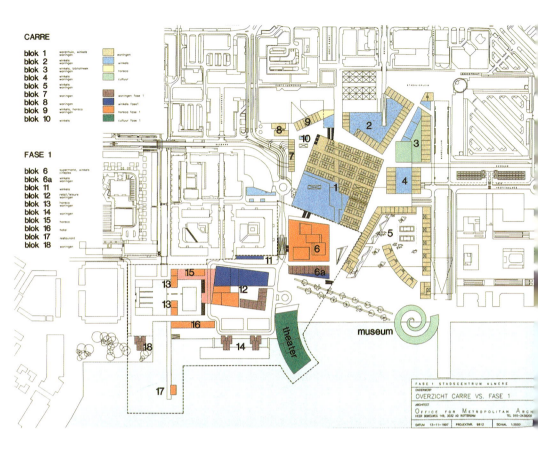

De parkeerlaag. Het programma voor het nieuwe stadscentrum aan het Weerwater.
Parking layer. *The program for the new town centre at the Weerwater.*
De woningenlaag.
The housing layer.

less than 70% of the area with a varied mix of shops, houses and other buildings. Underground there will be extensive spaces to accommodate a range of traffic flows and parking. The impacts of such a development both above ground and below have been thoroughly studied and a range of measures have been devised to prevent the emergence of a dark, unsafe underworld. The parking areas will be compartmentalized and completed isolated from the noisy underground loading zones; access will be directly from daylight areas and daylight will penetrate through large atria. Owing to the domed surface level the parking areas open to the public will be extra high and gardens and shops will be built along the main pedestrian routes. Because of the huge area this will create the effect of an underground city.

An essential element contributing to the quality of the plan is

beloopbare, attractieve veld kan maar liefst zeventig procent van de oppervlakte worden bebouwd met een gevarieerde mix van winkels, woningen en andere centrumbebouwing. Onder de oppervlakte ontstaat een royaal bemeten ruimte voor alle soorten verkeer en voor parkeervoorzieningen.

De effecten van deze ingreep op zowel het boven- als het ondergrondse verblijfsklimaat zijn grondig bestudeerd. Om te voorkomen dat er een donkere, onveilige onderwereld ontstaat is een scala aan maatregelen bedacht. Zo zal de parkeerruimte worden gecompartimenteerd en volledig worden gescheiden van de lawaaierige, ondergrondse laad- en losstraten. De ondergrondse ruimtes zijn direct vanuit de open lucht toegankelijk en door grote vides zal het daglicht binnendringen. Het publieke deel van de garage wordt dankzij het glooiende maaiveld extra hoog uitgevoerd en langs de belangrijkste looproutes zullen tuinen worden aangelegd en winkels worden

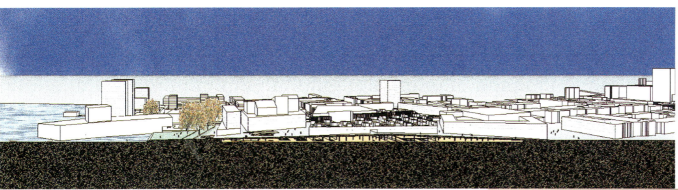

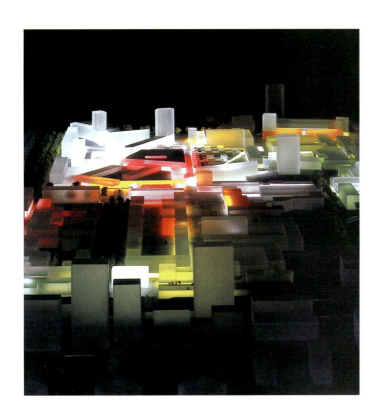

Doorsnede van het glooiende maaiveld.
Cross section of the sloping ground level.
Maquette van het zuidelijke plandeel.
Model of the southern section.

Impressie van de ondergrondse ruimte.
Impression of the underground spaces.

gebouwd. In de enorme ruimte ontstaat als het ware een benedenstad.

Essentieel voor de beoogde kwaliteit van het plan is voorts het contrast tussen het aaneengesloten, dichtbebouwde winkel- en wandelgebied en het open panorama van het Weerwater. Het ontwerp voorziet in de aanleg van een waterfront van ruim een kilometer lang met een boulevard en een centraal gelegen parkgebied met aan weerszijden een aantal grote, expressieve gebouwen waaronder het geplande theater en het museum. Aan de oostkant van de schouwburg priemen straks drie woontorens de lucht in en aan de westzijde van het centrum in het toekomstige Lumièrepark is de Kunsthal van de stad gedacht. Almere loopt zich hiermee in stedebouwkundige zin warm voor de volgende eeuw: een grootstedelijke skyline aan het water zal haar silhouet zijn.

the contrast between the continuous, densely built shopping and pedestrian areas and the panorama across the Weerwater. The design makes provision for the construction of a waterfront of more than 1 kilometre long with a boulevard and a centrally located parking area. This is lined by a number of large, expressive modern buildings, including the planned theatre and the museum. Three high rise housing blocks will soon adorn the sky to the east of the theatre and the Kunsthal has been allocated a home west of the centre in the future Lumièrepark. Almere is warming up, in urban planning terms, for the next century: a big city skyline on the water.

PROJECT / PROJECT Het Masterplan Stadshart Alphen aan den Rijn
LOCATIE / LOCATION Alphen aan den Rijn
ONTWERP / DESIGN BY Heeling Krop Bekkering Stedebouwkundigen en Architekten
OPDRACHTGEVER / COMMISSIONED BY Gemeente Alphen aan den Rijn, Ontwikkelingsmaatschappij MAB BV
PERIODE VAN ONTWERP / DATE OF DESIGN 1995-1996
PERIODE VAN UITVOERING / IMPLEMENTATION PERIOD Vanaf 1997 / from 1997

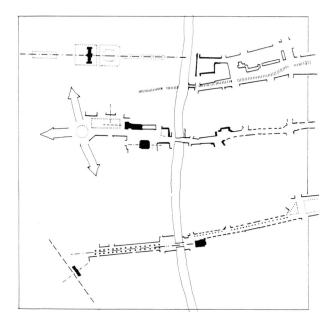

De vernieuwing van het centrum van Alphen aan den Rijn

The renewal of Alphen aan den Rijn town centre

The historic town centres have always been the most important commercial, cultural and administrative centres for those living in and around the town. The balance between population size and level of service provision in towns and cities has to be periodically restored, though, which leads to quantitative and qualitative changes in the spatial structure of the central urban area. This is also true of Alphen aan den Rijn: the existing centre of Alphen, in size and quality, has lagged behind the rapid pace of development of the town. As part of their new town (groeikern) status during the seventies, Alphen and Gouda were allocated the task of absorbing and concentrating growth in the various dispersed settlements in the Green Heart of the Randstad. The two towns have been growth centres for the Green Heart for the last three decades, and as a result have grown rapidly in size. Alphen now faces the challenge of

De historische stadscentra herbergen van oudsher de belangrijkste commerciële, culturele en bestuurlijke voorzieningen voor de bevolking van de stad en haar omgeving. Het evenwicht tussen het inwonertal en het voorzieningenniveau moet periodiek worden bijgesteld, wat leidt tot kwantitatieve en kwalitatieve aanpassingen in de ruimtelijke structuur van het hart van de stad. Deze problematiek speelt ook in de gemeente Alphen aan den Rijn. Het huidige centrum van Alphen is in omvang en niveau sterk achtergebleven bij de snelle ontwikkeling die de stad heeft doorgemaakt. In het kader van het groeikernenbeleid van de jaren zeventig kregen Alphen en Gouda de taak een gespreide verstedelijking in het Groene Hart te helpen voorkomen. De twee steden hebben de afgelopen drie decennia gefungeerd als opvangkern en zijn daardoor snel in omvang toegenomen. De opgave waar de gemeente Alphen zich thans

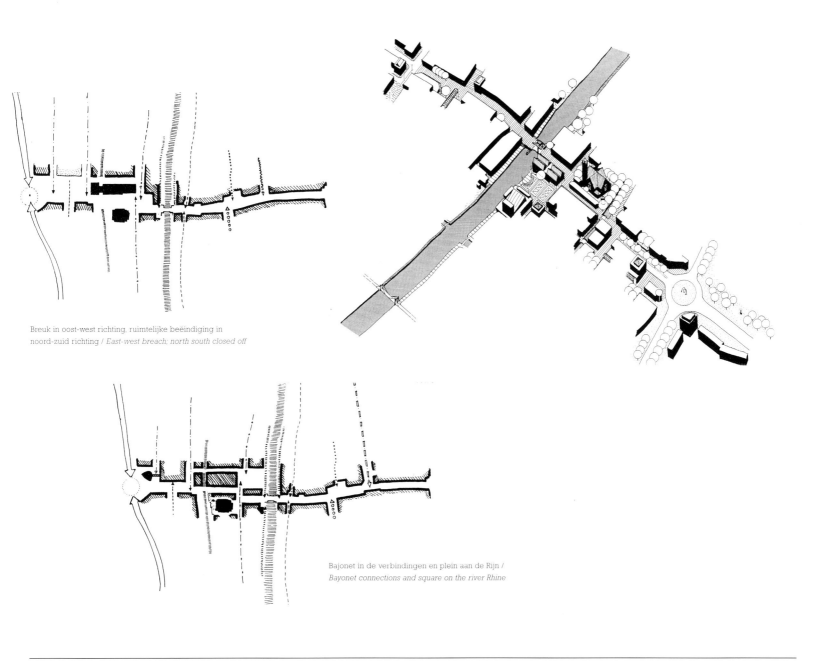

Breuk in oost-west richting, ruimtelijke beëindiging in noord-zuid richting / *East-west breach; north south closed off*

Bajonet in de verbindingen en plein aan de Rijn / *Bayonet connections and square on the river Rhine*

Uiterst links: Situatie. / *Far left: The site.*
Links: De huidige drie dwarsverbindingen. / *Left: The three acces across the river.*
De huidige en de toekomstige stadsas. / *The present and future city axis.*
De nieuwe stadsas verbindt de Hoge Zijde met de Lage Zijde. / *The new city axis connects the Hoge Zijde to the Lage Zijde.*

voor ziet geplaatst, is het moderniseren van het stadshart, dat sinds de Middeleeuwen aan weerszijden van de Oude Rijn ligt. Het stedebouwkundig plan waarmee die transformatie moet worden bereikt, kent zowel een programmatische als een ruimtelijke doelstelling. Het programma van eisen omvat 25 duizend vierkante meter aan nieuwe winkel- en kantoorruimte, 15 duizend vierkante meter ruimte voor het nieuwe gemeentehuis, driehonderd woningen, een theater en een bioscoop. Tegelijkertijd wil het stadsbestuur de hiermee gepaard gaande investeringen en veranderingen aangrijpen om de beide rivieroevers ter hoogte van het centrum functioneel en visueel nader op elkaar te betrekken en de rivier onderdeel te maken van het imago van de stad. In het door bureau Heeling Krop Bekkering opgestelde *masterplan* zijn de ruimtelijke kenmerken van Alphen grondig bestudeerd. Typisch voor het hart van

modernizing its town centre, which since the Middle Ages has always straddled the banks of the river Oude Rijn. The plan to guide this transformation contains goals relating to the development programme and spatial development patterns. The development programme consists of 25,000 m² of new shops and offices, 15,000 m² reserved for a new town hall, 300 houses and a theatre and cinema. The municipal council also wants to take this opportunity to use these investments and changes to forge stronger functional and visual links between both banks of the river in the town centre and to bring the river into the town's image. The master plan drawn up by Heeling Krop Bekkering provides a thorough examination of the spatial characteristics of Alphen. The heart of the town is characterized by the bayonet shaped connection across the river via the Alphense bridge and the two dike streets running along both

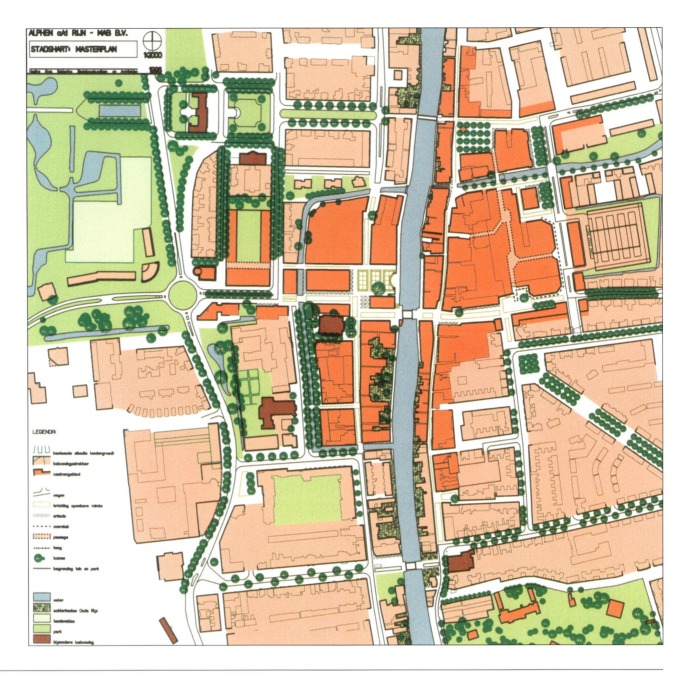

Het Masterplan **voor het stadshart.**
Master plan for the city centre.

banks. The river divides the centre into the Hoge Zijde (high side) where the administrative buildings from the seventies and eighties can be found and Lage Zijde (low side), where the core shopping areas have developed. A street connecting both parts of the centre runs perpendicular to the river. Despite its position on the Oude Rijn, the town has turned its back on the water in the centre, where the view from the river is largely of the backs of buildings.

The master plan proposes the introduction of two basic urban design elements to give structure to the centre of Alphen: the informal town axis that links the Hoge Zijde and Lage Zijde, and the new town square which faces the river. The town axis is a through route and has a staggered profile where the side-streets enter, breathing new life into the historical pattern of enclosed urban spaces which has been largely destroyed by

Alphen zijn de bajonetvormige verbinding tussen de twee delen via de Alphense Brug en de twee dijkstraten die evenwijdig aan beide zijden van de rivier lopen. Het centrum is daardoor verdeeld in de Hoge Zijde, waar de bestuursgebouwen uit de jaren zeventig en tachtig staan, en de Lage Zijde, waar zich het kernwinkelapparaat heeft ontwikkeld. De beide centrumdelen aan weerszijden van de rivier zijn met elkaar verbonden via een straat loodrecht op de rivier. Ondanks haar ligging aan de Oude Rijn heeft de stad haar gezicht in het centrum van het water afgewend. Het beeld wordt gedomineerd door achterkanten.
In het *masterplan* wordt voorgesteld twee stedebouwkundige basiselementen te introduceren die het Alphense centrum moeten gaan structureren: een informele stadsas, die de Hoge en de Lage Zijde met elkaar verbindt, en een nieuw stadsplein dat op de rivier is gericht. De stadsas vormt een doorgaande route met

Romeinse tijd: hoge, gecultiveerde linkeroever en lage rechteroever met moerassen / *Roman period: higher and cultivated left bank and lower right bank with swamps*

Middeleeuwen: bajonet in de noord-zuidverbinding / *Middle Ages: north south bayonet connection*

17de eeuw: het omleidingskanaal zorgt voor een nieuwe grens / *17th century: the diversion canal results in a new border*

Vandaag: typologische verschillen tussen Hoge Zijde en Lage Zijde / *Today: typologic differences between the Hoge Zijde and the Lage Zijde*

De maquette van het nieuwe stadsplein aan de Rijn.
Model of the new town square on the river Rhine.

De historische ontwikkeling van het centrumgebied.
Historical development of the central area.

verspringingen in het profiel op de plaatsen waar zijstraten op de route uitkomen. Zo wordt het historische beeld van besloten stadsruimten, dat door de verkeersdoorbraken uit de jaren zestig vrijwel teniet was gedaan, opnieuw tot leven geroepen. Het rechthoekige plein aan het water ligt als het ware tussen de Hoge en de Lage Zijde in. Het beeld van de fraaie historische gevels aan de overzijde bepaalt mede de sfeer. Het plein zal onder meer worden begrensd door het nieuwe cultuurcentrum en een nieuw, langgerekt bouwblok dat op een uitgekiende plek tussen de stadsas en het plein is gesitueerd. Er is doelbewust afgezien van hoge bouwvolumes. De torens van de twee kerken zullen ook in de toekomst de belangrijkste bakens in de binnenstad zijn.

the new traffic arteries built during the sixties. The rectangular square by the river sits between the Hoge Zijde and Lage Zijde and the attractive historic gables on the other side of the river add to its atmosphere. The square will adjoin the new cultural centre and a new long building to be sited cleverly between the axis and the square. A conscious decision has been made not to allow tall building masses; the towers of the two churches will remain the tallest beacons in the town centre.

PROJECT / *PROJECT* Het stedebouwkundig masterplan voor het stationsgebied van Arnhem / Master plan for the station area in Arnhem

LOCATIE / *LOCATION* Het Centraal Station en omgeving in Arnhem / Central Station and surrounding area in Arnhem

ONTWERPER / *DESIGNER* Van Berkel & Bos Architectuurbureau i.s.m. Ove Arup, Cecil Balmond

OPDRACHTGEVER / *COMMISSIONED BY* Gemeente Arnhem, Dienst Stadsontwikkeling

OPPERVLAKTE / *AREA* 20 ha

JAAR VAN ONTWERP / *DESIGN* 1996

JAAR VAN UITVOERING / *IMPLEMENTATION PERIOD* 1998 - 2004

Arnhem Centraal

Arnhem Central

The major investments being made to modernize the Dutch railway network and the success of the ABC location policy for businesses and services – which attempts an efficient match between business locations and transport modes – have come together in the expansion and redevelopment of a large number of station areas. Arnhem Central Station is one such area. The existing complex of bus and railway station buildings misses the capacity and allure needed to develop into a transport node containing new offices, shops, cafés and restaurants and an underground car park for cars and bicycles. Arnhem City Council, after discussions with various experts, selected Van Berkel & Bos Architects to draw up an integral master plan.

Als gevolg van de grote investeringen in de modernisering van het Nederlandse spoorwegennet en het succes van het ABC-mobiliteitsbeleid – waarmee wordt beoogd werklocaties en vervoersmodaliteiten op een ruimtelijk eenduidige wijze met elkaar in verband te brengen – zal een groot aantal stationsgebieden worden uitgebreid en heringericht. Het Arnhemse Centraal Station en omgeving is zo'n locatie. Het huidige complex van buspleinen en stationsgebouw mist de capaciteit en de allure om zich te ontwikkelen tot een infrastructureel knooppunt met nieuwe kantoren, winkels, horecavoorzieningen en een parkeergarage voor auto's en fietsen. De gemeente Arnhem heeft na een aantal sessies met verschillende deskundigen Van Berkel & Bos Architectuurbureau opdracht gegeven een integraal

Uiterst links: Schematische weergave van de bebouwing en de verkeersstromen op niveau +24m en +30m.
Far left: Illustration of buildings and traffic flows at the +24m and +30m level.
Links: Het nieuwe stationsgebied gemonteerd in de huidige situatie.
Left: The new station area superimposed on the city centre.

Een fragment van de maquette van de gedeeltelijk overdekte nieuwe stationsomgeving.
Fragment of a model of the partly roofed station area.

masterplan op te stellen waarin het vervoer, de bebouwing en de openbare ruimte tezamen een kwalitatief hoogwaardige en in het natuurlijke reliëf van de Gelderse stuwwal ingepaste eenheid gaan vormen.
Bepalend voor de planvorming was niet zozeer de toekomstige bebouwing of de maatvoering en de positie van de pleinen en de straten, als wel de wijze waarop mensen zich tussen de verschillende vervoerssystemen bewegen. De ontwerpers hebben die wijze van bewegen met behulp van computersimulaties diepgaand bestudeerd. Het station en de buspleinen zullen met elkaar worden verweven tot een gedeeltelijk overdekte, geklimatiseerde binnenruimte die rechtstreeks toegang geeft tot zowel kantoren, winkels en woningen, als

Traffic flows, buildings and public open space are combined in this plan to create a high quality complex that sits well against the slopes of the ice age moraine on which the centre of Arnhem is built.
The main consideration determining the design was not so much the buildings or the dimensions and location of the streets and squares, but the way people change from one mode of transport to another. The designers studied this behaviour extensively using computer simulations. The railway and bus stations will be brought together in a partially covered, climate-controlled inside area giving direct access to offices, shops and apartments, station platforms, bus terminals, taxi

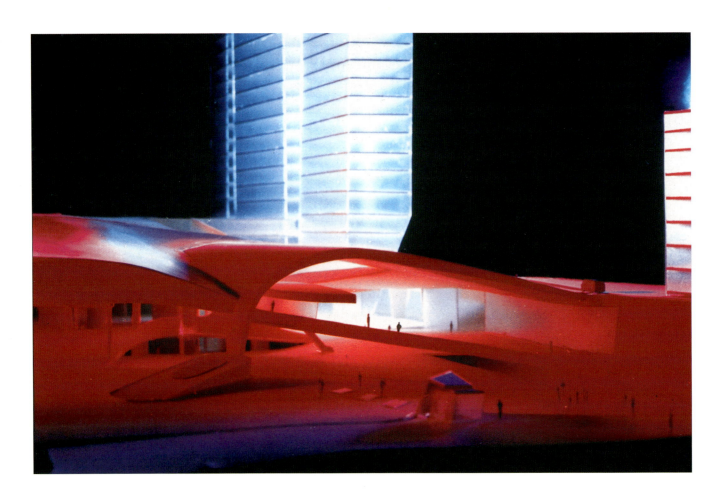

Lichtstudie.
Study in light.

ranks and parking areas. The different levels on the site form the basis for a layered construction that cuts the points where traffic flows cross one another to a minimum, while allowing all the functional segments of the complex to remain easily accessible. Pedestrians will be able to find their way at a glance. Walking routes and sightlines and the layout of building densities form the basis for the spatial structure of the development. The penetration of daylight at a number of crucial points, such as the entrance to the station and at boarding and disembarkation points, makes a major contribution to the ease with which users will be able to make their way through the complex.
To the north, the plan area borders the pleasant streets and

treinperrons, busterminals, taxistandplaatsen en parkeervloeren. De aanwezige hoogteverschillen vormen de basis voor een gelaagde opbouw die ertoe leidt dat het kruisen van verkeersstromen tot een minimum kan worden beperkt, terwijl alle functionele segmenten toch goed bereikbaar blijven. De voetgangers kunnen zich in de nieuwe situatie overal in één oogopslag oriënteren. De loop- en zichtlijnen en de rangschikking van de bebouwingsdichtheden vormen de basis voor de ruimtelijke organisatie van het programma. Aan de leesbaarheid van het nieuwe complex wordt in belangrijke mate bijgedragen door de lichtinval op cruciale plekken, zoals bij de entrees van het station en bij de instap- en uitstapplaatsen.
Het plangebied wordt aan de noordzijde begrensd door de monumen-

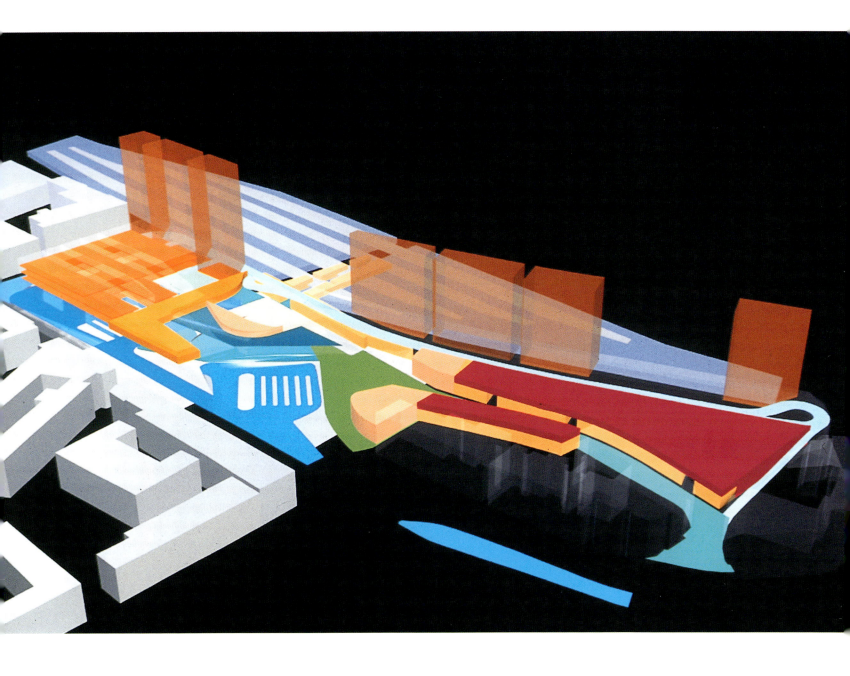

Het ontwerp met de verschillende programmatische onderdelen,
gezien vanaf de binnenstad.
*Design showing the various elements of the development programme,
seen from the city centre.*

tale stadsdelen Burgemeesterskwartier, Transvaalbuurt en Sonsbeek. De aanleg van een vierde perron aan de noordzijde, de toekomstige halte voor de hogesnelheidstrein, maakt een herstructurering van de straten en aanliggende terreinen noodzakelijk. De gemeente grijpt hier de veranderingen aan om de problematische routing vanuit de stad in de richting van Utrecht te stroomlijnen en de omliggende buurten hun rust terug te geven. Aan de zuidzijde van het plangebied ligt de binnenstad. De zware verkeersstroom die nu de wandelaars en de fietsers tussen het station en het centrum frustreert en die tot grote vertragingen in het busverkeer leidt, zal door een nieuwe autotunnel worden geleid. Deze tunnel zal tevens de toegang tot de parkeergarage onder het stationsplein vormen.

parks of the Burgermeesterskwartier, Transvaalbuurt and Sonsbeek districts. The addition of a fourth platform on the northern side of the station, where the high speed train will stop, means that the streets and adjoining land will have to be reconstructed. The city council has taken the opportunity this offers to streamline the presently problematic routing of traffic from the city travelling in the direction of Utrecht, restoring quiet to the surrounding neighbourhoods. The city centre lies to the south of the plan area. Heavy traffic now hinders pedestrians and cyclists moving between the station and the city centre and causes serious delays to buses. This traffic will be diverted through a new road tunnel, which will also provide access to the underground car park beneath the station square.

Tempo: een nieuwe verbinding door de Bargeres creëert dynamiek en mogelijkheden / *Tempo: a new connection through Bargeres creates activity and opens new possibilities*

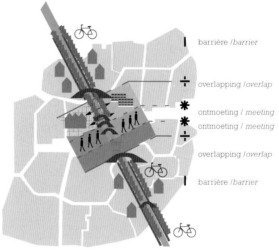

Oriëntatie: kanaal en vernieuwd centrum verbinden de twee helften van de wijk / *Orientation: canal and renewed central bind both halves of the district*

Het ontwerponderzoek voor de wijk Bargeres

Design study for the Bargeres district

The post-war reconstruction in Emmen is a copybook case. Unemployment was high during the fifties after the peat extraction in the old Gronings-Drentse peatland settlements had stopped. The government decided to use Marshall Plan money to industrialize the village and develop it into a regional centre. At this time AKZO established a presence in Emmen, which led to a high demand for housing for workers with moderate incomes; the Emmermeer housing estate built just after the war was soon full. In the fifties and sixties the Angelslo and Emmerhout districts were quickly built according to designs by Niek de Boer and attracted wide national and international interest. The regional design with its consistently applied hierarchical structure of housing developments, separation of different traffic flows and layouts with courtyards and private plots was reproduced in many other areas.

Bargeres was built in the seventies with large houses and a

In Emmen heeft de naoorlogse wederopbouw zich op exemplarische wijze voltrokken. In de jaren vijftig bestond er grote werkloosheid doordat de turfwinning in de Gronings-Drentse Veenkoloniën was beëindigd. De regering besloot daarom het dorp met Marshall-gelden te industrialiseren en tot een regionaal centrum te ontwikkelen. Het bedrijf AKZO vestigde zich in Emmen en dat leidde tot een enorme behoefte aan goedkope woningen voor de niet al te draagkrachtige arbeiders. De kort na de oorlog gebouwde wijk Emmermeer was al snel vol. Daarom werden in de jaren vijftig en zestig in hoog tempo de door de stedebouwkundige Niek de Boer ontworpen wijken Angelslo en Emmerhout gebouwd. Voor deze stadsuitbreidingen bestond nationaal en internationaal grote belangstelling. Het rationele ontwerp met de consequent doorgevoerde hiërarchische structuur van de wijken, de scheiding van verkeerssoorten en de verkaveling met hofjes en erven kreeg veel navolging.

In de jaren zeventig werd de wijk Bargeres gebouwd. Deze wijk met

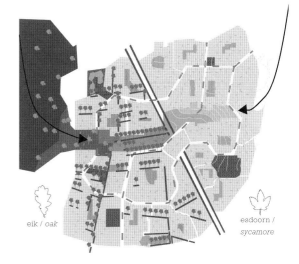

Schakel: verbinden van de centrale groenzone met de omgeving / Connecting the central green zone to its surroundings

eik / oak   esdoorn / sycamore

PROJECT / *PROJECT* Het stedebouwkundig onderzoek ter voorbereiding van de herstructurering van de woonwijk Bargeres / *Preparatory urban design study for the reconstruction of the Bargeres housing district*

LOCATIE / *LOCATION* Gemeente Emmen / *Municipality of Emmen*

ONTWERP / *DESIGN BY* Drost + Van Veen Architekten

OPDRACHTGEVER / *COMMISSIONED BY* Gemeente Arnhem, Dienst Stadsontwikkeling

OPPERVLAKTE / *AREA* Totale woonwijk: 189 ha, dichtheid: circa 23 woningen per ha / *Total housing area: 189 ha, density about 23 houses per ha*

PERIODE VAN ONDERZOEK / *DATE OF DESIGN* 1996-1997

UITWERKING IN WIJK- EN BUURTPLANNEN / *IMPLEMENTATION PERIOD* Vanaf 1998 / *from 1998*

Links: Voorstellen voor aanpassingen van de infrastructuur. Een ringweg verbindt de brinken.
Left: Proposals for adjustments to the infrastructure. A ringroad links the village greens.
Linksboven: Voorbeeld van een brink met geprivatiseerde buitenruimte.
Above left: Example of a privatizeda village green.

---

voor die tijd grote huizen en veel versnipperd groen had een minder duidelijke hoofdopzet en een sterker naar binnen gekeerd karakter dan de eerdere stadsuitbreidingen.
Aan de onstuimige groei van Emmen is inmiddels een eind gekomen. De noordelijke woningmarkt is ontspannen en veel gezinnen kunnen het zich permitteren een groter huis buiten de stad te kopen. Om haar centrumfunctie te kunnen handhaven moet Emmen – in het kader van de VINEX – 1900 woningen bijbouwen. Die woningen worden ingezet om het bestaande stedelijke gebied te verdichten en te differentiëren. Onder meer zullen de wijken Angelslo, Emmerhout en Bargeres tegen die achtergrond worden geherstructureerd. Een preventieve aanpak moet problemen als leegstand, huuruitval en eenzijdige bevolkingsopbouw voorkomen. De gemeente en de Woningstichting ECW zijn samen aan een zeer uitgekiende planprocedure begonnen, in het besef dat bij het aanbrengen van veranderingen in hun stedebouwkundige paradepaardjes niet over één nacht

high proportion of green space, but does not have such a clear layout and is more inward-looking than the earlier districts. This period of turbulent growth has now come to an end. In the current relaxed housing market in the north of the country many families can now afford to buy a bigger house out of town. To ensure Emmen retains its status as a regional centre it was decided as part of the agreements on the distribution of house building quotas to 2005 that Emmen would build a further 1900 houses. These will be located to increase the density and variety of the existing built-up area. Against this background the Angelslo, Emmerhout and Bargeres districts will be restructured, while a precautionary approach is being adopted to prevent unoccupancy and rent arrears. The municipality and the ECW housing association, realizing that introducing changes to their urban planning showpieces cannot be made overnight, took the trouble to draw up a well

Fragmenten: door nieuwe bebouwing markeringen van het woongebied / *Fragments: new buildings accentuate the housing area*

Stedelijk landschap 1970: Bargeres als autonome woonwijk / *Urban landscape 1970: Bargeres as an autonomous housing area*

Het voorstel voor een nieuwe bebouwingsstructuur.
Proposal for a new housing layout.
Het stedelijk landschap anno 1970.
The urban structure in 1970.
Bargeres anno 1850, op de grens van weidengebied en esgronden.
Bargeres in 1850: the border between pastures and avable field.

thought out planning procedure. Under the title of 'Emmen Revisited', housing studies have been carried out, workshops held with experts from around the country and external designers have worked on spatial perspectives for the three districts.

The worst problems can be found in the Bargeres district. Its introvert character and the absence of through traffic ensure that the area is quiet, but at the same time rather boring. The residential neighbourhoods built around 'village greens' and the shopping centre shut the out world beyond. Rents are high, resident involvement is low and the social climate has worsened. The small-scale layout offers little opportunity for intervention. The question of how orientation, hierarchy and dynamics can be introduced into this static district without violating the small scale character was for Drost + Van Veen the

ijs mag worden gegaan. Onder de noemer 'Emmen Revisited' zijn woononderzoeken verricht en workshops met deskundigen uit het hele land georganiseerd en hebben externe ontwerpers gewerkt aan ruimtelijke perspectieven voor de drie wijken.

In de wijk Bargeres zijn de problemen bij nadere beschouwing het grootst. Het introverte karakter en de afwezigheid van doorgaand verkeer maken de wijk rustig, maar ook saai. De woonbuurten rond de brinkachtige ruimten en het winkelcentrum liggen van de buitenwereld afgekeerd. De huren zijn hoog, de organisatiegraad binnen de wijk is laag en het sociale klimaat is verslechterd. De kleinschalige opzet biedt weinig ruimte voor ingrepen. Voor Drost + Van Veen Architekten lag de essentie van de ontwerpopgave in de vraag op welke wijze in deze statisch ontworpen stadswijk oriëntatie, hiërarchie en dynamiek kon worden geïntroduceerd, zonder de kleinschaligheid geweld aan te doen. Het bureau heeft met zijn onderzoek

▬▬	ringweg / *ring road*
▬▬	hoofdweg / *main road*
▬▬	brinkstraat / *straat*
—	fietspad / *cycle path*
	hoogtelijnen / *contours*
■	Noordbargerbos
■	nieuw bos / *new wood*
■	open gras / *grass*
■	semi-verhard gravel / *gravel*
■	klein groen / *small green element*
■	speciaal groen / *special green element*
	brink / *village green*
▓	met eik / *with oak trees*
▓	met esdoorn / *with sycamore trees*
—	weg met beuk / *road with beach trees*
- -	met eik of esdoorn / *with oak or sycamore trees*
■	boomwallen met eik / *with oak trees*
■	woningen / *houses*
■	voorzieningen / *amenities*
■	nieuwe woningen / *new housing*

Verweving van de nieuwe kwaliteiten met het stedelijk landschap 1970 en de landschappelijke situatie: flexibel groeilandschap / *Weaving the new qualities into the urban landscape in 1970 and the landscape context: flexible growth*

Het groeiperspectief voor Bargeres.
Spatial development perspective for the Bargeres district.

laten zien hoe de enorme gevarieerdheid op woonclusterniveau kan worden aangevuld met een differentiatie op wijk- en buurtniveau. De belangrijkste voorstellen behelzen bovenlokale ingrepen: het leggen van een verbinding tussen het stadscentrum en het wijkcentrum, het creëren van een aansluiting tussen de centrale groene ruimte en de landelijke omgeving en het opwaarderen van de bebouwing en de routes voor langzaam verkeer langs het door de wijk lopende monumentale Oranjekanaal. Voor de ingrepen op lokaal niveau suggereren de ontwerpers een nieuw leidend motief te adopteren: de brink als (achterhaalde) metafoor voor stedelijk samenleven zou vervangen moeten worden door de straat als metafoor voor sociale binding. De ontwerpers pleiten in dat kader voor een drastische reductie en vereenvoudiging van het kleine groen en voor een scherper onderscheid tussen hoofdstraten en woonstraten.

essence of the design brief. In their study they show how the enormous variety to be found in the housing clusters can be complemented by introducing differentiation between the neighbourhoods. Their most important proposals are for interventions at a supralocal level: making a connection between the city and district centres, linking the central green space to the rural surroundings, and upgrading buildings and routes for pedestrians and cyclists along the monumental Oranjekanaal which runs through the district. The designers' guiding theme for action at the local level is to replace the 'village green', an outdated metaphor for urban living, with the street as a vehicle for social cohesion. In line with this, they argue for a drastic reduction and simplification of the small green spaces and the creation of a clearer distinction between main streets and side roads.

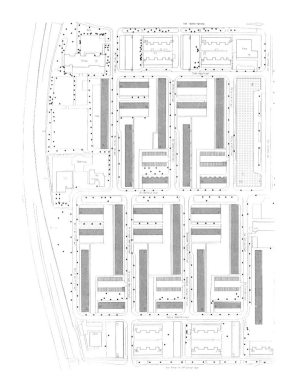

PROJECT / *PROJECT* De stedebouwkundige studie
De Wijert / De Wijert urban design study
LOCATIE / *LOCATION* Groningen-Zuid
ONTWERP / *DESIGN BY* De Nijl architecten
OPDRACHTGEVER / *COMMISSIONED BY* Woningbouwvereniging Groningen, Wilma Bouw
OPPERVLAKTE / *AREA* Totale studiegebied: circa 80 ha, Uitwerkingsgebied: circa 20 ha / Total area: about 80 ha, detailed design: about 20 ha
PERIODE VAN ONTWERP / *DATE OF DESIGN* 1996
PERIODE VAN UITVOERING / *IMPLEMENTATION PERIOD* Vanaf 1997 / from 1997

De vernieuwing van woonwijk De Wijert in Groningen

Renewal of the De Wijert housing estate in Groningen

The post-war housing estates in the larger towns and cities are caught up in a spiral of decline. The limited range of housing on offer, both in terms of type and ownership, and its poor state of repair have forced a rethink of the future for these typically Dutch developments from the heyday of public housing. The housing associations are currently trying to build up momentum for social and physical regeneration, the main goals being to replace part of the housing stock and refurbish the rest, to create a balanced social mix and improve the physical environment.
The fifties housing estate De Wijert in Groningen-Zuid is a good example of just such a problem area. De Wijert needs reshaping, more owner occupied houses and a new street layout.

De naoorlogse woonwijken in de grotere steden zijn in een neerwaartse spiraal terechtgekomen. Het eenzijdige woningaanbod, zowel qua woningtype als qua eigendom, en de slechte staat van de technische constructies nopen tot een bezinning op de toekomst van deze typisch Nederlandse ensembles uit de hoogtijdagen van de sociale-huisvestingspolitiek. De woningcorporaties zijn gestart met een proces van sociale en ruimtelijke vernieuwing, met als belangrijkste doelen de woningen gedeeltelijk te vervangen en gedeeltelijk op te knappen, de samenstelling van de bevolking in de wijken te differentiëren en de woonomgeving te verbeteren.
Het in de jaren vijftig ontworpen De Wijert in Groningen-Zuid is een goed voorbeeld van zo'n problematische wijk. De Wijert moet worden geherstructureerd. Nieuwe koopwoningen moeten

Links: De huidige situatie met de gestempelde woningclusters en de ligging van de wijk.
Left: Present situation showing the housing clusters and location of the district.

Situatie in de woningclusters.
Present situation in the housing clusters.

worden toegevoegd en het maaiveld moet opnieuw worden ingedeeld.

De Wijert wordt gekenmerkt door een ambivalente lay-out. Hoewel de hoofdlijnen van het plan dat Berlage in 1928 voor Groningen-Zuid tekende overeind zijn gebleven, voldoen de situering en de vorm van de meeste bouwmassa's aan de inzichten van de functionalisten. De wijk is zodoende opgebouwd uit drie stedebouwkundige planlagen die volgens een eigen logica zijn samengesteld. Het woongebied is gestructureerd met doorgaande wegen, de groene randen en het groene centrum. Daarbinnen is een tweedeling aangebracht in gestempelde woningclusters en vrije marges. De stempels omvatten het merendeel van de woningbouw, terwijl de marges het vermogen hebben om overgangen te maken, overhoeken op te vangen en

The layout plan for De Wijert is ambivalent. The main lines from Berlage's 1928 plan for Groningen-Zuid have been retained, but the siting and form of most of the building masses are functionalist in character. The estate is built up from three plan layers, each structured according to its own logic. The housing area is given structure by the through roads, the green edges and green central area. Within that a distinction is made between buttressed housing clusters and open edges. Most of the houses are contained in the clusters can be used to create transition areas, absorb lost space and create spaces suitable for special buildings and amenities. Ownership and maintenance of the three layers is also in different hands. The structural lines are the responsible of the municipal council, the housing

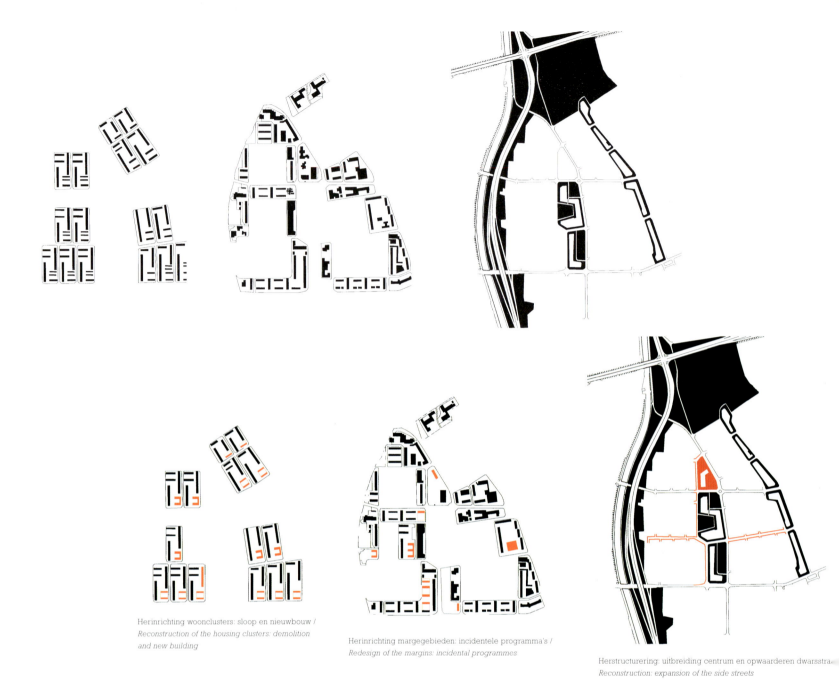

Herinrichting woonclusters: sloop en nieuwbouw /
Reconstruction of the housing clusters: demolition and new building

Herinrichting margegebieden: incidentele programma's /
Redesign of the margins: incidental programmes

Herstructurering: uitbreiding centrum en opwaarderen dwarsstra
Reconstruction: expansion of the side streets

Boven, van links naar rechts: Woningclusters, margegebieden en de structurerende elementen op wijkniveau.
Above from left to right: Housing clusters, margins and the structural elements in the neighbourhood.

Onder, van links naar rechts: Verbetering van woonclusters en de margegebieden, en herstructurering van de wijk.
Below from left to right: Improvement to housing clusters and the margins and restructuring of the district.

clusters belong to the housing association and the edges are mainly in private ownership.

The analysis of the area made by De Nijl consultants captures beautifully the special qualities of De Wijert, which are largely the product of the hybrid structure of the estate. De Nijl argue for careful treatment of the mix of modern and traditional urban design and have adopted a different approach for each layer. Most of the changes are to take place in the central green strip. It is proposed to expand this zone into a clearly identifiable long central area to which a series of transverse streets provide access, giving the district a clearer orientation towards Groningen city centre. The buttresses need to be improved in a consistent manner. The visual strength and structure of the area depend to a great extent on repetition, which could easily be

bijzondere gebouwen en voorzieningen een plaats te geven. De eigendom en het beheer van de drie lagen zijn in verschillende handen. De structurerende lijnen vallen onder de verantwoordelijkheid van de gemeente, de stempels zijn van de corporatie en de marges zijn overwegend in particuliere handen. Met de stedebouwkundige analyse van bureau De Nijl wordt de bijzondere kwaliteit van De Wijert – die grotendeels het gevolg is van de hybride opzet van de wijk – mooi in beeld gebracht. De Nijl pleit ervoor zorgvuldig om te gaan met de mix van moderne en traditionele stedebouw. Het bureau kiest voor een gedifferentieerde aanpak per laag. De meeste 'veranderruimte' zit in de centrale groene strook. Voorgesteld wordt deze zone uit te breiden tot een duidelijk langgerekt centrumgebied met dwarsstraten, zodat de wijk een duidelijkere oriëntatie op de binnen-

bomen bestaand	privétuin	openbaar verhard	|||	heggen
bomen nieuw	privéterras	openbaar groen		verkeer

Het ontwerp voor de herinrichting van de woonclusters.
Reconstructionplan for the housing clusters.

Doodlopend woonpad in de huidige situatie.
Dead-end path in the existing situation.

stad van Groningen krijgt. De stempels dienen consequent te worden verbeterd. Het beeld en de organisatie leunen sterk op repetitie, en deze zou door de toevoeging van incidenten gemakkelijk kunnen worden verstoord. De ontwerpers stellen voor om de niet meer te renoveren, gestapelde bejaardenwoningen en de garageboxen te vervangen door nieuwbouw en zo in elke stempel een oost-westgericht patroon van dubbele woningen te introduceren. De nieuwe huizen zullen worden gekenmerkt door een alzijdige plattegrond. In de marges is veranderruimte aanwezig op de schaal van de individuele bouwblokken en de inrichting van het maaiveld. Daar kan met meer vrijheid worden gedifferentieerd in woningtypen en voorzieningen.

disturbed by the addition of incidental features. The designers propose demolishing the dilapidated garage blocks and the flats for the elderly and replacing them with new housing, introducing an east-west pattern of semi-detached houses. These new houses will have a universal floor plan. Lastly, in the edges there is more freedom on the scale of the individual building units and plot layout to introduce a variety of house types and facilities.

Openbare ruimte

Public open space

Structuurbeeld: historische en nieuwe toegangswegen, winkel-as, stadshart met flanken, park Valkenberg, markante plekken en verbindingen / *Main structure: old and new access roads, main shopping street, flanked city centre, Valkenberg park, specific areas and connections*

Buitengewoon Breda

Exceptional Breda

Over the years, the garrison town of Breda has undergone a string of planned and unplanned interventions and developments which have severely detracted from the spatial quality of the town centre. Canals and the old harbour had been filled in and new roads driven through parts of the old town, weakening the previously rich structure of the town centre. Subsiding paved areas, disorderly and illegal parking, window advertising, shop displays spilling onto the pavements, litter and graffiti contributed further to its neglected and chaotic appearance. By the beginning of the nineties the situation prompted the

De ruimtelijke kwaliteit van het centrum van de garnizoensstad Breda was als gevolg van een combinatie van geplande en ongeplande ingrepen en processen in het recente verleden sterk verminderd. Door de demping van de grachten en de oude haven en door de aanleg van verkeersdoorbraken is de voorheen rijke structuur van de binnenstad genivelleerd. Verzakkingen van plaveisel, ordeloos en illegaal geparkeerde auto's, winkeluitstallingen en gevelreclame, zwerfvuil en graffiti droegen bij tot een onverzorgd, chaotisch beeld. In het begin van de jaren negentig was het een en ander voor de gemeente aanleiding een procedure te starten die moest leiden tot een investe-

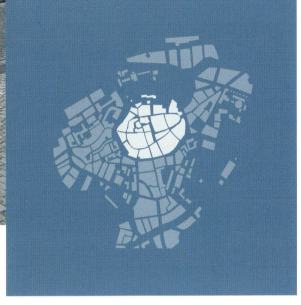

PROJECT / *PROJECT* Het herinrichtingsplan voor de openbare ruimte van de binnenstad van Breda / Reconstruction plan for the public open space in the centre of Breda
LOCATIE / *LOCATION* De binnenstad van Breda / The centre of Breda
ONTWERP / *DESIGN BY* Bureau B+B Stedebouw en Landschapsarchitectuur
OPDRACHTGEVER / *COMMISSIONED BY* Gemeente Breda
JAAR VAN ONTWERP / *DATE OF DESIGN* 1991-1993
JAAR VAN UITVOERING / *IMPLEMENTATION PERIOD* 1994-1997

Uiterst links: Een heringerichte straat in Breda.
Far left: A refurbished Breda street.
Linksboven: Het structuurbeeld.
Above left: Main urban structure.
De Grote Markt.
Grote Markt.
De Havermarkt.
Havermarkt.
Situatie: De historische stadskern.
Present situation: The historical town centre.

---

ringsprogramma voor de herinrichting van het stadshart. In de eerste fase is de nota 'Buitengewoon Breda' samengesteld, waarin een ruimtelijk kader is geschetst voor de daarop volgende uitvoeringsstappen. Met de nota heeft de gemeente een zeer toegankelijke 'rode draad' in handen voor de behandeling van de openbare ruimte. De historische en potentiële karakteristieken van het centrum zijn geherinterpreteerd en vervolgens met elkaar in verband gebracht in de vorm van wat een 'structuurbeeld' wordt genoemd. Met dat relatief abstracte beeld van Breda binnen de singels wordt bewoners, winkeliers en gebruikers duidelijk gemaakt op welke schaal beslissingen moeten

municipal council to take steps to draw up an investment programme for the reconstruction of the heart of the town. The first stage resulted in the publication of 'Exceptional Breda' ('Buitengewoon Breda'), which outlines a spatial framework for implementation.
This document provides the municipality with an easily accessible leitmotif for undertaking improvements to the public open space in the town. The historic and potential qualities of the town centre have been reinterpreted and related to one another in what is called a 'structural view'. This relatively

Sobere materialen in de Bredase binnenstad, zoals speciaal ontworpen verlichtingshouders.
Use of plain materials in the town centre of Breda, such as the specially designed street lamps.

abstract picture gives residents, shopkeepers and others using the town centre a clear indication of the scale at which decisions on surfacing, street furniture, profiles and elevations in streets and squares will be made. The key lies in achieving unity of approach when dealing with the various 'carriers' and 'segments' of the whole public domain.

Detailed plans were made for the green landscape structure, traffic circulation, special open areas in the town, paving, lighting, works of art, etc. The plans also outline the responsibilities of the municipal council and the extent of the work involved.

worden genomen over het maaiveld, het meubilair, de profielen en de gevelbehandeling van straten en pleinen. Het devies is een eenheid van handelen te bereiken binnen de onderdelen van de totale openbare ruimte.

In facetuitwerkingen voor de groenstructuur, de verkeerscirculatie, de bijzondere open ruimten in de stad, de bestrating, de verlichting, de beeldende kunst en dergelijke, zijn globaal de gemeentelijke verantwoordelijkheden en de omvang van de inspanningen in beeld gebracht. De herinrichting is daarna kordaat ter hand genomen. Het verkeer en het parkeren, het overtollig meubilair en de obstakels zijn

Het plan voor een deel van het centrum met de Grote Markt en het Kasteelplein.
Plan for a part of the town centre including Grote Markt and Kasteelplein

Bijzondere plekken als de Grote Markt kregen een bijzondere behandeling.
Specific areas, such as the Grote Markt, receive special treatment.

tot een minimum teruggebracht. Door de rustige grijstinten van de verschillende soorten graniet en hardsteen is de visuele onrust in de straten teruggedrongen. De Grote Markt, De Havermarkt en het Kasteelplein vormen binnen dat netwerk van consequent behandelde looplijnen de representatieve open ruimten op stadsniveau. Daarom is in deze ruimten met iets afwijkende vormgeving en materiaalkeuze de bijzondere betekenis onderstreept.

The reconstruction work was then quickly set in motion. Traffic, parked cars, unnecessary street furniture and other obstacles were cut back to the minimum. Calm has been restored, replacing the visual disharmony of the streets, by the soft grey tints of the various types of granite and blue Belgian limestone. The Grote Markt, the Havermarkt and the Kasteelplein form the representative open areas of the town within this network of consistently treated streetscapes. Their importance is underlined by the somewhat different designs and the materials used.

PROJECT / *PROJECT* De herinrichting van het Spuiplein en de Turfmarkt in Den Haag / The reconstruction of the Spuiplein and the Turfmarkt in The Hague
LOCATIE / *LOCATION* De binnenstad van Den Haag / The Hague city centre
ONTWERPER / *DESIGNER* Joan Busquets
i.s.m. Ingenieursbureau Den Haag, Alle Hosper en Peter Struycken
OPDRACHTGEVER / *COMMISSIONED BY* Gemeente Den Haag, Dienst Stedelijke Ontwikkeling
OPPERVLAKTE / *AREA* 12.000 m²
JAAR VAN ONTWERP / *DESIGN* 1995
JAAR VAN UITVOERING / *IMPLEMENTATION PERIOD* 1996

Spuiplein en Turfmarkt in Den Haag

Spuiplein and Turfmarkt in The Hague

The city centre in The Hague has been undergoing extensive redevelopment for a period of some years, a process of renewal that will raise the spatial quality of the city centre as a whole. The city council has chosen to drastically increase the intensity of land use and city life, allocating room for cultural activities, residential development, shops and offices. Results on the ground so far include the Danstheater, the new offices of the environment ministry, the new Town Hall and library complex and the new parliament building which houses the Second Chamber. The design and reconstruction of the public domain was made a part of this ambitious programme early on

De binnenstad van Den Haag ondergaat al enige jaren achtereen een ingrijpende vernieuwing. Deze vernieuwing brengt de ruimtelijke kwaliteit in zijn geheel op een hoger niveau. De gemeente heeft ingezet op een drastische intensivering van het grondgebruik en het stedelijke leven en heeft ontwikkelingsruimte beschikbaar gesteld voor culturele doeleinden, woningbouw, winkelvoorzieningen en kantooraccomodatie. Concrete resultaten van dit proces zijn onder meer het Danstheater, het nieuwe ministerie van VROM, het nieuwe Stadhuis-Bibliotheekcomplex en het nieuwe Tweede-Kamergebouw. Ook aan de vormgeving en de inrichting van de openbare ruimte is in een vroeg stadium een hoog ambitieniveau gekoppeld. Dit heeft

Uiterst links: De fontein op het Spuiplein.
Far left: The Spuiplein fountain.
Links: Geen straatmeubilair maar terras zorgt voor zitgelegenheid.
Left: Seating is provided by terracing, not street furniture.

De Turfmarkt.
Turfmarkt.
De route tussen het Centraal Station en de Nieuwe Kerk.
Route between Central Station and the Nieuwe Kerk.

geleid tot de oprichting van het Projectbureau De Kern Gezond, dat het ontwerp en de uitvoering van de werkzaamheden voor de buitenruimte coördineert.

Door de realisatie en de ingebruikname van het Stadhuis werd de aandacht gevestigd op een belangrijke looplijn in het centrum. Dit heeft ertoe geleid dat aan deze looplijn een status is toegekend die vergelijkbaar is met die van de andere lijnen in het ruimtelijke concept voor De Kern Gezond. Het gaat om de route tussen de nieuwe toegang van het Centraal Station en de Nieuwe Kerk. Ze ontsluit de ministeries van Justitie en Binnenlandse Zaken en het Stadhuis. Deze stadsstraat moet in zijn geheel onder leiding van de

in the process, leading to the establishment of the Kern Gezond ('Healthy Heart') project office. This coordinates the design and implementation work for the outdoor areas.

With the completion of the Town Hall, attention focused on an important pedestrian route through the city, affording it a status comparable with that of the other axes in the spatial concept for the Healthy Heart. This is the route from the new entrance to Central Station to the Nieuwe Kerk, providing access to the justice and home affairs ministries and the Town Hall. This city street is to be reconstructed in its totality as a pedestrian area under the guidance of the Catalan urban designer Joan

De fontein.
The fountain.

Busquets. The first phase of the plan, the route across the Spuiplein and the first part of the Turfmarkt, has been completed.
The Spuiplein and the Atrium in the Town Hall are treated as two poles of one design element. Much effort has been put into keeping the urban space as empty as possible to do justice to the architecture and to permit a great variety of activities. Blue Belgian limestone has been used to create a level paved surface and seating is provided by terracing instead of street furniture. The grey paving is highlighted by a pattern of ribbed limestone and stainless steel strips laid in the joints, the direc-

Catalaanse stedebouwkundige Joan Busquets worden heringericht als voetgangersgebied. De eerste fase van het plan, het tracé over het Spuiplein en het eerste gedeelte van de Turfmarkt, is gereed.
In het ontwerp zijn het Spuiplein en het Atrium in het Stadhuis als twee-eenheid vormgegeven. Veel energie is gestoken in het zo leeg mogelijk houden van de stedelijke ruimte, waardoor een veelheid van activiteiten kan worden opgevangen en de architectuur in zijn waarde wordt gelaten. Met Belgisch hardsteen is een strakke vloer aangelegd. Zitgelegenheid is in plaats van met straatmeubilair met terrassen gerealiseerd. De grijze vloer is verlevendigd met een patroon van geribbeld hardsteen en roestvrij stalen strippen in de

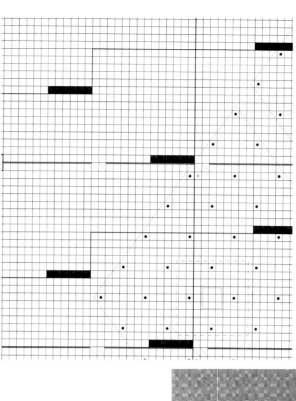
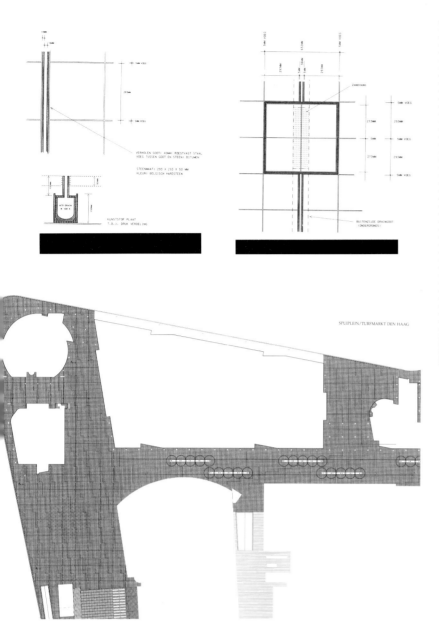

	Details.	Detail van de bestrating.
	Details.	*Paving detail.*
Het ontwerp voor het Spuiplein en de Turfmarkt.		Materiaal.
Design for the Spuiplein and the Turfmarkt.		*Materials.*

voegen. De richting van de bestrating en het patroon daarbinnen komen voort uit de posities van het Stadhuis en het Spui. De kwaliteit van het ontwerp hangt ontegenzeggelijk samen met de sobere toepassing van één, rijk materiaal, dat prachtig is gedetailleerd. De subtiele, poëtische fontein op het Spuiplein is een ontwerp van beeldend kunstenaar Peter Struycken. De fontein bestaat uit een ruitvormig grid van veertien bij veertien sproeiers in kleine gaten in het hardsteen. Het computergestuurde pompsysteem kan de sproeihoogte van elke sproeier variëren van 20 tot 240 centimeter. 's Nachts wordt de fontein aangelicht in wisselende kleuren.

tion and pattern being derived from the positions of the Town Hall and the Spui. The quality of the design undeniably lies in the sober application of one, rich and beautifully detailed material. The subtle and poetic fountain in the Spuiplein was designed by Peter Struycken. It consists of a diamond-shaped grid of fourteen by fourteen spouts set into small holes in the limestone. The computer-controlled pumps control the height of the water jets, which can vary from 20 to 240 centimetres. At night the fountain is illuminated in varying colours.

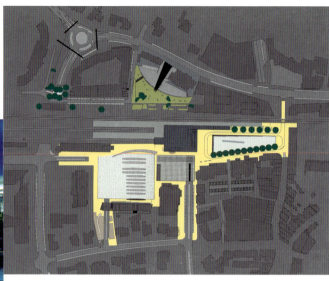
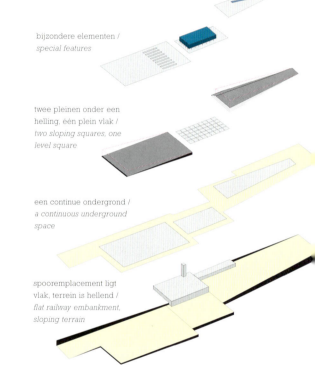

bijzondere elementen /
special features

twee pleinen onder een helling, één plein vlak /
two sloping squares, one level square

een continue ondergrond /
a continuous underground space

spooremplacement ligt vlak, terrein is hellend /
flat railway embankment, sloping terrain

PROJECT / *PROJECT* Het herinrichtingsplan voor de openbare ruimte rond het station van Enschede / Plan for the reconstruction of the public open space around Enschede railway station

LOCATIE / *LOCATION* De binnenstad van Enschede / Enschede city centre

ONTWERP / *DESIGN BY* OKRA Landschapsarchitecten i.s.m. gemeente Enschede

OPDRACHTGEVER / *COMMISSIONED BY* Gemeente Enschede

OPPERVLAKTE / *AREA* 11 ha

JAAR VAN ONTWERP / *DATE OF DESIGN* 1995

JAAR VAN UITVOERING / *IMPLEMENTATION PERIOD* 1996-1997 (eerste fase)

Stationsomgeving Enschede

Enschede station area

The areas around railway stations have gained considerably in importance in recent years. They are now the most accessible areas of the large towns and cities – by train, bus and in some cases by metro – and for this reason many of these areas are under reconstruction in a bid to turn this accessibility to economic advantage. Municipal councils have thus come to view their station areas as architectural calling cards. Accordingly, the quality of urban design for these reconstruction programmes tends to be pitched at a high level. The consequences of the changing fortunes of station areas can be

De stationslocaties hebben de laatste jaren veel aan betekenis gewonnen. Het zijn de – met de trein, de bus en soms de metro – best bereikbare gedeelten van de grote steden geworden en om die reden zijn op tal van plaatsen herstructureringen aan de gang om die bereikbaarheid te benutten en te gelde te maken. Het is in dat licht dat de gemeenten hun stationsomgevingen als een stedebouwkundig en architectonisch visitekaartje zijn gaan beschouwen en derhalve geneigd zijn de herinrichting van de openbare ruimte een hoog kwaliteitsniveau mee te geven. In steden als Groningen, Leiden en Den Bosch kan volop worden genoten van de consequenties van het

Uiterst links: Het uitstapperron op het busplein.
Far left: Disembareation platform in the bus square.
Links: Het ontwerp voor de stationsomgeving.
Left: The design for the station area.
Enkele uitgangspunten van het ontwerp.
A number of design principals.

Het busplein met de moderne *displays*.
The bus square with modern displays.

verschuivend belang van de stationsomgevingen.
Ook Enschede laat zich aan de bus- en treinreiziger inmiddels van haar beste kant zien.
OKRA Landschapsarchitecten heeft eerst een samenhangende visie op de herinrichting van de buitenruimte rond het Centraal Station opgesteld. Daarna is op basis van die visie een ontwerp gemaakt voor het plein met de bushaltes en voor de overgangsruimte tussen het busstation en het voorplein van het NS-station. In de visie wordt voorgesteld de open ruimte zodanig te behandelen dat de centrumzijde van het stationsgebouw aan dynamiek en expressie wint, terwijl

enjoyed to the full in cities such as Groningen, Leiden and Den Bosch. Now Enschede is also showing its best side to bus and train passengers.
OKRA Landscape Architects first drew up a total vision for the reconstruction of the open areas around the Central Station in Enschede. This vision then formed the basis for a design for the square containing the bus stops and for the area from the bus station to the forecourt of the railway station. In this vision it is proposed to treat the open space so that the side of the station building facing the city centre gains a more dynamic

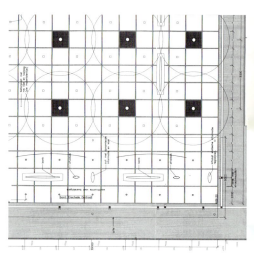

Het bomenplein.	Detail van het ontwerp voor het bomenplein.
The tree square.	*Detail from the design for the tree square.*

and expressive character. The quieter side at the back of the building is more subdued and remains green. Other suggestions have been made to make the underlying natural relief visible through the use of materials and detailing in the hard surfaces.

The bus square and tree square have already been built. The surface of the bus square is a concrete platform resting on foundations laid at a one per cent slope. The platform has a heavy surface layer and a decorative pattern of stone chippings. This modest treatment of the surface area helps make

de rustige achterzijde ingetogener wordt en groen blijft. Daarnaast zijn suggesties gedaan om het natuurlijke reliëf in de topografie zichtbaar te maken via de materialisering en de afwerking van de platte vlakken.

Het busplein en het bomenplein zijn gerealiseerd. Het grondvlak van het busplein is een gefundeerde betonnen plaat die onder een helling van één procent is gelegd. De plaat heeft een zwarte toplaag en een decoratief patroon van stenen snippers. Met de terughoudende behandeling van het maaiveld is het overzicht over de ligging van de perrons, de situering van de bussen en de displays met reisinformatie

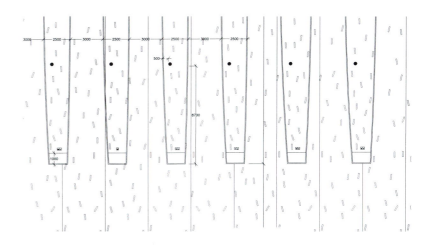

De wachtruimte.	De balustrade op het busplein.
The waiting room.	*The platform railing.*
De snippers in het grondvlak van het busplein.	Detail van het ontwerp voor het busplein.
Stone chippings in the surface of bus square.	*Detail from the bus square.*

bevorderd. Aan de spoorzijde is het busplein afgebiesd met een lang, licht gebogen uitstapperron met een balustrade. Op de overgang naar het later te realiseren voorplein is een vloer gelegd van betonnen platen met verschillende afmetingen. Daarin staan twintig honingbomen. Samen met het geplaatste straatmeubilair maken zij de vloer tot een weldadige verblijfsplek. De buszijde van dit bomenplein is overkapt met een door I/AA architecten vormgegeven, pergola-achtige wachtruimte.

the layout of platforms, the location of the buses and travel information displays clearer to passengers. On the railway side the bus square is rounded off by a long, lightly curved platform and balustrade. A floor of concrete slabs of different sizes has been laid in the area leading to the yet to be constructed forecourt. The twenty honey-locust trees and the street furniture give this area a pleasant atmosphere. The waiting area on the bus side of this tree square is covered by a pergola type construction designed by I/AA architects.

PROJECT / PROJECT Het masterplan en de deelplannen voor de herinrichting van de openbare ruimte van de Groninger binnenstad / Master plan and site plans for the reconstruction of the public areas in the centre of Groningen
LOCATIE / LOCATION Gemeente Groningen
ONTWERP / DESIGN BY Architectenbureau Mecanoo (Masterplan / master plan) en Gemeente Groningen, dienst RO/EZ (deelplannen / site plans)
OPDRACHTGEVER / COMMISSIONED BY Gemeente Groningen
JAAR VAN ONTWERP / DESIGN 1993
JAAR VAN UITVOERING / IMPLEMENTATION PERIOD 1995 - 1997

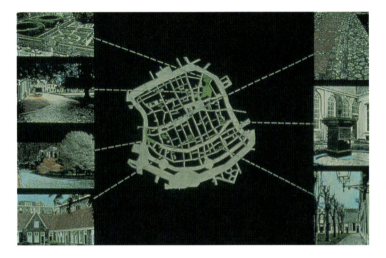
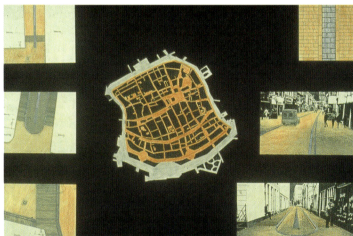

Ruimte voor ruimte in de Groninger binnenstad

Space for space in Groningen city centre

During the period of reconstruction after the war many city centres were adapted to the needs of a larger population according to a uniform set of design principles. At that time the money available for this type of urban renewal was limited. During the fifties and sixties many municipalities sacrificed the specific features and individuality of their historic centres to the new standards for car traffic, parking, walking and cycling, and to accessibility criteria for loading and unloading goods, the turning circles of buses and trams and engineering requirements for the maintenance of underground sewers and services. The decline in urban character continued as local shops were replaced by franchises and national chain stores. Almost all large and medium sized municipalities have in recent years looked for ways to heighten the attraction of public

Gedurende de periode van de wederopbouw zijn veel binnensteden op uniforme wijze aangepast aan grotere inwonersaantallen. Indertijd waren voor deze vorm van stadsvernieuwing slechts bescheiden projectbudgetten beschikbaar. Veel gemeenten hebben in de jaren vijftig en zestig de specifieke kenmerken en eigenaardigheden van hun historische kernen opgeofferd aan nieuwe normen op het gebied van autorijden, parkeren, wandelen en fietsen, aan criteria voor de bereikbaarheid voor laad- en losverkeer, aan boogstralen van bussen en trams en aan technische bepalingen voor het beheer van het ondergrondse riolerings- en leidingennetwerk. De stedebouwkundige nivellering is daarna nog versterkt door de geleidelijke vervanging van lokale winkels door vestigingen van nationale winkelketens. Vrijwel alle grote en middelgrote gemeenten zijn – in veel gevallen met ondersteuning van een particuliere adviseur en in

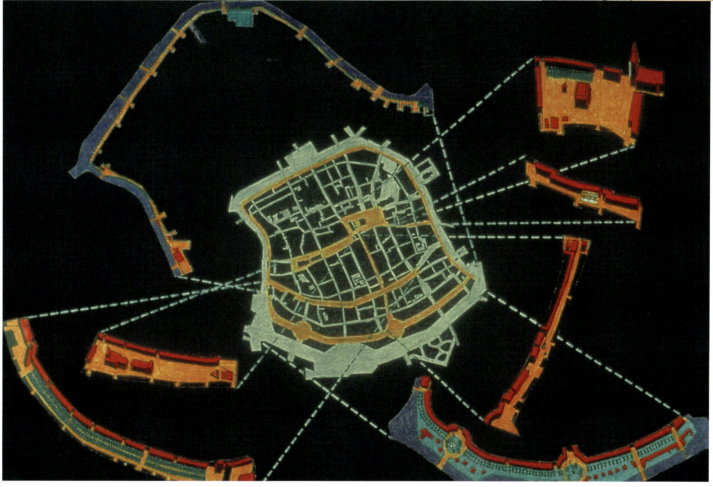

Uiterst links: 'De verscholen stad' en 'de beheerste stad'. Detail.
Far left: 'The concealed city' and 'The composed city'. Detail.
Linksboven: De heringerichte Vismarkt. 'De karakteristieke stad'.
Above left: The refurbished Vismarkt. 'The characteristic city'.

samenspraak met de winkeliers en de bewoners – de afgelopen jaren op zoek gegaan naar mogelijkheden om de attractiviteit van de buitenruimte te verhogen om zo het imago van de eigen stad te verbeteren. Groningen is een relatief vroeg voorbeeld van een stad die niet langer wilde dat het ruimtelijke beeld afhing van de bereidheid van burgers en neringdoenden om zich in te zetten voor de gemeentelijke normen en verordeningen, en daarom zelf actief wilde gaan investeren in de 'hardware' van het centrum: het historische, vrijwel orthogonale patroon van straten, pleinen en kades binnen de ring van diepen. Dat was geen eenvoudige opgave. Niettemin is het de gemeente gelukt om een hoog kwaliteitsniveau te bewerkstelligen, intern de verschillende diensten op één lijn te brengen en bij de buitenwacht voor langere tijd het draagvlak voor de transformatie in stand te houden.

open space and so improve the image of their own towns and cities – in many cases with the support of private consultants and in consultation with shopkeepers and residents. Groningen is a relatively early example of a city no longer prepared to tolerate a situation in which the spatial image of the city depended on the willingness of its citizens and retailers to adhere to municipal design standards and by-laws. It wanted to become active itself and invest in the 'hardware' of the city centre: the historic, more or less rectangular pattern of streets, squares and wharfs within the ring of canals. This was no easy task. Nevertheless, the council succeeded in achieving a high quality of design, ensuring all municipal departments pursued the same line and maintaining public support for the transformation of the city.

Het Gedempte Zuiderdiep. De Grote Markt.
The Gedempte Zuiderdiep. *Grote Markt.*
Neutrale bestrating in de winkelstraten.
Neutral paving in the shopping streets.

The master plan 'Space for Space', prepared by Mecanoo, and the book of the same name (based on the master plan and published by the municipal council) set out how the city wanted to bring unity and coherence to the chaotic impression and confusing distribution of amenities in the old city. The master plan identifies four city milieus which comprise their own specific design briefs. The neutral paved area suggested by Mecanoo is called the layer of 'the composed city'. This surface, the effect of which is to create a sense of harmony, is interrupted by a number of individual highlights that represent 'the characteristic city' and sites with a more exuberant aura that make up 'the expressive city'. The fourth milieu is made up of the hidden parts of the city centre. In the master plan these are dubbed 'the concealed city'.

In het door Mecanoo samengestelde *masterplan* 'Ruimte voor Ruimte' en het daarop gebaseerde en door de gemeente uitgegeven gelijknamige handboek werd vastgelegd hoe de stad eenheid en samenhang wilde brengen in het chaotische beeld en de wirwar van voorzieningen in de oude stad. In het masterplan worden vier stadssferen onderscheiden die een specifieke inrichtingsopgave omvatten. Het door Mecanoo gesuggereerde, neutraal geplaveide maaiveld wordt de laag van 'de beheerste stad' genoemd. Dit samenhang zoekende vlak wordt onderbroken door bijzondere plekken, die gezamenlijk 'de karakteristieke stad' vertegenwoordigen, en door locaties met een uitbundiger uitstraling, die 'de expressieve stad' vormen. Ten slotte zijn er nog de verborgen delen van de binnenstad. Deze worden in het masterplan gekwalificeerd als de delen van 'de verscholen stad'. De gemeente is zeer terughoudend geweest bij het kiezen van het

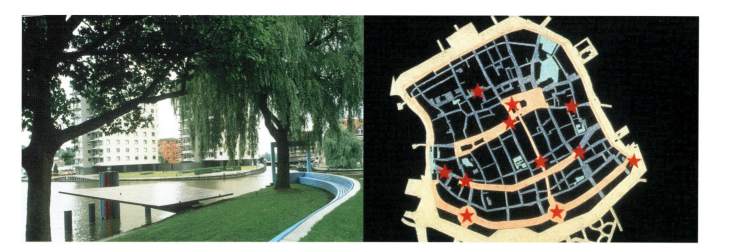

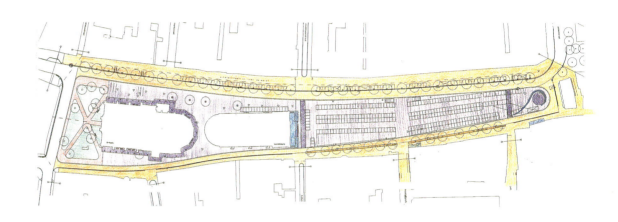

Bijzondere locaties voor bijzondere festiviteiten: 'A star is born'.
Sites for special festivities: 'A star is born'.

'De expressieve stad'.
'The expressive city'.

Het ontwerp voor de Vismarkt.
Design for the Vismarkt.

bestratingsmateriaal, bij het ontwikkelen en zo consequent mogelijk toepassen van een principe-straatprofiel en bij het vormgeven van het straatmeubilair. Door in het hele centrum dezelfde okergele baksteen te gebruiken, is een vloer ontstaan die de details en bijzonderheden in het maaiveld zichtbaar maakt en de architectuur van de straatwanden opnieuw laat spreken. Ook is bij het programmeren van de publieke ruimte terughoudendheid betracht, teneinde een groot scala van activiteiten te kunnen opvangen en geleiden. En ten slotte is het gelukt om via een gedragscode voor de publieke ruimte de omvang van de reclame-uitingen en de terrassen en het tijdelijke gebruik door markten en winkels weer onder controle te krijgen.

The council has taken a conservative approach in its choice of paving materials. It has tried to be as consistent as possible in applying a standard model street profile and in the design of street furniture. By using the same ochre yellow paving bricks, a paved area is created which brings out the details and peculiarities of the surface, permitting the architecture of the buildings lining the streets to stand out once again. The council also acted with restraint when planning the public open spaces to permit a large range of activities to be accommodated and contained. Lastly, it has been possible, by means of a code of conduct, to reduce the amount of advertising and the size of street cafés and to regain control of the temporary occupation of public open areas by markets and shops.

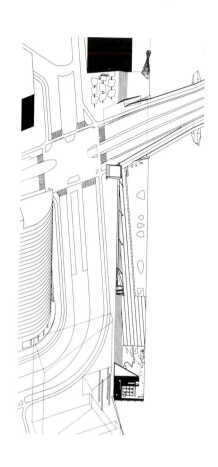

De Erasmusbrug, de Wilhelminakade en het Willemsplein

The Erasmus bridge, the Wilhelminakade and the Willemsplein

The Erasmus bridge in Rotterdam, completed in 1996, has attracted much comment as an engineering structure. First, because architectural quality, urban planning significance and landscape context are united in the design of the structure. Second, because this bridge represents the first time in the history of public engineering works in the Netherlands that aesthetic arguments have governed decisions on design, financing and construction. And third, much symbolic importance is attached to the bridge: it embodies the contact and communication between both banks of the river, making it a symbol of the unity of the city. The tall, single tower construction gives it an immediately recognizable profile, making the bridge – even at a great distance – a clear orientation point. Characteristic features of the design are the asymmetrical

De in 1996 opgeleverde Erasmusbrug in Rotterdam is een spraakmakend civieltechnisch object. Ten eerste omdat in het kunstwerk architectonische kwaliteit, stedebouwkundige betekenis en landschappelijke context samenvallen. Ten tweede omdat bij deze brug voor het eerst in de geschiedenis van de waterstaatswerken esthetische argumenten richtinggevend zijn geweest voor de besluitvorming over het ontwerp, de financiering en de bouw. Ten derde wordt aan de brug veel symbolische waarde toegekend: ze belichaamt het contact en de uitwisseling tussen de beide Rotterdamse Maasoevers en is daardoor een symbool voor de eenheid binnen de door de rivier doorkliefde stad. De hoge één-pyloonsconstructie staat borg voor een zeer herkenbaar profiel, waardoor de brug – ook op grotere afstand – een sterke werking als oriëntatiepunt heeft.
Kenmerkend voor het ontwerp zijn de asymmetrische rangschikking

PROJECT / PROJECT Het ontwerp voor de Erasmusbrug tussen Rotterdam-Centrum en de Kop van Zuid en de plannen voor de herinrichting van de aanlandingspunten / Design for the Erasmus bridge between Rotterdam centre and Kop van Zuid and plans for the reconstruction of the areas around the ends of the bridge

LOCATIE / LOCATION De Nieuwe Maas en de oevers bij Rotterdam / The Nieuwe Maas and the Rotterdam waterfront

AFMETINGEN / DIMENSIONS Brug: 800 m lang en 140 m hoog / Bridge: 800 m long and 140 m high

ONTWERP BRUG / DESIGN OF BRIDGE BY Van Berkel & Bos Architektuurbureau i.s.m. Ingenieursbureau Gemeentewerken Rotterdam

OPDRACHTGEVER BRUG / BRIDGE COMMISSIONED BY Gemeente Rotterdam, Ontwikkelingsbedrijf

ONTWERP AANLANDINGEN / DESIGN OF BRIDGE ENDS Van Berkel & Bos Architektuurbureau, Peter Wilson

JAAR VAN ONTWERP / DATE OF DESIGN 1990–1996

JAAR VAN OPLEVERING / DATE OF COMPLETION 1996

Uiterst links: Axonometrie van de Wilhelminakade.
Far left: Axonometric projection of the Wilhelminakade.
Links: De Wilhelminakade.
Left: The Wilhelminakade.
Axonometrie van de zuid-oever.
Axonometric projection of the southbank.

De Erasmusbrug.
Erasmus bridge.
Het Willemsplein.
Willemsplein.

van de tuibrug en de basculebrug met daar tussenin de hoge pyloon. In die pyloon komt het statisch evenwicht dat elke grote brug kenmerkt fraai tot uiting. Die asymmetrie vormt een belangrijke en doelbewust nagestreefde, visuele ondersteuning van het nieuwe stedelijke leven op de Kop van Zuid. Bovendien zorgt die asymmetrie er voor dat de brug in de twee richtingen waarin ze kan worden benaderd twee volledig verschillende ruimtelijke ervaringen biedt. De beleving vanaf de Coolsingel is volstrekt anders dan die vanaf de Wilhelminapier, een verschil dat wordt versterkt door de beugelvorm in het dwarsprofiel van de pyloon. De gespreide tuien zorgen voor een transparant totaalbeeld, waardoor vanaf de kades vrij zicht wordt geboden op het water en de overkant. Het gevolg van de driedimensionale constructie is dat de Erasmusbrug tegelijkertijd een poort is. De Kop van Zuid heeft met het kunstwerk niet alleen een machtige

arrangement of the suspension bridge and bascule bridge either side of the tall tower. This tower is a fine expression of the static equilibrium inherent in every bridge. Its asymmetry forms an important and intentional visual reminder of the new urban dynamic in Kop van Zuid. Moreover, this asymmetry ensures that the bridge offers two completely different spatial experiences in the two directions from which it can be approached. The impression from the Coolsingel (in the centre of Rotterdam) is completely different from that from the Wilhelmina pier, a difference that is heightened by the bowed cross-section of the tower. The splayed cables create a transparent whole, allowing unbroken views from the waterfronts across the water to the opposite bank. Because of its three-dimensional construction the Erasmus bridge is a gateway, too;

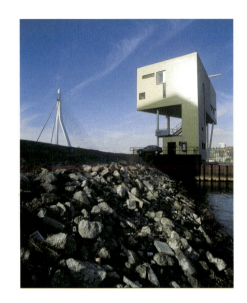
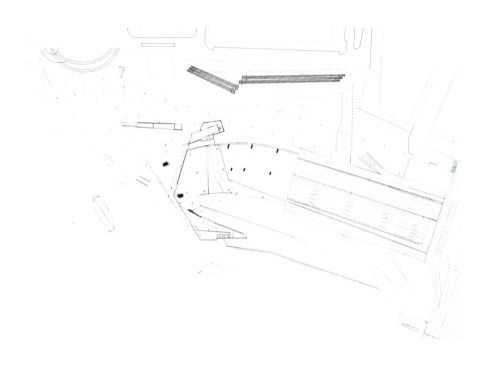

Het Willemsplein.
Willemsplein.
Het brugwachtershuisje op de Wilhelminakade.
Bridgemans' house at the Wilhelminakade.
Het ontwerp voor de Wilhelminakade.
Design for the Wilhelminakade.

the bridge provides Kop van Zuid with not only an impressive driveway, but a majestic front door as well.
The consequences of the construction of the bridge for the Scheepvaartkwartier, a district on the northern bank, were such that a reconstruction of the area was necessary. The Zalmhaven has been filled in and allocated for housing and office development and the quayside and the Willemsplein have been redeveloped, all to designs by Van Berkel & Bos. In the plan, access to the bridge for cyclists and other slow traffic has been integrated with the riverbank footpath. The designers have treated the area in such a way to create a smoothly flowing total picture: on the ground the design has ensured that the quayside, the square, the bridge, the angular free-standing objects and the built elements seem to lead into each other.

oprijlaan, maar ook een majestueuze voordeur gekregen.
De aanlanding van de brug had zulke ingrijpende gevolgen voor het Scheepvaartkwartier op de noordoever dat een herstructurering van het gebied nodig was. De Zalmhaven is gedempt en uitgegeven voor woning- en kantorenbouw en de kade en het Willemsplein zijn opnieuw ingericht, eveneens naar een ontwerp van Van Berkel & Bos. In het plan worden de entrees van de brug voor het langzame verkeer geïntegreerd met de doorgaande wandelroute langs de rivier. De ontwerpers hebben het gebied zodanig behandeld dat een vloeiend totaalbeeld is ontstaan. Als gevolg van het ontwerp en de materialisering daarvan lopen de kade, het plein, de brug, de los in de ruimte geplaatste hoekige objecten en de gebouwde voorzieningen als het ware in elkaar over.
Op de Kop van Zuid ligt de kade los van de brug en het verkeers-

De Wilhelminakade.
Wilhelminakade.

plein, waardoor het mogelijk was een rustiger aansluiting op de woonomgeving te realiseren. De openbare ruimte is door de gemeente beschouwd als een reeks balkons aan het water, die op de eerste plaats bedoeld is als een verblijfsplek voor de omwonenden. De kade is door ontwerper Peter Wilson verder vormgegeven. Kenmerkend is de plaatsing van een opvallend, bijna zwevend brugwachtershuisje op het eind van de kade en een torenvormig object met tijds- en temperatuuraanduiding aan de andere kant van de brug. Tussen beide objecten staan losse, lage vormen die doen denken aan scheepsbolders en een langgerekte folly die een prachtig uitzicht biedt op de nieuwe brug.

In Kop van Zuid the quayside is separate from the bridge and the road junction, making it possible to achieve a quieter link into the residential environment. The municipal council views the public domain as a series of 'balconies' along the water, intended primarily as places for residents in the area to relax. The waterfront has been given further form by the designer Peter Wilson. A striking feature is the siting of an seemingly floating bridge-house at the end of the quayside and a tower-like structure displaying the time and temperature at the other end of the bridge. Between these there are a number of separate low objects reminiscent of bollards and a long folly with excellent views of the bridge.

PROJECT / *PROJECT* *Het stedebouwkundig plan voor de herinrichting van de openbare ruimte van de zuidelijke flank van het centrum van Tilburg / Plan for the reconstruction of the public open space on the southern flank of the centre of Tilburg*

LOCATIE / *LOCATION* *De binnenstad van Tilburg - schouwburg en omgeving / The centre of Tilburg – theatre and surroundings*

ONTWERPER / *DESIGNER* *Jo Coenen en Co. Architekten*

OPDRACHTGEVER / *COMMISSIONED BY* *Gemeente Tilburg*

JAAR VAN ONTWERP / *DESIGN* *1992-1996*

JAAR VAN UITVOERING / *IMPLEMENTATION PERIOD* *1995-1997*

De stadspleinen in het centrum van Tilburg

The squares in central Tilburg

In the nineteen sixties the municipality of Tilburg took a major decision. It diverted traffic in the town along a system of ring roads some way out from the centre, so freeing up the central area for the expected growth in retail outlets and associated activities. This was a symbolic deed. The ring road was concrete evidence of Tilburg's transformation from a cluster of villages into a large modern industrial town and regional centre. Having eased the traffic circulation by building these roads, it gradually became clear that the innermost ring road, which dates from the beginning of this century, should be

De gemeente Tilburg heeft in de jaren zestig de ingrijpende beslissing genomen het stadsverkeer via een royaal gedimensioneerd circuit van zogenaamde ringbanen om het centrum heen te leiden en zo de binnenstad optimaal voor te bereiden op de verwachte groei van het winkelapparaat en de daarbijbehorende activiteit. Daarmee werd tevens een symbolische daad gesteld. De ring vormde het tastbare bewijs voor de overgang van Tilburg van een dorpencluster naar een moderne industriestad met een regionale verzorgingsfunctie. Na deze verruiming van de verkeerscirculatie werd geleidelijk duidelijk dat de binnenste ring, die stamt uit het begin van deze

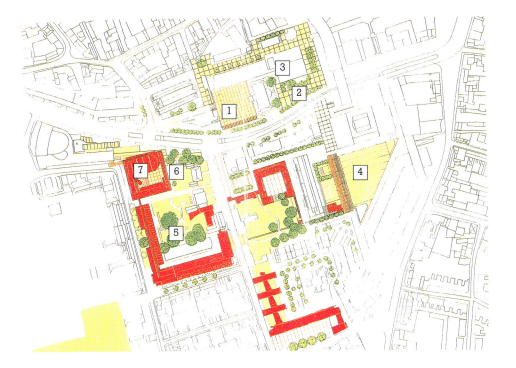

1. Willemsplein
2. Stadhuisplein
3. Stadhuis
4. Koningsplein
5. Muzentuin
6. Patio
7. 'Kunstcluster'

Links: Het Stadhuisplein. **Het Willemsplein.**
Left: Stadhuisplein. *Willemsplein.*
Het ontwerp voor de stadspleinen.
Design for the citys quares.
Het Stadhuisplein.
Stadhuisplein.

eeuw, meer op het langzame verkeer en het winkelend publiek afgestemd zou kunnen worden. Met een aantal strategische interventies, onder meer bij De Heuvel, is de gemeente de scheidende werking van dat oudere circuit aan het verzachten, zodat de stedebouwkundige relatie tussen de binnenstad en de daar omheen liggende wijken en het verblijfsklimaat in het centrum zelf verbeteren.
Een van de zones die aan een herinrichting toe was, is de zuidrand van het centrum en het stadsdeel aan de overkant van de Paleisring, waar onder andere de Stadsschouwburg is gelegen. Deze zone wordt aangeduid als het 'Kunstcluster'. Het herstellen van de relatie was

made more suitable for use by slow moving traffic and pedestrians. Through a number of strategic interventions, for example at De Heuvel, the municipality is reducing the barrier effect of this older circuit to strengthen the links between the city centre and the surrounding districts and to improve the environment of the central area.
One of the zones in need of reconstruction is the southern edge of the centre and the district opposite the Paleisring, where the theatre and other amenities are situated. This zone is the 'Art Cluster'. Restoring the links in the area is not only

Het ontwerp voor het 'Kunstcluster'.
Design for the 'Art Cluster'.
Markt op het Koningsplein.
Koningsplein market.
Het Stadhuisplein.
Stadhuisplein.

important for this cultural area of the city, it also serves to reinforce the spatial connections between the old and new municipal offices. The basis for the plan is formed by the loop of sizeable building masses that binds this area to the centre. The built complexes are linked at ground level by two north–south lines and an east–west line, whose dimensions are geared primarily to the needs of cyclists and pedestrians. This framework in turn leaves a number of open areas that will be laid out as squares and gardens. The majority of these individual projects have been completed: the Willemsplein, Koningsplein

niet alleen van belang voor dit culturele kwartier van de stad, het diende ook het ruimtelijke contact tussen het oude en het nieuwe stadskantoor te verstevigen.
De basis voor het inrichtingsplan wordt gevormd door de sequentie van vrij omvangrijke volumes van gebouwen die een lusvormige aanhaking van dit gebied aan de binnenstad bewerkstelligen. De gebouwde complexen zijn op het niveau van het maaiveld met elkaar in verband gebracht met twee noord-zuidlijnen en een oost-westlijn waarvan de dimensionering vooral op wandelaars en fietsers is afgestemd. Dit frame laat op zijn beurt een aantal ruimtes vrij die als

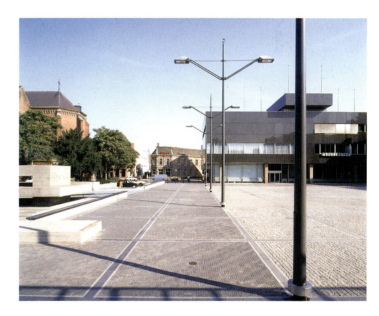

Het Willemsplein en de Paleisring.
Willemsplein and Paleisring.
De Muzentuin.
The Muses Garden.

Het Willemsplein.
Willemsplein.

pleinen en stadstuinen zullen worden ingericht. Het grootste deel van deze deelprojecten is opgeleverd: het Willemsplein, het Koningsplein en het Stadhuisplein vormen prachtige entrees naar de binnenstad. De Patio en de Muzentuin zorgen voor verbindingen met verderop gelegen openbare plekken. Met de vorm, de afmetingen en de materialisering is doelbewust naar een grote mate van verwantschap gestreefd. De toepassing van water, in vijvers en fonteinen, en gestroomlijnde stadspergola's draagt daar sterk aan bij.

and Stadhuisplein form attractive entrance ways to the centre; the Patio and the Muzentuin create connections with public spaces further on. The shapes, dimensions and use of materials have been chosen to generate a high degree of affinity between the various sites. An important contribution to this overall effect is made by the use of water in pools and fountains and the streamlined pergolas.

Parken en tuinen

Parks and gardens

PROJECT / PROJECT Het inrichtingsplan voor drie binnenterreinen in een woningbouwcomplex / The reconstruction plan for three courtyards in a housing complex
LOCATIE / LOCATION Kop van Zuid-De Landtong
ONTWERP / DESIGN BY De Koning Landschapsarchitekten BNT
OPDRACHTGEVER / COMMISSIONED BY SFB/BPF Bouw Amsterdam
OPPERVLAKTE / AREA 1 ha
JAAR VAN ONTWERP / DATE OF DESIGN 1995
JAAR VAN UITVOERING / IMPLEMENTATION PERIOD 1996

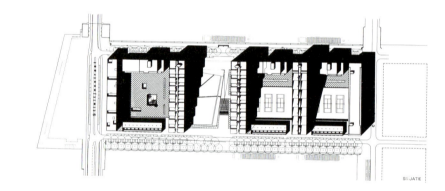

Binnenterreinen Kop van Zuid

Courtyards in Kop van Zuid

Kop van Zuid in Rotterdam is developing into a high quality and varied district in which to live and work. It occupies a crucial area in the city, and high ambitions were pinned on the redevelopment right from the start. To meet these ambitions, the design and use of materials in the public open spaces are to the same high standard as the architecture of the buildings and the urban design.

The project site is next to the river, and the associated predominantly windy conditions mean that at least a part of the outside

De Kop van Zuid in Rotterdam wordt ontwikkeld tot een hoogwaardige en veelzijdige woon- en werkomgeving. De locatie ligt op een cruciale plek in de stad. Om het hoge ambitieniveau dat vanaf het begin aan het project is gekoppeld waar te maken, worden niet alleen hoge eisen gesteld aan de stedebouw en de architectuur, maar ook aan de vormgeving en de materialisering van de buitenruimte.
Het project ligt aan de Maas en vanwege het overwegend winderige klimaat dat daaraan annex is, is het van belang dat minstens een deel van de buitenruimte een luw en besloten karakter heeft. Vandaar dat

Linksboven: De parkeergarage.
Above left: The car park.
Links: Axonometrie van het ontwerp voor binnenterreinen.
Left: Axonometric projection of the courtyards.

De kijktuin op het dak van de parkeergarage.
The roof garden on the car park building.

een aantal grotere woonensembles volgens het principe van het gesloten bouwblok wordt gerealiseerd.

Op de landtong tussen het Entrepotgebied en de Wilhelminapier is een groot complex met 623 woningen gebouwd. Hierin is op de begane grond bovendien ruimte beschikbaar voor commerciële activiteiten (ongeveer duizend vierkante meter), een kinderdagverblijf en een sportvereniging. Het complex omvat een volledig openbaar plein met zicht op de rivier en drie semi-openbare, gemeenschappelijk te gebruiken binnenterreinen. Een van die patio's is tegelijkertijd het

area has to be sheltered. To meet this requirement, a number of larger housing units will be built as enclosed blocks.

A large complex of 632 houses will be built on the spit of land between the Entrepot area and the Wilhelmina pier. This contains room on the ground floor for commercial activities (about 1000 square metres), a crèche and a sports club. The complex contains a public square, which offers views over the river, and three partly public inner, communal courtyards. One of these also serves as the roof of an underground car park, the

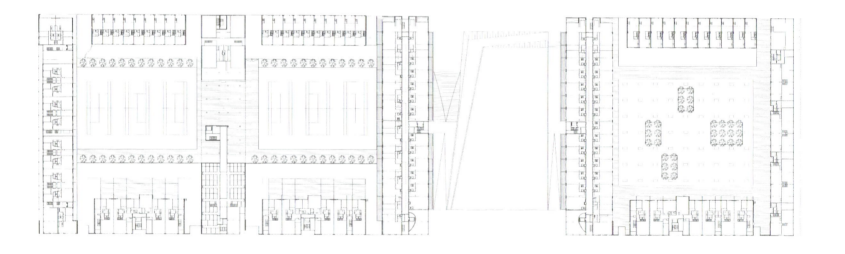

Boven: De parkeergarage.
Above: The car park building.
De houten vlonders op het dak van de parkeergarage.
Planking on the car park roof.
Het ontwerp voor de binnenterreinen.
Design for the courtyards.

other two form a sports area. These four courtyards go to make up a wonderfully varied outside area, and are an illustration of how to make good use of space.

A strip of planking accessible from the adjacent houses marks the outer edge of the car park roof, which is finished with basalt chippings. The remaining, inaccessible part of the roof forms the bed of a quiet display garden. The branches of groups of birch trees planted in concrete containers at parking level protrude from four square ventilation shafts in the roof,

dak van een parkeergarage, de andere twee vormen samen een sportterrein. De vier plekken vormen tezamen een prachtig gedifferentieerde buitenruimte. Tevens geven ze een goed beeld van efficiënt ruimtegebruik.

Een strook met houten vlonders die vanuit de aanliggende woningen kunnen worden betreden, vormt de buitengrens van het parkeerdak. Het overige, niet-toegankelijke deel van het dakoppervlak is behandeld als een verstilde kijktuin. Het dek is afgewerkt met basaltsplit. Uit vier rechthoekige ventilatie-openingen in het dak steken de

Doorkijk onder de woonschijf op palen naar het binnenterrein.	Het sportplatform met de tennisvelden.
View to the atrium below the housing platform.	*Tenniscourts on the sports platform.*

takken en twijgen van groepen berken die op parkeerniveau in grote betonnen bakken zijn geplant. De binnenverlichting van de parkeergarage zorgt 's avonds voor een regelmatig zijdegroen schijnsel op het dak. Het sportterrein is ruimtelijk in tweeën gedeeld door een woonschijf op palen met daaronder het clubhuis. Aan weerszijden van de schijf ligt een multifunctioneel sportplatform met zes tennisvelden. In langgerekte stroken basaltsplit langs de tennisbanen staan twee rijen hoge amberbomen. Hun herfsttint harmonieert met het donkere, gemêleerde metselwerk van het complex.

while lighting inside the car park ensures a regular satin green glow on the roof. The sports area is divided into two by a strip of houses which stand on columns above the clubhouse. A multifunctional sports platform with six tennis courts runs along both sides of this strip of houses. Standing next to the tennis courts are two rows of tall sweet gum trees in long strips of basalt chippings. Their autumn colours harmonize with the darker, mixed brickwork used in the complex.

PROJECT / PROJECT Het inrichtingsplan voor de semi-openbare tuin van het hoofdkantoor van Interpolis / Design for the semipublic garden for the Interpolis head office
LOCATIE / LOCATION De binnenstad van Tilburg / The centre of Tilburg
ONTWERP / DESIGN BY WEST 8 Landscape Architects
OPDRACHTGEVER / COMMISSIONED BY Interpolis Tilburg
OPPERVLAKTE / AREA 2 ha
JAAR VAN ONTWERP / DATE OF DESIGN 1995
JAAR VAN UITVOERING / IMPLEMENTATION PERIOD 1996

De tuin van Interpolis

The Interpolis garden

A company head office is more than just office accommodation for the management and staff. Increasingly, the choice of site, architecture and garden design for such buildings are all used to create or enhance a certain image. Recent examples of such initiatives include the head offices of AKZO-Nobel in Arnhem, and those of VSB in Utrecht and ESSO in Breda. The design of the outside areas of this type of building was rescued from the small change part of the budget some time ago, and for landscape architects there are reputations to be made. The surroundings of the building must look good and budgets now match this need.

The Interpolis insurance company moved into its new head office in the centre of Tilburg in the middle of 1996. Designed

Met een hoofdkantoor zet een bedrijf meer neer dan alleen een onderkomen voor de directie en de staf. In toenemende mate wordt met de locatiekeuze, de architectonische expressie en het tuinplan van dergelijke gebouwen getracht een bepaald imago op te roepen of te versterken. Recente voorbeelden van dergelijke initiatieven zijn het hoofdkantoor van AKZO in Arnhem, dat van de VSB in Utrecht en dat van ESSO bij Breda. De inrichting van de buitenruimte bij dit soort gebouwen vormt al lang geen restpost meer. Voor landschapsarchitecten is er veel eer aan te behalen. De buitenruimte moet er immers goed uitzien en dat mag best wat kosten.
Verzekeringsconcern Interpolis betrok medio 1996 een nieuw hoofdkantoor in het centrum van Tilburg. Het imposante, door architect Bonnema ontworpen complex met zijn negentig meter hoge toren

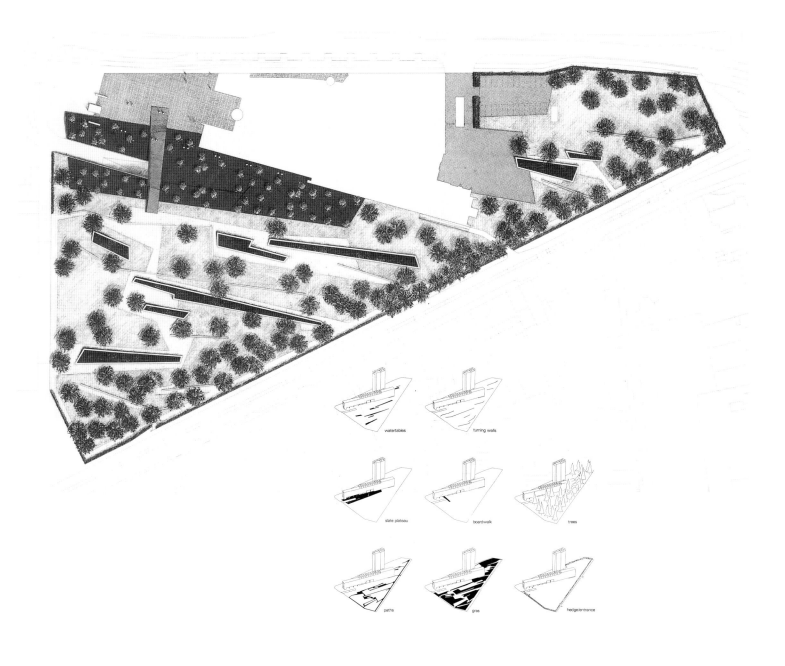

Links: De loopbrug in de tuin van Interpolis.
Left: The footbridge in the Interpolis garden.
Boven: Het ontwerp van de tuin.
Above: The garden design.

De verschillende elementen waaruit het ontwerp is opgebouwd.
The various elements used in the composition.

maakt deel uit van een reeks van representatieve kantoorgebouwen dicht bij het NS-station. Het gebouw staat aan de noordrand van een driehoekige kavel, zodat de resterende ruimte kon worden ingericht als een vrijwel aaneengesloten, zonnig vlak. Het bedrijf was met de gemeente Tilburg overeengekomen dat het terrein zou worden ingericht als een afsluitbare kantoortuin die overdag niet alleen toegankelijk zou zijn voor de werknemers, maar ook voor de bezoekers en de stadsbewoners. In ruil voor die openstelling heeft de gemeente beloofd haar steentje bij te dragen aan de inrichting en het onderhoud. Nadat een jury de inzendingen van de meervoudige opdracht voor de tuin had beoordeeld, werd besloten het ontwerp van WEST 8 te realiseren.

Met de tuin moest de grote maat van het gebouw worden verzoend

by the architect Bonnema, the imposing complex with its ninety metre high tower is one of a series of representative modern office buildings near the station. The building stands at the northern edge of a triangular plot so that the rest of the area can be laid out as a more or less continuous, sunny open space. The company agreed with the municipal council that the site would be laid out as a lockable office garden, open during the day not only to office workers but to visitors and residents as well. In exchange, the municipality promised to make a contribution to the construction and maintenance costs. The jury assessing the entries to the multiple brief for the garden decided to adopt the design submitted by WEST 8.

The garden has to reconcile the huge size of the building with

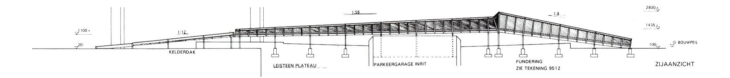

Overzicht over de tuin vanuit het gebouw.
View of the garden from the building.
Een doorsnede van de houten loopbrug.
Cross-section of the wooden footbridge.

Het mozaïek van de 'watertafels'.
'Water table' mosaic.

the small scale of the street at the other end of the site. Partly in response to this, WEST 8 decided to create a separate world in the garden, surrounded by holly hedges and a dark green iron fence. The loosely planted slim Douglas firs provide a green counterbalance to Bonnema's towering building. The undulating surface of the garden is sown with grass and the earth forms are edged with dark green concrete retaining walls in an area containing extended 'water tables'. These are shallow containers filled with water and varying in length from 20 to 85 metres, planted with water lilies and populated by frogs – stylish variations on the traditional garden pond that set the tone and atmosphere of the whole garden. The siting and asymmetrical shape of the ponds create the impression of shifting

met het kleinschalige straatbeeld aan de andere kant van het perceel. Mede om die reden heeft WEST 8 een in zichzelf gekeerde wereld gecreëerd die is omgeven door hulsthagen en een donkergroen, stalen hek. De in een los stramien geplante, slanke douglassparren vormen een groen tegenwicht voor Bonnema's hoog oprijzende bouwwerk. Het maaiveld van de tuin is geplooid en is begroeid met gras. De grondlichamen zijn afgebiesd met donkergrijze, betonnen keermuren. In dit grondvlak ligt een mozaïek van acht langgerekte 'watertafels'. Dit zijn lage bakken die in lengte variëren van 20 tot 85 meter en die zijn gevuld met water, waterlelies en kikkers. Deze gestileerde variant van de aloude tuinvijver is beeld- en sfeerbepalend voor de gehele tuin. Als gevolg van de plaatsing in de ruimte en de asymmetrische vorm van de vijvers wordt een voortdurend veran-

Het plateau van leisteen bij het gebouw.
The slate plateau near the building.

Een zitplaats op een keermuur.
Sitting on a retaining wall.

derend perspectief op de tuin geboden. De wandelaars die de tuin over de paden van houtsnippers doorkruisen vinden een zitplaats op de brede randen van deze bassins en op de keermuren. Het is zelfs mogelijk om je op een zonnige werkdag terug te trekken in de tuin en daar je lap-top aan te sluiten op het computernetwerk van het kantoor, zodat je online in de buitenlucht kunt werken.

Tegen het gebouw aan ligt een plateau van gepotdekselde leisteen. Het is opgebouwd uit een aantal vlakken die onder verschillende hellingshoeken zijn gelegd en waarin uitsparingen zijn vrijgelaten waarin magnoliabomen zijn geplant. Over het leisteenplateau is een houten loopbrug gebouwd die het voorplein van het gebouw en de tuin met elkaar verbindt.

perspectives when walking through the garden along the woodchip paths. The broad edges of the containers and retaining walls provide seating areas. It is even possible on a warm day to slip into the garden and plug your laptop into the office computer network and work online in the open air.

A plateau of interlocking slate paving slabs have been laid up against the building to form a number of surfaces set at different angles. Magnolia trees have been planted in the resulting gaps between these surfaces. A wooden bridge spans the slate plateau, connecting the building's forecourt to the garden.

De voordracht

Nominations

Projectnaam / Ontwerper(s) / Omschrijving / Opdrachtgever(s) /
Project name / Designer(s) / Description / Commissioned by /

'Rioolwaterzuiveringsinstallatie Driebergen' / A+D+P architecten i.s.m. DS landschapsarchitecten / Ontwerp voor de rioolwaterzuiveringsinstallatie te Driebergen en landschappelijke inpassing / *Architectural and landscape design for the sewage treatment works in Driebergen* / Provincie Utrecht

'Kop van 't Zand' / Amer adviseurs / Stedenbouwkundige ontwikkelingsvisie voor de Orthenpoort; de noordelijke entree van 's-Hertogenbosch / *Urban development vision for the Orthenpoort, the northern gateway to 's-Hertogenbosch* / Gemeente 's-Hertogenbosch

't Rieshout' / Amer adviseurs / Stedebouwkundig ontwerp en ontwerp voor de openbare ruimte voor een uitbreidingswijk van Zetten / *Urban plan and design for the public open space for a new greenfield housing development in Zetten* / Gemeente Valburg

'Structuurplan Almelo' / Gemeente Almelo; Dienst Stadswerk / Ruimtelijke ontwikkelingsvisie voor de stad Almelo / *Spatial development perspective for Almelo* / Gemeente Almelo

'IJ-oever' / Gemeente Amsterdam; Dienst Ruimtelijke Ordening / Ontwikkeling IJ-oevergebied voor de Oostelijke Handelskade, Borneo Sporenburg en Silodam / *Development of the IJ waterfront in the Oostelijke Handelskade, Borneo Sporenbrug and Silodam areas* / Gemeente Amsterdam

'IJburg' / Gemeente Amsterdam; Dienst Ruimtelijke Ordening i.s.m. Palmboom & van den Bout stedebouwkundigen; H+N+S Landschapsarchitecten / Stedebouwkundig ontwerp voor een nieuw woongebied in het IJmeer / *Urban design for a new housing development in the IJmeer* / Gemeente Amsterdam; Projectbureau IJburg

'Knooppunt Holendrecht' / Gemeente Amsterdam; Dienst Ruimtelijke Ordening / Ontwerp voor de omgeving van het knooppunt van de snelwegen A2 en A9 bij Amsterdam / *Design for the area surrounding the A2/A9 motorway interchange near Amsterdam* / Gemeente Amsterdam

'Museumplein' / Sven-Ingvar Andersson i.s.m. Stefan Gall / Stedebouwkundig masterplan voor het Museumplein en de bebouwing van de aangrenzende musea te Amsterdam / *Master plan for the Museumplein and building initiatives for the neighbouring museums in Amsterdam* / Stadsdeel Zuid Amsterdam

'Oud Kerkhof' / Sven-Ingvar Andersson i.s.m. Lodewijk Wiegersma tuin- en landschapsarchitect / Ontwerp voor de herinrichting van het stadsplein Oud Kerkhof te Sneek / *Design for the reconstruction of the Oud Kerkhof square in Sneek* / Gemeente Sneek

'Koopmans' / Buro Appelman tuin- en landschapsarchitektuur / Ontwerp voor de hoofdstructuur van een terrein voor een expositieruimte en theeschenkerij te Terwispel / *Design for the main structure of an exhibition area and teahouse in Terwispel*

'Rijkswaterstaat Friesland' / Buro Appelman tuin- en landschapsarchitektuur / Ontwerp voor de terreininrichting rond het gebouw van Rijkswaterstaat dienstkring Friesland te Grouw / *Design for the grounds of the Rijkswaterstaat Friesland regional office in Grouw* / Rijkswaterstaat dienstkring Friesland

'Centrumgebied Amsterdam Zuidoost' / de Architecten Cie / Ontwikkeling van het gebied rond het stadion de Arena / *Development of the Amsterdam Arena stadium area* / Gemeente Amsterdam

'Dongewijk' / Architekten Werkgroep i.s.m. Buys & Van der Vliet Landschapsarchitectuur en stedebouw/ Stedebouwkundig ontwerp voor een uitbreiding bij Tilburg / *Urban design for a new development on the edge of Tilburg* / Gemeente Tilburg

'Dongewijk' / Architecten Werkgroep i.s.m. Niké van Keulen buro voor landschapsarchitektuur / Stedebouwkundig ontwerp en ontwerp voor de openbare ruimte voor een nieuwe woonwijk van het stadsdeel de Reeshof te Tilburg / *Urban plan and design for the public open space for a housing development as part of the new Reeshof district in Tilburg* / / de Woonstad; Gemeente Tilburg

'Friezenlaan' / Architecten Werkgroep i.s.m. Buro Bart Brands landschapsarchitectuur / Stedebouwkundig ontwerp en ontwerp voor de openbare ruimte voor een woongebied op een voormalig zwembadterrein te Tilburg / *Urban plan and design for the public open space for a housing development on the site of a former swimming pool in Tilburg* / Van der Weegen bouwontwikkeling

'Woongebied Breda' / Architecten Werkgroep / Stedebouwkundig en architectonisch ontwerp voor een nieuw woongebied te Breda / *Urban and architectural design for a new housing development in Breda* / Heijmans Projectontwikkeling

'Lange Brug' / Thijs Asselbergs architect BNA i.s.m. Gemeente Haarlem; afdeling Ruimtelijke Ordening en Stadsvernieuwing Haarlem / Ontwerp voor een stalen brug over de Spaarne, voor de kade van de aangrenzende Onze Lieve Vrouwe Gracht en voor een brugwachtershuisje / *Design for an iron bridge over the Spaarne, the banks of the Onze Lieve Vrouwe canal and a bridge house* / Gemeente Haarlem

'Naviduct' / Lodewijk Baljon tuin- & landschapsarchitect / Ontwerp polder voor een sluizencomplex met onderdoorgang voor provinciale weg (Naviduct) / *Design of a polder for a lock complex and road tunnel (Naviduct)* / Rijkswaterstaat

'Rijksmuseum Twente' / Lodewijk Baljon tuin- & landschapsarchitect / Ontwerp voor de binnentuin van het Rijksmuseum Twente te Enschede / *Design for the courtyard garden of the Rijksmuseum Twente in Enschede* / Rijksmuseum Twente

'Tuin Amsterdam' / Bureau B+B Stedebouw en landschapsarchitectuur / Ontwerp particuliere tuin / *Design for a private garden* / Wim Quist

'Binnenstad Breda' / Bureau B+B Stedebouw en landschapsarchitectuur / Herinrichting van de openbare ruimtes in de binnenstad / *Reconstruction of the public open spaces in the city centre* / Gemeente Breda

'De Nielt' / Bureau B+B Stedebouw en landschapsarchitectuur / Wooneiland in zandwinplas bij Cuijk met als uitgangspunt duurzaam bouwen. / *Residential island in a lake created by sand extraction; the development is based on sustainable building principles* / Gemeente Cuijk

'Apeldoorn' / Bureau B+B Stedebouw en landschapsarchitectuur / Ontwerp voor de herinrichting van de openbare ruimte van de binnenstad van Apeldoorn / *Design for the reconstruction of the public open space in the centre of Apeldoorn* / Gemeente Apeldoorn

'Herinrichting Apeldoorn' / Bureau B+B Stedebouw en landschapsarchitectuur / Herinrichting van het voetgangersgebied in het centrum van Apeldoorn / *Reconstruction of the pedestrian area in the centre of Apeldoorn* / Gemeente Apeldoorn, Publieke werken en riolering

'Groenblauwe Slinger' / Bureau B+B Stedebouw en landschapsarchitectuur / Ruimtelijke ontwikkelingsvisie voor de aaneengesloten open ruimte tussen Rotterdam - Den Haag - Leiden vanuit een ecologisch-recreatieve invalshoek / *Ecological-recreational spatial development perspective for the continuous open space between Rotterdam - The Hague -Leiden* / Provincie Zuid-Holland; Dienst Ruimte en Groen

'Park Valkenberg' / Bureau B+B Stedebouw en landschapsarchitectuur / Herinrichting van een 19e-eeuws park in Breda / *Reconstruction of a 19th century park in Breda* / Gemeente Breda

'Wilhelminapark' / Bureau B+B Stedebouw en landschapsarchitectuur i.s.m. Gemeente Tilburg; Publieke Werken / Een renovatieplan van het 19e-eeuwse Wilhelminapark te Tilburg / *A plan for renovating the 19th century Wilhelminapark in Tilburg* / Dienst Publieke Werken, Gemeente Tilburg

'Penitentaire Inrichting Zutphen' / Bureau B+B Stedebouw en landschapsarchitectuur / Ontwerp buitenruimte van de penitentiaire inrichting te Zutphen / *Design for the outside areas of a penitentiary in Zutphen* / Rijksgebouwendienst, Penitentiaire Lease Company

'Stationsgebied Arnhem' / Van Berkel & Bos / Samenhangende visie op infrastructuur, bebouwing en openbare ruimte rondom het NS-station / *A coherent vision for infrastructure, buildings and public open space around the railway station* / Gemeente Arnhem

'Akoestisch Landschap' / BGSV bureau voor stedebouw / Ontwerp voor de functionele en visuele inbedding van de spoorlijn en nieuwe autoverbinding Zoetermeer - Leidschendam door de VINEX locatie Leidschenveen / *Design for the functional and visual landscape integration of the rail and road links in Zoetermeer-Leidschendam* / Gemeente Leidschenveen

'Masterplan Oosterheem' / BGSV bureau voor stedebouw / Stedebouwkundig masterplan voor de VINEX-locatie Oosterheem te Zoetermeer / *Master plan for the Oosterheem VINEX site in Zoetermeer* / Gemeente Zoetermeer

'Danswijk-Parkwijk Zuid' / Bokelmans - Croonen stedebouwkundigen i.s.m. Gemeente Almere / Stedebouwkundig ontwerp voor de nieuwbouwwijk de Danswijk en de Parkwijk Zuid te Almere / *Urban design for the Danswijk and Parkwijk Zuid housing developments in Almere* / Gemeente Almere

'Bergen Centrum' / Bokelmans - Croonen stedebouwkundigen i.s.m. Lodewijk Wiegersma tuin- en landschapsarchitect / Ontwerp voor de herinrichting van de openbare ruimte van het centrum van Bergen / *Design for the reconstruction of the public open space in the centre of Bergen* / Gemeente Bergen

'Europol' / Landschapsarchitektenburo Boon / Ontwerp voor de inrichting van de terreinen grenzend aan het pand van Europol / *Design for the areas adjoining the Europol building* / Europol

'Rijksmuseum' / Landschapsarchitektenburo Boon / Ontwerp voor de renovatie van de tuin bij de zuidvleugel van het Rijksmuseum te Amsterdam / *Design for renovating the south wing garden of the Rijksmuseum in Amsterdam* / Rijksmuseum Amsterdam

'Boerhaavehuis' / Bosch en Slabbers Tuin- en landschapsarchitecten / Ontwerp voor een stijltuin bij het Boerhaavehuis te Voorhouten / *Design for a formal garden for the Boerhaavehuis in Voorhouten* / Stichting Het Boerhaavehuis

'Groengebieden Hollandse IJssel' / Bosch en Slabbers Tuin- en landschapsarchitecten / Structuurschets voor de groengebieden Hollandsche IJssel en Haarzuilens / *Sketch plan for the Hollandche Ijssel and Haarzuilens green spaces* / Provinciaal bestuur van Utrecht

'Landschapsbeleidsplan Hoeksche Waard' / Bosch en Slabbers Tuin- en landschapsarchitecten / Integraal plan voor het landschapsbeleid van meerdere gemeentes / *Integral landscape policy plan for a number of municipalities* / Zes Hoeksche Waardsche gemeentes

'Waterkering Ramspol' / Bosch en Slabbers Tuin- en landschapsarchitecten / Landschapsplan voor een beweegbare keersluis (balgstuw) in het Ketelmeer bij Ramspol / Rijksdienst Rijkswaterstaat

'Toekomstverkenning Kustzone' / Bureau Bosch en Slabbers Tuin- en landschapsarchitecten / Studie naar de landschapsontwikkeling van de kustzone / *Landscape development study for the coastal zone* / Ministerie van LNV

'Landgoed Westhove en Hortus Zelandiae' / Bosch en Slabbers Tuin- en landschapsarchitecten / Ontwerp voor de renovatie van de landschapstuin en heemtuin bij het kasteel Westhove als onderdeel van een integraal ontwikkelingsplan voor de 'Manteling van Walcheren' / *Design for renovating the landscape and botanical gardens at Westhove castle as part of the integral development plan for the 'Manteling van Walcheren'* / Staatsbosbeheer

'Brabander' / BRO Adviseurs / Stedebouwkundig ontwerp voor de hoofdstructuur van de uitbreidingswijk Brabander bij Venraij / *Urban design for the main structure of the Brabander greenfield housing development near Venray* / Gemeente Venraij

'Centrum Ettenleur' / BRO Adviseurs i.s.m. Derks & Stevens architecten; Buro op ten Noort-Blijdenstein / Stedebouwkundige ontwikkelingsvisie voor het centrum van Ettenleur / *Urban development perspective for the cente of Ettenleur* / MABON

'Centrumgebied Amsterdam Zuidoost' / Pi de Bruijn stedebouwkundige i.s.m. Gemeente Amsterdam; Dienst Ruimtelijke Ordening / Stedebouwkundig ontwerp voor het centrumgebied van Amsterdam Zuidoost / *Urban design for the central area of Amsterdam Zuidoost* / Gemeente Amsterdam

'Blauwe Stad' / BügelHajema adviseurs i.s.m. Stichting Blauwe Stad / Ruimtelijk ontwikkelingsplan voor een nieuw merengebied in het Oldambt; Oost-Groningen, met een betekenis voor natuur, recreatie en woonmilieu / *Spatial development plan for a new lakes area in Oldambt in East Groningen providing nature, recreation and residential environments* / Stichting Blauwe Stad

'Vroonermeer-Zuid' / BügelHajema adviseurs i.s.m. Bureau Wissing Stedebouw en ruimtelijke vormgeving / Stedebouwkundig ontwerp voor de VINEX-locatie Vroonermeer-Zuid in de gemeenten Alkmaar en Langedijk / *Urban design for the Vroonermeer-Zuid VINEX site in the municipalities of Almaar and Langedijk*

'Grotiusplaats' / Joan Busquets architect i.s.m. Gemeente 's-Gravenhage; Dienst Stedelijke Ontwikkeling / Stedebouwkundig ontwerp en ontwerp openbare ruimte Grotiusplaats oftewel van de overbouwing van de Utrechtse baan te 's-Gravenhage / *Urban plan and design for Grotiusplaats public open area; the enclosure of the 'Utrechtse baan' road in The Hague* / Gemeente 's-Gravenhage; Dienst Stedelijke Ontwikkeling

'Spuiplein - Turfmarkt' / Joan Busquets architect i.s.m. Gemeente 's-Gravenhage; Dienst Stedelijke Ontwikkeling / Ontwerp voor de nieuwe verbinding tussen het Centraal Station en de Nieuwe Kerk te 's-Gravenhage / *Design for the new connection between Central Station and the Nieuwe Kerk in The Hague* / Gemeente 's-Gravenhage

'Spuikwartier' / Joan Busquets architect i.s.m. Peter Struycken beeldend kunstenaar / Stedebouwkundig ontwerp en ontwerp openbare ruimte / *Urban plan and design for the public open space in Spuikwartier, The Hague* / Gemeente Den Haag; Dienst Stedelijke Ontwikkeling

'A1' / Buys & Van der Vliet Landschapsarchitectuur en stedebouw / Ontwerp voor de geluidwerende voorzieningen en ecoducten langs de A1 bij Apeldoorn / *Design for the noise barriers and ecoducts along the A1 motorway near Apeldoorn* / Rijkswaterstaat

'Verzorgingsplaats Joure' / Buys & Van der Vliet Landschapsarchitectuur en stedebouw / ontwerp voor een verzorgingsplaats langs Rijksweg A-7 / *Design for a service area on the A7 motorway* / Rijkswaterstaat

'Centrum inrichting Goor' / Buys & Van der Vliet Landschapsarchitectuur en stedebouw / Ontwerp voor de herinrichting van de openbare ruimte / *Design for the reconstruction of the public open space of Goor* / Gemeente Goor

'Op de Haar' / Buys & Van der Vliet Landschapsarchitectuur en stedebouw/ Ontwerp openbare ruimte voor het nieuwe woongebied de Vijfhoek bij Deventer / *Design for the public open space in the first phase of the De Vijfhoek greenfield housing development near Deventer* / Gemeente Deventer

'Hortus Botanicus' / Buys & Van der Vliet Landschapsarchitectuur en stedebouw/ Strategisch ontwikkelingsplan voor de Hortus Botanicus te Leiden / *Strategic development plan for the Hortus Botanicus in Leiden* / Universiteit Leiden; Hortus Botanicus Leiden

'Industrielandschap Moerdijk' / Buys & Van der Vliet Landschapsarchitectuur en stedebouw/ Ruimtelijk masterplan en inrichtingsplannen voor het industriegebied Moerdijk / *Master plan and layout plans for the Moerdijk industrial estate* / Havenschap Moerdijk

'Stadsbrink Wageningen' / Buys & Van der Vliet Landschapsarchitectuur en stedebouw / Ontwerp voor het busstation in Wageningen / *Design for the bus station in Wageningen* / Gemeente Wageningen

'Willemspoort' / CH & Partners stedebouw en landschap / Stedebouwkundig ontwerp voor een nieuw woon- en werkgebied aan de nieuwe stadsrand van 's-Hertogenbosch / *Urban plan for a new residential and business development on the edge of 's-Hertogenbosch* / Gemeente 's-Hertogenbosch

'Hoofdkantoor Zilveren Kruis' / CH & Partners stedebouw en landschap / Ontwerp voor de renovatie van het landgoed te Noordwijk, de vestigingsplaats van het hoofdkantoor van het Zilveren Kruis / *Renovation plan for the Noordwijk country estate which houses the head offices of the Zilveren Kruis insurance company* / Zilveren Kruis Verzekeringen

'Stadspleinen Tilburg' / Jo Coenen & Co. architekten i.s.m. Gemeente Tilburg; Publieke Werken / Ontwerp voor het Willemsplein, Koningsplein, Stadhuisplein en de patio en Muzentuin in Tilburg-Centrum-Zuid / *Design for Willemsplein, Koningsplein, Stadhuisplein and the terrace and Muse garden in central and southern Tilburg* / Gemeente Tilburg

'Heunpark' / Croonen Adviseurs i.s.m. P.A.M. Buys landschapsarchitect BNT; De Twee Snoeken architecten; Molenaar en Pruyn architecten / Stedebouwkundig ontwerp en ontwerp openbare ruimte voor de uitbreidingswijk Heunpark te Vught / *Urban plan and design for the public open space for the Heunpark residential development in Vught* / Bouwconsulting

'Wilhelminaplein' / Croonen Adviseurs i.s.m. Jan Samson beeldend kunstenaar / Ontwerp voor de herinrichting van het Wilhelminaplein te Someren / *Design for the reconstruction of Willemsplein in Someren* / Gemeente Someren

'Weg wordt plein' / Gemeente Culemborg i.s.m. Henk van der Wielen architect / Stedebouwkundig en architectonisch ontwerp voor een nieuw plein te Culemborg / *Urban and architectural design for a new square in Culemborg* / Gemeente Culemborg

'Hooikade - Zuideinde' / Gemeente Delft; Dienst Stadsontwikkeling Delft i.s.m. R. Steenhuis / Stedebouwkundig plan en ontwerp voor de inrichting van de openbare ruimte van Hooikade-Zuideinde, een voormalig bedrijventerrein te Delft / *Urban plan and design for the public open space in Hooikade-Zuideinde, a former industrial site in Delft* / Gemeente Delft

'ESTEC' / Delta Vorm Groep / Ontwerp voor een binnentuin voor het European Space Research and Technology Centre te Noordwijk / *Design for an indoor garden for the European Space Research and Technology Centre in Noordwijk* / ESTEC

'Groot Groengebied Utrecht West' / Dienst Landelijk Gebied i.s.m. Raamplancommissie / Gebiedsperspectief voor de groene ontwikkeling van Utrecht-West, met een aantal uitwerkingen voor omgeving Harmelen, IJsselstein en Haarzuilens / *Perspective for the development of the green spaces in Utrecht West with a number of design options for the areas of Harmelen, IJsselstein and Haarzuilens* / Ministerie LNV

'Borgerswold' / Dienst Landelijk Gebied Groningen / Landschapsplan voor het recreatiegebied Borgerswold / *Landscape plan for the Borgerswold recreation area* / Herinrichtingscommissie Oost-Groningen en Gronings-Drentse Veenkoloniën

'Fietspad Mark' / Dienst Landelijk Gebied / Natuurontwikkeling langs het riviertje de Mark ten zuiden van Breda / *Habitat creation along the river Mark to the south of Breda* / Landinrichtingscommissie Ulvenhout-Galder

'De Kraanlanden' / Dienst Landelijk Gebied Friesland / Landschapsplan voor het natuurontwikkelingsgebied de Kraanlanden bij de Veenhoop / *Landscape plan for the Kraanlanden nature development area near De Veenhoop* / Landinrichtingscommissie ruilverkaveling Midden-Opsterland

'Bosplan Nieuw Wulven' / Dienst Landelijk Gebied / Ontwerp voor 125 ha bosgebied bij Houten / *Design for a 125 ha woodland near Houten* / Ministerie van Landbouw Natuurbeheer en Visserij

'Rensumaborg' / Dienst Landelijk Gebied / Reconstructie en uitbreiding van bestaand borgterrein in kader van ruilverkaveling Hefshuizen / *Recreation area on the western fringe of Veendam* / Landinrichtingscommissie ruilverkaveling Hefshuizen

'Landschapsplan A2' / Dienst Landelijk Gebied, Marcelis Wolak, Brons + Partners en Landschappartners bv / Inrichtingsvoorstel met ecologische functies langs verbrede Rijksweg A-2 tussen Amsterdam en Utrecht / *Proposal for ecological restauration along the widened A2 motorway between Amsterdam and Utrecht* / Rijkswaterstaat

'Landschapsplan 2e Heinenoordtunnel' / Dienst Landelijk Gebied / Ontwerp voor de landschappelijke inpassing van de 2e Heinenoordtunnel / *Landscape design for the 2nd Heinenoord tunnel* / Rijkswaterstaat

'Zwaansbroek, Haarlemmermeer' / Dienst Landelijk Gebied / Inrichting groengebied Haarlemmermeer voor verschillende soorten recreanten / *Designing the Haarlemmermeer green space for various types of outdoor recreation* / Projectbureau Haarlemmermeer van de Provincie Noord-Holland

'De Schipborg' / Dienst Landelijk Gebied Drenthe / Ontwerp voor het landgoedbos de Schipborg in het stroomdal van de Drentse Aa / *Design for the Schipborg park woodland in the valley of the Drentse Aa* / Particulier

'Trynwalden' / Dienst Landelijk Gebied Friesland / Landschapsplan voor het gebied tussen de landgoederen De Klinze te Aldtsjerk en Stania State te Oentsjerk als onderdeel van de ruilverkaveling Tietjerkstradeel / *Landscape plan for the area between the country estates of De Klinze in Aldtsjerk and Stania State in Oentsjerk as part of the Tietjerkstradeel land consolidation scheme* / Dienst Landelijk Gebied Friesland

'De Zuidertuin' / Dienst Landelijk Gebied Gelderland i.s.m. Frank Bezemer beeldend kunstenaar / Ontwerp voor een dorpsbos bij Twello als onderdeel van de ruilverkaveling Twello / *Design for a village woodland near Twello as part of the Twello land consolidation scheme* / Landinrichtingscommissie Twello

'Het Kuurbos' / Dienst Landelijk Gebied Groningen i.s.m. Connie de Boer beeldend kunstenaar / Ontwerp voor een bosgebied ten zuiden van Nieuweschans als onderdeel van de landinrichting Oost-Groningen / *Design for a woodland to the south of Nieuweschans as part of the East Groningen land consolidation scheme* / Dienst Landelijk Gebied Groningen

'De Noordwaard' / Dienst Landelijke Gebieden Noord-Brabant / Ruimtelijke ontwikkelingsvisie en inrichtingsmodel voor de Noordwaard / *Spatial development perspective and layout model for Noordwaard* / Dienst Landelijke Gebieden Noord-Brabant

'Knooppunt Holendrecht' / Dienst RO Amsterdam / Landschapsplan voor het verkeersknooppunt Holendrecht / *Landscape plan for the Holendrecht traffic interchange* / Gemeentelijk Grondbedrijf Amsterdam i.s.m. Rijkswaterstaat

'Riekerpolder' / Dienst RO Amsterdam / Inrichtingsplan centrale openbare ruimte kantorenpark bij Amsterdam / *Plan for the central open area in an office park near Amsterdam* / Gemeentelijk Grondbedrijf Amsterdam

'Hortus Botanicus' / DS landschapsarchitekten / Strategisch ontwikkelingsplan voor de Hortus Botanicus te Leiden / *Strategic development plan for the Hortus Botanicus in Leiden* / Universiteit Leiden; Hortus Botanicus Leiden

'Stadsentree Ede-Noordwest' / Gemeente Ede / Stedebouwkundig ontwerp en ontwerp voor de openbare ruimte van de strip langs de N-224 en Dr.W. Dreeslaan / *Urban plan and design for the public open spaces for the strip along the N224 and Dr. W. Dreeslaan roads* / Gemeente Ede

'De Driesprong' / Gemeente Ede / Architectonische ontwikkelingsvisie voor de Driesprong, een landbouwenclave in de bossen van de Gemeente Ede / *Architectural development perspective for De Driesprong, an agricultural enclave in the Ede woods* / Gemeente Ede

'Begraafpark Oeverse Bos' / Gemeente Emmen; planbureau Groen, Rekreatie en Toerisme / Ontwerp voor een begraafplaats waarbij natuur- en recreatieve functies een rol spelen / *Design for a cemetry with nature and recreation interest* / Gemeente Emmen

'Tuin' / Groenburo Bloemendaal / Ontwerp particuliere tuin / *Design for a private garden* / Noël Theelen

'Toekomstverkenning Landschap "De Peel"' / Grontmij / Studie naar de landschapsontwikkeling op basis van gebiedseigen aanpak / *Landscape development study taking an area-based approach* / Ministerie LNV

'De Noordwaard' / Grontmij / Visie en vormgeving van een natuurontwikkelingsproject in de Biesbosch / *Design vision and layout for a nature development project in the Bieschbos* / Ministerie van Landbouw Natuurbeheer en Visserij en Rijkswaterstaat

'Westrand Assen' / Grontmij Drenthe / Masterplan voor de westrand van Assen, waarbij een kader wordt geboden voor natuurontwikkeling en recreatie / *Master plan for the western edge of Assen which provides a framework for nature development and recreation* / Gemeente Assen

'Waterland West' / Grontmij Noord-Holland / Structuurvisie voor de ruimtelijke ontwikkelingen in het gebied tussen Zaanstad, Amsterdam en Purmerend / *Outline spatial development perspective for an area between Zaanstad, Amsterdam and Purmerend* / Stichting het Noordhollands Landschap

'De Lier Oost' / GSO Bureau voor stedenbouw / Masterplan en stedebouwkundig ontwerp voor 'De Lier Oost' en een bestemmingsplan en een beeldkwaliteitsplan voor het deelplan Molensloot West / *Master plan and urban design for 'De Lier Oost' in De Lier and a land use plan and design strategy for the Molensloot West local plan area* / Gemeente De Lier

'Dijkverbetering Zaltbommel' / GSO Bureau voor Stedenbouw / Structuurvisie Dijkverbetering en herinrichting stedelijk rivierfront / *Outline design for dike improvements and reconstruction of the river front in Zaltbommel* / Polderdistrict Groot Maas & Waal; Gemeente Zaltbommel

'De Boomgaarden' / Ad Habets stedebouwkundige i.s.m. Jos van de Lindeloof tuin- en landschapsarchitekt / Stedebouwkundig ontwerp en ontwerp voor de openbare ruimte voor villapark De Boomgaarden te Wageningen in een voormalige proefboomgaard van de Landbouwuniversiteit / *Urban plan and design for the public open areas for the De Boomgaarden villa park in Wageningen on the site of a former university research orchard* / Leyten & Partners

'Hotel Gooierhoofd' / Haver Droeze adviesbureau voor ruimtelijke vormgeving / Ontwerp voor de omgeving van een nieuw hotel aan het Gooimeer te Huizen / *Design for the surroundings of a new hotel on the Gooimeer in Huizen* / Exploitatiemaatschappij 't Gooierhoofd BV

'Winkelcentrum Map II' / Haver Droeze adviesbureau voor ruimtelijke vormgeving / Ontwerp voor de openbare ruimte van een winkel- en voorzieningencentrum in de Middelveldsche Aker Polder in Amsterdam-Osdorp / *Design for the public open space in a shopping and amenity centre in the Middelveldsche Akker Polder, Amsterdam-Osdorp* / MBO projectontwikkeling

'Wie een geul graaft…' / Buro Hemmen / Inrichtingsplan voor de uiterwaarden en een nieuwe nevengeul van de Nederrijn ten zuiden van Wageningen en Renkum / *Layout plan for the river forelands and a new side channel for the Nederrijn near Wageningen and Renkum* / Stuurgroep Noordoever Nederrijn

'Stadskwekerij Zaanstad' / HM Architecten i.s.m. Buro de Koning landschapsarchitecten / Stedebouwkundig en architectonisch ontwerp en een ontwerp voor de openbare ruimte van een woongebied op de voormalige Stadskwekerij te Zaanstad / *Urban and architectural design and design for the public open spaces for a housing area on the former municipal nursery gardens in Zaanstad* / Van Braam - Minnesma

'Containerterminal' / H+N+S Landschapsarchitecten / Ruimtelijke ontwikkelingsvisie voor de Wijkermeerpolder bij Alphen aan den Rijn en een landschappelijke inpassing van de haventerreinen / *Spatial development perspective for the Wijkermeerpolder near Alphen aan den Rijn* / Goederen Vervoer Randstad; Werkgroep Wijkermeerpolder

'Landschapsontwikkeling KAN ' / H+N+S Landschapsarchitecten i.s.m. Haskoning / Visie op het toekomstige stadslandschap van het knooppunt Arnhem-Nijmegen / *Vision of the future landscape of the Arnhem–Nijmegen urban node* / projectbureau KAN

'De kleur van water' / H+N+S Landschapsarchitecten i.s.m. IWACO Adviesbureau voor water en milieu / Ruimtelijke ontwikkelingsvisie naar de mogelijkheden om water te gebruiken als structurerend element voor de Goenblauwe Slinger / *Spatial development perspective using water as the structural element for the Green-Blue Ribbon* / Provincie Zuid-Holland; Directie Ruimte, Groen en Gemeenten, Hoogheemraadschap Rijnland en Hoogheemraadschap Delfland

'Knooppunt Molenleij' / H+N+S Landschapsarchitecten / Ontwerp voor de inrichting van de omgeving van het infrastructurele knooppunt Molenleij te Breda / *Design for the area surrounding the Molenleij motorway interchange in Breda* / Gemeente Breda

'Toekomstverkenning Stedenland Twente' / H+N+S Landschapsarchitecten i.s.m. Maurits de Hoog en TNO-INRO / Visie op de landschappelijke ontwikkeling van de stedenband Almelo-Hengelo-Enschede / *Development perspective for the Almelo–Hengelo–Enschede urban strip* / Ministerie LNV

'WaterLand Neeltje Jans' / H+N+S Landschapsarchitecten (Paul van Beek), TAUW/Mabeg civiel en bouw, i.s.m. West 8 Landscape Architects en Kuiper Compagnons / Ontwerp en uitvoering voor de terreininrichting van het attractiepark Kop van Neeltje Jans / *Project plan for the layout of the Waterland fun park on Neeltje Jans* / Rijkswaterstaat Directie Zeeland en WaterLand Neeltje Jans bv

'Zwerfnetwerk De Graafschap' / H+N+S Landschapsarchitecten / Studie naar een recreatie- en mobiliteitsplan voor het historische landschap van De Graafschap / *Study into the recreation and mobility plan for the historic landscape of the Graafschap* / Provinciaal bestuur van Gelderland

'Stationsplein Lombardijen' / Holland Railconsult vakgroep landschapsarchitectuur & ecologie i.s.m. Gemeente Rotterdam; Dienst Stedebouw & Volkshuisvesting / Ontwerp voor het stationsplein Lombardijen te Rotterdam / *Design for the Lombardijen station square in Rotterdam* / NS Railinfrabeheer

'Rail 21 project Boxtel-Eindhoven' / Holland Railconsult vakgroep landschapsarchitectuur & ecologie / Ruimtelijk ontwikkelingsplan voor de natuurontwikkeling langs het traject Boxtel Eindhoven / *Spatial development plan for habitat creation along the Boxtel–Eindhoven railway line* / NS Railinfrabeheer

'Hoge Snelheidslijn Zuid' / Holland Railconsult projectbureau HSL-Zuid Infra / Ruimtelijke visie op de tracering, vormgeving en landschappelijke inpassing van de Hoge Snelheidslijn Zuid / *Spatial perspective for the routing, design and landscaping for the Southern High Speed Railway line* / Projectbureau HSL-Zuid Infra

'De Beestenmarkt' / Bureau Alle Hosper Landschapsarchitectuur & stedebouw / Ontwerp voor de herinrichting van de Beestenmarkt in het centrum van Leiden / *Design for the reconstruction of the Beestenmarkt in the centre of Leiden* / Gemeente Leiden

'De Blokweer' / Bureau Alle Hosper Landschapsarchitectuur & stedebouw i.s.m. Gemeente Hoorn; afdeling Ontwikkeling en Uitvoering / Stedebouwkundig ontwerp en ontwerp openbare ruimte voor de Blokweer aan de stadsrand van Hoorn / *Urban plan and design for the public open space for Blokweer on the edge of Hoorn* / Gemeente Hoorn

'Hempens - Teerns' / Bureau Alle Hosper Landschapsarchitectuur & stedebouw / Stedebouwkundig ontwerp voor de uitbreiding van Leeuwarden rond het tweelingdorp Hempens - Teerns / *Urban design for the greenfield housing development around the twin villages of Hempens–Teerns near Leeuwarden* / Gemeente Leeuwarden

'Regiovisie Drente/ Overijssel / Bureau Alle Hosper Landschapsarchitectuur & stedebouw i.s.m. OKRA landschapsarchitecten, DHV, NEI en Van Nimwegen en partners / Ruimtelijk-economische visie voor de regio Zuid-Drenthe en Noord-Overijssel met gebiedsuitwerkingen / *Spatial-economic perspective and area plans for the south Drenthe and north Overijssel region* / Provinciaal bestuur van Drenthe

'Specerijenhof' / Hulshof & Compagnons architekten / Stedebouwkundig en architectonisch ontwerp voor de Specerijenhof in Rotterdam / *Urban and architectural design for the Specerijenhof in Rotterdam* / BOAK Nederland

'Hoofdwerkplaats tram' / Ingenieursbureau Amsterdam / Ontwerp voor het terrein van de hoofdwerkplaats voor de trams te Diemen / *Design for the site of the central tram workshops in Diemen* / Gemeentevervoerbedrijf Amsterdam

'Schinkelbos' / Ingenieursbureau Amsterdam / Ontwerp voor een bos in de Schinkelpolder te Aalsmeer, grenzend aan het Amsterdamse Bos / *Design for a wood in the Schinkelpolder, Aalsmeer abutting the Amsterdamse Bos* / Gemeente Amsterdam; Projectbureau het Amsterdamse Bos

'Don Boschof' / Bureau JA Vormgevers / Ontwerp voor het binnenplein van de Don Boscohof in het centrum van Eindhoven / *Design for the Don Boscohof courtyard in the centre of Eindhoven* / Stichting Trudo Eindhoven

'Hillekopplein - Rijnhaven' / Juurlink en Geluk stedebouw en landschap / Stedebouwkundige ontwikkelingsvisie voor de aansluiting van de Kop van Zuid op de Afrikaanderwijk te Rotterdam / *Urban development perspective for linking Kop van Zuid to the Afrikaanderwijk in Rotterdam* / Projectbureau Kop van Zuid

'Stationsplein Hengelo' / Juurlink en Geluk stedebouw en landschap / Ontwerp voor het stationsplein te Hengelo / *Design for the station square in Hengelo* / Gemeente Hengelo

'Villa en villatuin' / Erik Kaptein tuin- en landschapsarchitect i.s.m. Arend Ottink / Ontwerp voor een villa en villatuin te Roermond / *Design for a villa and garden in Roermond* / Erik Kaptein

'Binnenterreinen Landtong Kop van Zuid' / De Koning landschapsarchitekten / Ontwerp voor een kijktuin en sportterrein tussen het Entrepotdok en de Wilhelminapier op de Kop van Zuid te Rotterdam / *Design for a display garden and sports field between the Entrepot dock and Wilhelmina quay in Kop van Zuid, Rotterdam* / SFB/BPF Bouw Amsterdam

'Gerenstein' / Kraaijvanger Urbis bureau voor architectuur en stadsontwerp / Stedebouwkundig ontwikkelingsplan voor de renovatie van Gerenstein, onderdeel van de Bijlmermeer / *Urban development plan for the renovation of Gerenstein, a part of the Bijlmermeer flats complex* / Stadsdeel Zuidoost en Projectbureau Bijlmermeer

'Stationsomgeving Zandvoort' / Kraaijvanger Urbis bureau voor architectuur en stadsontwerp / Stedebouwkundig ontwikkelingsplan voor een woongebied bij het station van Zandvoort / *Urban development plan for a housing area near the station in Zandvoort* / Gemeente Zandvoort

'Kasteeltuinen Neercanne' / Kragten tuin- en landschapsarchitectuur / Reconstructieplan voor de kasteeltuinen van Kasteel Neercanne / *Reconstruction plan for Neercanne castle gardens* / Particulier

'De Vischmarkt' / Kragten tuin- en landschapsarchitectuur / Ontwerp voor de herinrichting van de Vischmarkt te Harderwijk / *Design for the reconstruction of the Vischmarkt in Harderwijk* / Gemeente Harderwijk

'De Bijlmer is mijn stad' / Kuiper Compagnons / Ruimtelijke ontwikkelingsvisie voor de Bijlmermeer / *Spatial development perspective for the Bijlmermeer* / Stadsdeel Amsterdam Zuidoost

'Drachtstervaart' / Kuiper Compagnons / Stedebouwkundige ontwikkelingsvisie voor de Drachtstervaart als stedelijke ontwikkelingsas tussen het centrum van Drachten en het merengebied / *Urban development perspective for the Drachtersvaart as an urban development axis from the centre of Drachten to the Frisian lakes* / Vastgoed Noord

'De Hof van Delft' / Kuiper Compagnons i.s.m. Gemeente Delft; Dienst Stadsontwikkeling Delft / Stedebouwkundig ontwerp en ontwerp voor de openbare ruimte van een uitbreidingswijk en park te Delft / *Urban plan and design for the public open space for a greenfield housing development and park in Delft* / Proper-Stock Woningen BV; Gemeente Delft

'Kustlocatie' / Kuiper Compagnons / Ruimtelijke haalbaarheidsstudie en ontwikkelingsvisie voor de verstedelijking van een gebied voor de kust van Scheveningen en Hoek van Holland / *Feasibility study and development perspective for an area off the coast of Scheveningen and Hook of Holland* / Stuurgroep Kustlocatie

'De Hof van Delft' / Kuiper Compagnons i.s.m. Gemeente Delft; Dienst Stadsontwikkeling Delft / Stedebouwkundig ontwerp en ontwerp voor de openbare ruimte van een uitbreidingswijk en park te Delft / *Urban plan and design for the public open space for a greenfield housing development and park in Delft* / Proper-Stock Woningen BV; Gemeente Delft

'De Nieuwe Hof' / Kuiper Compagnons / Stedebouwkundig ontwerp en architectonische invulling van het centrum van Nieuwland in Amersfoort / *Urban design and architectural detailing for the centre of Nieuwland in Amersfoort* / V.O.F. De Nieuwe Hof

'Sijtwende' / Kuiper Compagnons / Stedebouwkundig plan voor combinatie Noordelijke Randweg Haagse Agglomeratie en woningbouw bij Voorburg / *Urban plan for a combination of the Hague Northern Ring Road Agglomeration and housing development near Voorburg* / Projectontwikkelaar Bohemen en Koninklijke Volker Stevin

'Vathorst' / Kuiper Compagnons i.s.m. West 8 Landscape Architects / Masterplan voor integrale stedebouwkundige ontwikkeling bij Amersfoort / *Master plan for integral urban development near Amersfoort* / Ontwikkelingsteam Vathorst

'Hoornse Hof' / Kuiper Compagnons / Stedebouwkundig ontwerp en inrichtingsplan voor een uitbreiding bij Delft / *Urban design and layout plan for a new development on the edge of Delft* / Proper Stok Groep

Hoornse Hof' / Kuiper Compagnons / Stedebouwkundig ontwerp en ontwerp openbare ruimte voor een nieuw woongebied te Delft / *Urban plan and design for the public open space for a new housing area in Delft* / Gemeente Delft

'Kattenbroek' / Kuiper Compagnons / Stedebouwkundig ontwerp voor een nieuwe woonwijk in Amersfoort / *Urban design for a new housing area in Amersfoort* / Gemeente Amersfoort

'Herinrichting Meyendel' / Jos van de Lindeloof tuin en landschapsarchitektenburo / Ontwikkelingsplan voor de regeneratie van de duinen tussen Katwijk en 's-Gravenhage / *Development plan for the restoration of the dunes between Katwijk and The Hague* / Duinwaterbedrijf Zuidholland

'Binnentuin gemeentehuis Pijnacker' / Jos van de Lindeloof tuin- en landschapsarchitektenburo / Ontwerp voor de binnentuin van het gemeentehuis te Pijnacker / *Design for the courtyard garden of Pijnacker town hall* / Gemeente Pijnacker

'Kasteelveld' / Buro Lubbers Landschapsarchitectuur en stedelijk ontwerp / Ontwerp voor de herinrichting van 'Het Kasteelveld' in de dorpskern van Hedel / *Design for the reconstruction of 'Het Kasteelveld' in the centre of the village of Hedel* / Gemeente Hedel

'Meerhoven-Noord' / Buro Lubbers Landschapsarchitectuur en stedelijk ontwerp i.s.m. TKA Teun Koolhaas associates / Stedebouwkundig ontwerp en ontwerp openbare ruimte voor de VINEX locatie Meerhoven-Noord te Eindhoven / *Urban plan and design for the public open space for the Meerhoven-Noord VINEX site in Eindhoven* / Gemeente Eindhoven

'Tuin' / Buro Lubbers Landschapsarchitectuur en stedelijk ontwerp / Ontwerp voor een particuliere tuin te Vught / *Design for a private garden in Vught* / Van den Heuvel

'A2 Hide A Way' / Buro 5 / Ontwerp voor een tunnelvariant voor stadstraverse te Maastricht / *Design for a tunnel option for the main through road crossing Maastricht* / HBM; Mabon; HBW; TEBODIN

'Westkeetshaven' / Buro 5 / Stedebouwkundig ontwerp voor een woongebied op een voormalig bedrijventerrein te Zwijndrecht / *Urban design for a housing area on a former industrial site in Zwijndrecht* / **Gemeente Zwijndrecht**

'Hooimaveld' / Marcelis Wolak landschapsarchitectuur i.s.m. CREDO integrale planontwikkeling; Van de Dikkenberg & Bons architecten / Stedebouwkundig ontwerp voor de dorpsuitbreiding Hooimaveld te Westerbork / *Urban design for the Hooimaveld housing development in the village of Westerbork* / Gemeente Westerbork

'Groenstructuurplan Lelystad' / Marcelis Wolak landschapsarchitectuur / Ruimtelijke ontwikkelingsvisie voor het onderhoud, beheer en de aanpassing van bestaande groenvoorzieningen in Lelystad / *Spatial development perspective for the maintenance, management and alteration of existing green areas in Lelystad* / Gemeente Lelystad

'Almere 2015 en Almere Buiten' / Mecanoo architecten / Stedebouwkundig ontwikkelingsstudies voor Almere en Almere Buiten tot 2015 / *Urban development studies to 2015 for Almere and Almere-Buiten* / Gemeente Almere; BVR

'Opgetild Landschap' / Mecanoo architecten / Architectonisch ontwerp voor de TU-bibliotheek te Delft en ontwerp voor de omgeving van de bibliotheek / *Architectural design for the library of Delft University of Technology and landscape design for its surroundings* / ING Vastgoed

'Ruimte voor Ruimte' / Mecanoo architecten i.s.m. Gemeente Groningen; Dienst Ruimtelijke Ordening - Economische Zaken / Stedebouwkundige ontwikkelingsvisie op de Groninger binnenstad / *Urban development perspective for Groningen city centre* / Gemeente Groningen

'Westergasfabriek' / Mecanoo architecten i.s.m. Kathryn Gustafson / Ontwerp voor een park op het terrein van de voormalige Westergasfabriek te Amsterdam / *Design for a park on the site of the former Wester gas works in Amsterdam* / Gemeente Amsterdam; Stadsdeel Westerpark, Projectbureau Westergasfabriek

'Overgang' / Johan Meeus i.s.m. Mark Obbink / Stedebouwkundige structuurvisie voor de zuidelijke dorpsrand van Dieren op de overgang van de Veluwezoom naar de IJsselvallei / *Development sketch for the southern edge of the village of Dieren, where the slopes of the Veluwe meet the valley of the IJssel* / Gemeente Rheden

'Rode draad' / Johan Meeus i.s.m. Gemeente Almere / Ruimtelijke ontwikkelingsvisie op de groenstructuur van Almere als rode draad tussen ontwerp, inrichting en beheer / S*patial development perspective for the green landscape structure of Almere to link design, layout and management* / Gemeente Almere

'De Kerf' / Ministerie van LNV i.s.m. Stichting Duinbehoud / Natuurontwikkelingsproject in de duinen bij Schoorl gericht op herstel van dynamiek in de kustzone / *Nature development project in the dunes near Schoorl designed to restore coastal zone dynamics* / Ministerie van LNV

'Gemeentehuis Franeker' / Noordpeil landschapsarchitekten i.s.m. Van Manen & Zwart architecten / Ontwerp voor de inrichting van de terreinen rond het gemeentehuis te Franeker / *Design for the grounds of Franeker town hall* / Gemeente Franekeradeel

'Meerwijck Zuid' / Noordpeil landschapsarchitekten i.s.m. INBO architecten: Gjalt de Jong stedebouwkundigen en architecten / Stedebouwkundig ontwerp en ontwerp voor de openbare ruimte voor een woongebied te Hoogezand / *Urban plan and design for the public open space for a housing area in Hoogezand* / GEVEKE

'Vreeswijk' / De Nijl Architecten / Stedebouwkundig ontwerp voor de uitbreiding rond de dorpskern van Vreeswijk / *Design for Vreeswijk village extension* / Gemeente Nieuwegein

'De Wijert' / De Nijl Architecten / Stedebouwkundige ontwikkelingsvisie voor de Wijert te Groningen / *Urban development perspective for the De Wijert district of Groningen* / Woningbouwvereniging Groningen; Wilma Bouw

'Grootstal' / Gemeente Nijmegen; Dienst Ruimtelijke en Economische Ontwikkeling i.s.m. La Salle; de Architectengroep; Bureau Boom; Villa Nova / Stedebouwkundig ontwerp en ontwerp openbare ruimte voor de woonwijk Grootstal op een voormalig sportveldencomplex te Nijmegen / *Urban plan and design for the public open space for the Grootstal housing area on a former sports complex in Nijmegen* / Gemeente Nijmegen

'Woonpark Oosterhout' / Gemeente Nijmegen; Dienst Ruimtelijke en Economische Ontwikkeling / Stedebouwkundig ontwerp en ontwerp openbare ruimte voor Woonpark Oosterhout als onderdeel van de nieuwe stad; van de Waalsprong te Nijmegen / *Urban plan and design for the public open space for Oosterhout Residential Park in the new Nijmegen city district on the northern bank of the river Waal* / Gemeente Nijmegen

'Verbinding Molenplein Vierwiekenplein' / OD 205 architectuur, stedenbouw, onderzoek en landschap / Ontwerp voor de herinrichting van de verbindingsstraat tussen de Molenstraat en het Vierwiekenplein te Oud-Beijerland / *Design for the reconstruction of the street connecting Molenstraat to Vierwiekenplein in Oud-Beijerland* / Gemeente Oud-Beijerland

'TUE' / OKRA landschapsarchitecten / Ruimtelijk ontwikkelingsplan voor de openbare ruimte van de TU Eindhoven te Eindhoven / *Spatial development plan for the public open space at Eindhoven University of Technology* / TU Eindhoven

'Busstation Enschede' / OKRA landschapsarchitecten i.s.m. IAA architecten en Bureau BinnenBuiten / Ontwerp voor het busstation te Enschede / *Design for Enschede bus station* / Gemeente Enschede

'Almere, stad aan het water' / OMA / Herinrichting van het stadshart van Almere / *Reconstruction of the City of Almere* / Gemeente Almere

'Particuliere tuin' / Hans Ophuis landschapsarchitect / Ontwerp voor een landschappelijke tuin in Prinsenbeek / *Design for a landscape garden in Prinsenbeek* / Particulier

'Begraafplaats Oldenzaal' / Oranjewoud; district midden, Almere / Ontwerp voor een nieuwe begraafplaats in het beekdal van de Gammelkerbeek te Oldenzaal / *Design for a new cemetry in the Gammelkerbeek stream valley in Oldenzaal* / Gemeente Oldenzaal

'Schoolplein Rietveld Lyceum' / Henk Ovink / Ontwerp voor het schoolplein van het Rietveld Lyceum te Doetinchem / *Design for the school playground at the Rietveld Lyceum in Doetinchem* / Rietveld Lyceum Doetinchem

'Vlaardingen Buizengat' / Palmboom & Van den Bout stedebouwkundigen / Stedebouwkundig ontwerp voor een verdicht woongebied tussen de binnenstad en het 19e-eeuws stadspark van Vlaardingen / *Urban design for a densely built up housing area between the town centre and the 19th century park in Vlaardingen* / Gemeente Vlaardingen

'Groningen Piccardthofplas' / Palmboom & Van den Bout stedebouwkundigen / Stedebouwkundig ontwerp voor de zuidwestelijke stadsrand van Groningen / *Design for the urban fringe to the south-west of Groningen* / Gemeente Groningen

'De Balij' / Parklaan landschapsarchitecten / Ontwerp voor een miniatuurversie van het bosgebied De Balij te Madurodam / *Landscape design for a miniature version of the De Balij woods for Madurodam* / Staatsbosbeheer

'Natuurrandzone Markizaatsmeer' / Plancompagnons Adviesburo voor landschap en milieu i.s.m. Witteveen en Bos; Gemeente Bergen op Zoom; HabitatEcoplan / Ontwerp voor de landschappelijke inpassing en vormgeving van een bufferzone tussen het stedelijk gebied van Bergen op Zoom en het Markizaatsmeer / *Landscape design for a buffer zone between the urban area of Bergen op Zoom and the Markizaat lake* / Hoogheemraadschap West Brabant; Gemeente Bergen op Zoom

'Herstructurering Hoog Catharijne' / Plein 11 architectuur en stedebouw / Stedebouwkundig en architectonisch ontwerp voor de renovatie van het winkelcentrum Hoog Catharijne in de binnenstad van Utrecht / *Urban and architectural design for the renovation of the Hoog Catharijne shopping centre in the middle of Utrecht* / Winkel Beleggingen Nederland Utrecht

'Bergse Poort' / Pouderoyen Compagnons vormgevers van stad en land i.s.m. Wouters en Mostien architecten / Stedebouwkundig en architectonisch ontwerp voor een woongebied op een voormalig industrieterrein binnen de historische binnenstad van Geertruidenberg / *Urban and architectural design for a housing area on a former industrial site in the historic town centre of Geertruidenberg* / Gemeente Geertruidenberg

'Maasvlakte 2' / Projectorganisatie Maasvlakte 2 / Planologische ontwikkelingsvisie op de uitbreiding van de Maasvlakte ten behoeve van de versterking van de Mainport Rotterdam en het woon- en leefmilieu in het Rijnmondgebied / *Development perspective for the extension of the Maasvlakte to further develop Mainport Rotterdam and improve the quality of the residential environment in the Rijnmond area* / Projectorganisatie Maasvlakte 2

'Hunze - Veenkoloniën' / Provinciaal bestuur van Drenthe / Gebiedsvisie Gronings-Drentse Veenkoloniën / *Development vision for the Groningen-Drenthe peat settlements* / Ministerie LNV

'Drentse Aa' / Provinciaal bestuur van Drenthe / Gebiedsvisie Stroomdallandschap Drentse Aa in Drenthe / *Development vision for the stream valley landscape of the Drentse Aa in Drenthe* / Ministerie LNV

'Kerkplein' / Quadrat Atelier voor stedebouw, landschap en architectuur / Ontwerp voor het Kerkplein te Arnhem / *Design for the Kerkplein in Arnhem* / Gemeente Arnhem

'Zeist Boulevardterrein' / Quadrat Atelier voor stedebouw, landschap en architectuur / Stedebouwkundig ontwerp en ontwerp voor de openbare ruimte van het Boulevardterrein; het voormalige station en gasfabriek te Zeist / *Urban plan and design for the public open space in the Boulevard area which previously housed the station and a gas works* / Gemeente Zeist

'Marktplein' / Reijenga Postma Hagg architecten i.s.m. Gemeente Zaanstad / Een stedebouwkundige en architectonische ontwikkelingsvisie voor het Marktplein in het centrum van Wormerveer / *An urban and architectural design perspective for the Marktplein in the centre of Wormerveer* / Foruminvest

'Floriade 2002' / Niek Roozen / Ontwerp voor de hoofdstructuur voor het Floriadeterrein 2002 in de Haarlemmermeer / *Design for the Floriad 2002 landscape structure in Haarlemmermeer* / Stichting Floriade 2002

'Centrumgebied Hoogerheide' / Rothuizen van Doorn 't Hooft / Ruimtelijke ontwikkelingsvisie voor de herinrichting van het centrumgebied van Hoogerheide / *Spatial development perspective for the reconstruction of the central area of Hoogerheide* / Gemeente Woensdrecht

'Stengeplein' / Rothuizen van Doorn 't Hooft / Ruimtelijk ontwikkelingsplan voor het Stengeplein in samenhang met de nieuwe woningbouwlocatie 'Over de dijk' aan de noord-oost zijde van de kern Heinkenszand / *Spatial development plan for Stengeplein in combination with the new 'Over de dijk' housing area to the north-east of the village of Heinkenszand* / Gemeente Borssele

'Fly-over Europaweg' / Gemeente Rotterdam; Ingenieursbureau Wegen en Groen i.s.m. de Dienst Stadsontwikkeling en Volkshuisvesting en de afdeling Verkeer en Vervoer / Ontwerp voor de omgeving van het ongelijkvloerse infrastructurele knooppunt van wegen, sporen en interne banen op de Maasvlakte te Rotterdam / *Design for the area around the multi-level road, rail and shuttle interchange on the Maasvlakte in Rotterdam* / Gemeentelijk Havenbedrijf Rotterdam

'Schalkhaar' / SAB adviseurs voor ruimtelijke ordening / Ontwerp voor de herinrichting van het winkeldorp Schalkhaar bij Deventer / *Design for the reconstruction of the Schalkhaar shopping village near Deventer* / Gemeente Diepenveen

'Museum Mesdag' / Buro Sant en Co Landschapsarchitectuur en stedebouw / Ontwerp voor de tuin van het Museum Mesdag te 's-Gravenhage / *Design for the Mesdag Museum garden in The Hague* / Rijksgebouwendienst; Van Gogh Museum

'Metamorfose Son en Breugel' / Buro Sant en Co Landschapsarchitectuur en stedebouw i.s.m. Dirrix en Van Wylick architecten / Stedebouwkundig en architectonisch ontwerp en ontwerp voor de openbare ruimte voor de herinrichting van de kern van Son en Breugel / *Urban and architectural design for the reconstruction of the centre of Son en Breugel* / BVR; Gemeente Son en Breugel

'De Groene Streep' / SAS Architecten / Stedebouwkundig ontwerp voor een woongebied langs de Schipholweg-west te Haarlem / *Urban design for a housing area along the Schipholweg-west road in Haarlem* / Woningbouwvereniging de Vonk en Slokker Vastgoed

'Stiftsche Uiterwaarden' / Sight adviesbureau voor milieu en landschap / Ruimtelijk ontwikkelingsplan voor een natuurontwikkelingsgebied in het uiterwaardengebied van de Waal tussen Ophemert en Varik / *Spatial development plan for a nature development area in the forelands of the river Waal between Ophemert and Varik* / Rijkswaterstaat; RIZA

'Java Eiland' / Soeters en van Eldonk architecten / Stedebouwkundig ontwerp voor een woongebied in het voormalige havengebied van Amsterdam / *Urban design for a housing area in the former dockland area of Amsterdam* / Gemeente Amsterdam

'Haverleij' / Soeters en van Eldonk architecten (Sjoerd Soeters) i.s.m. H+N+S Landschapsarchitecten (Paul van Beek); Grontmij Noord Brabant / Stedebouwkundig plan en landschapsplan voor een nieuw landgoed als woongebied en stadsregionaal uitloopgebied bij 's-Hertogenbosch / *Urban and landscape plan for a housing area and regional outdoor recreation zone near 's-Hertogenbosch* / Gemeente 's-Hertogenbosch; Bouwfonds Woningbouw; Heijmans projectontwikkeling

'Dallepark' / Gemeente Spijkenisse; afdeling stedebouw / Ontwerp voor de renovatie van het Dallepark te Spijkenisse / *Design for the renovation of the Dallepark in Spijkenisse* / Gemeente Spijkenisse

'Maasboulevard' / Gemeente Spijkenisse; afdeling stedebouw / Ontwerp voor de Maasboulevard langs de Oude Maas te Spijkenisse / *Design for the Maasboulevard along the Oude Maas in Spijkenisse* / Gemeente Spijkenisse

'Plantage Melkweide' / SVP architektuur en stedebouw i.s.m. DS landschapsarchitekten / Stedebouwkundig ontwerp en ontwerp openbare ruimte voor een uitbreidingswijk van Heteren / *Urban plan and design for the public open space for a new housing area in Heteren* / Gemeente Heteren

'Zenderpark' / SVP architektuur en stedebouw i.s.m. Karres en Brands Landschapsarchitecten / Stedebouwkundig ontwerp en ontwerp openbare ruimte voor de eerste fase van Zenderpark / *Urban plan and design for the public open space for the first stage of the Zenderpark greenfield development in IJsselstein* / Gemeente IJsselstein

'Beheersgebouw Dienstkring RWS' / Taken Landschapsplanning / Ontwerp voor het terrein rond het Beheersgebouw Dienstkring Rijkswaterstaat te Blerick / *Design for the area around the Rijkswaterstaat regional maintenance building in Blerick* / Rijkswaterstaat

'Reijndersemeer' / Taken Landschapsplanning / Ruimtelijke ontwikkelingsvisie op de natuurontwikkeling van het Reijndersemeer in het zandwingebied Bergerheide te Bergen / *Spatial development perspective for the Reijndersemeer nature restoration area in the Bergerheide sand workings in Bergen* / Centrale Industriezand Voorziening

'IJburg' / TKA architectuur stedebouw landschap / Stedebouwkundig ontwerp voor het Haveneiland, onderdeel van het toekomstig woongebied IJburg / *Urban design for Haven island, part of the future IJburg housing development in the IJmeer* / Groep Waterstad

'De Seizoenenbuurt' / TKA architectuur stedebouw landschap / Stedebouwkundig ontwerp voor de Seizoenenbuurt in Almere Buiten / *Urban design for the Seizoen neighbourhood in Almere Buiten* / Gemeente Almere

'New Chinatown' / Bureau Urhahn urban design / Stedebouwkundige ontwikkelingsvisie voor een Chinatown in Amsterdam / *Urban development vision for a Chinatown in Amsterdam* / Stichting New Chinatown

'Nieuwendam Noord' / Bureau Urhahn urban design i.s.m. Bureau Reijendorp, Linssen en van Asseldonk / Stedebouwkundige ontwikkelingsvisie voor Nieuwendam Noord te Amsterdam / *Urban development perspective for Nieuwendam Noord in Amsterdam* / Stadsdeel Amsterdam-Noord

'Drie binnentuinen' / Tuin- en Landschapsarchitektenburo Utrecht / Ontwerp voor drie binnentuinen in het Entrepotgebied; in de stedelijke ontwikkeling 'Kop van Zuid' te Rotterdam / *Design for three courtyards in the Entrepot area as part of the urban development in the Kop van Zuid district of Rotterdam* / Projectbureau Kop van Zuid

'Windturbines in het landschap' / Veenenbos en Bosch Landschapsarchitecten / Ontwerpstrategie voor landschappelijke situering van windturbines in Nederland / *Ontwerpstrategie voor landschappelijke situering van windturbines in Nederland Design strategy for siting wind turbines in the Netherlands* / NOVIM, NUON, PNEM

'Huize van de Kasteele - Hof van Heeckeren' / Veenenbos en Bosch Landschapsarchitecten / Ontwerp voor de terreinen rond twee monumentale panden in de binnenstad van Zutphen / *Design for the areas surrounding two restored historic buildings in the centre of Zutphen* / Rijksgebouwendienst

'Parkettuin' / Hans Venhuizen / Ontwerp voor een belevenistuin voor Piusoord; centrum voor verstandelijk gehandicapten te Tilburg / *Design for an adventure playground in Piusoord, a centre for the mentally handicapped in Tilburg* / Mondriaanstichting; Praktijkburo Amsterdam i.o.v. Stichting Amarant

'Puntenburg' / VHP Stedebouwkundigen + Architekten + Landschapsarchitekten / Stedebouwkundig masterplan voor de kantorenlocatie Puntenburg te Amersfoort / *Master plan for the Puntenburg office site in Amersfoort in which phased development plays a key role* / Gemeente Amersfoort

'Vleuterweide' / VHP Stedebouwkundigen + Architekten + Landschapsarchitekten / Stedebouwkundig, architectonisch en landschapskundig beeldkwaliteitsplan voor de vijf wijkdelen van Vleuterweide te Vleuten-De Meern / *Urban, architectural and landscape design strategy for the five areas in the Vleuterweide district in Vleuten-De Meern* / Gemeenschappelijke Grondexploitatiemaatschappij

'Schiermonnikoog' / Buro Vijn / Stedebouwkundig ontwerp voor een nieuw woongebied aan de oostzijde van het dorp Schiermonnikoog / *Urban design for a new housing area on the eastern edge of Schiermonnikoog village* / Gemeente Schiermonnikoog

'Nieuwehorne' / Buro Vijn / Stedebouwkundig ontwerp voor de dorpsuitbreidingen tweede en derde fase van Nieuwehorne / *Design for the second and third phase Nieuwehorne village extensions* / Gemeente Heerenveen

'Toekomstvisie Groene Hart' / Vista i.s.m VHP Stedebouwkundigen + Architekten + Landschapsarchitekten en bureau SME / Onderzoek naar bestaande kwaliteiten en potenties van het landschap in de Randstad en de ontwikkeling van nieuwe sturingsfilosofieën voor ruimtelijke ontwikkeling / *Research into the existing qualities and potentials of the Randstad landscape; developing new guiding philosophies for spatial development* / Projectgroep Groene Hart

'Maasvlakte 2' / Vista / Ruimtelijke ontwikkelingsmodellen voor natuur en recreatie op een eventueel aan te leggen Maasvlakte 2 / *Spatial development models for nature and recreation on the proposed Maasvlakte 2* / Projectorganisatie verkenningsfase ruimtetekort mainport Rotterdam

'Marstempo' / Vista i.s.m. Vakgroep Ruimtelijke planvorming Landbouwuniversiteit Wageningen / Gebiedsvisie Salland: een verkenning van de mogelijkheden voor natuur, bos en landschap / *Vision for the Salland area: an exploration of the opportunities for nature conservation, forestry and the landscape* / Ministerie LNV

'Uit de klei getrokken' / Vista / Voorbeeldstudie naar de mogelijkheden voor natuurontwikkeling en waterretentie in de Haarlemmermeer / *Demonstration study of the possibilities for nature development and water retention in the Haarlemmermeer* / Provinciaal bestuur van Noord Holland, Waterschap Groot-Haarlemmermeer en Hoogheemraadschap van Rijnland

'Zanderij - Crailo' / Vista/ Ruimtelijk ontwikkelingsplan voor het natuurontwikkelingsgebied Zanderij - Crailo langs de spoorlijn tussen Bussum en Hilversum / *Spatial development plan for the Zanderij-Crailo nature development area along the railway line between Bussum and Hilversum* / het Goois Natuurreservaat

'Zwaansbroek' / Vista / Ruimtelijk ontwikkelingsplan voor Zwaansbroek; een natuur- en recreatiegebied en de rijksweg N22 aan de rand van Hillegom / *Spatial development plan for Zwaansbroek, a nature and recreation area and N22 trunk road on the edge of Hillegom* / Gemeente Hillegom

'Plein Maren-Kessel' / Werkplaats voor Milieubouw / Ontwerp voor het kerkplein in Maren-Kessel / *Design for the village green in Maren-Kessel* / Gemeente Lith

'Spellewaard' / Werkplaats voor Milieubouw / Ontwerp voor een wijkpark in Speelwaard te Zaltbommel / *Design for a district park in Speelwaard, Zaltbommel* / Gemeente Zaltbommel

Kremlin' / West 8 Landscape Architects / Ontwerp voor centraal park tussen Utrecht en Vleuten-De Meern / *Design for the central park between Utrecht and Vleuten-De Meern* / Gemeente Vleuten-de Meern en gemeente Utrecht

'De Neude' / West 8 Landscape Architects i.s.m. Ingenieursbureau Dienst Stadsbeheer Gemeente Utrecht / Ontwerp voor de herinrichting van De Neude in de binnenstad van Utrecht / *Design for the reconstruction of the De Neude square in Utrecht city centre* / Gemeente Utrecht

'Vathorst' / West 8 Landscape Architects i.s.m. Kuiper Compagnons bureau voor ruimtelijke ordening en archtitectuur / Stedebouwkundig ontwerp en ontwerp openbare ruimte voor de uitbreidingswijk Vathorst ten noorden van Amersfoort / *Urban plan and design for the public open space for Vathorst housing development to the north of Amersfoort* / Ontwikkelingsteam Vathorst

'Een toekomst voor Schiedam' / Westers architectuur en stedebouw / Stedebouwkundig ontwikkelingsvisie voor Schiedam / *Urban development perspective for Schiedam* / Bewonersorganisatie Schiedam Centrum

'Carnisselande' / Wissing stedebouw en ruimtelijke vormgeving bv / Stedebouwkundig ontwerp en ontwerp openbare ruimte voor de VINEX locatie Carnisselande te Barendrecht / *Urban plan and design for the public open spaces for the Carnisselande VINEX site in Barendrecht* / Gemeente Barendrecht

'Nieuwland' / Wissing stedebouw en ruimtelijke vormgeving bv / Stedebouwkundig ontwerp en parkontwerpen voor de woonwijk Nieuwland in Amersfoort / *Design for housing and a park for the Nieuwland district in Amersfoort* / Overeem v.o.f. (Bouwfonds, Mabon, VSOM)

'Ravense Hoek' / Wissing stedebouw en ruimtelijke vormgeving bv / Stedebouwkundig ontwerp en ontwerp van openbare ruimte voor de woonwijk Ravense Hoek te Hellevoetssluis / *Urban plan and design for the public open space for the Ravense Hoek housing development in Hellevoetsluis* / Gemeente Hellevoetsluis

'Haagse Entree' / Zandvoort Ordening & Advies i.s.m. Bureau Waardenburg / Integraal landschapsplan voor de Rijksweg A 4 Leidschendam-Kruithuisweg / *Integral landscape plan for the A4 motorway between Leidschendam and Kruithuisweg* / Rijkswaterstaat

'Ruit van Rotterdam' / Zandvoort Ordening & Advies, Buys & Van der Vliet Landschapsarchitectuur en stedebouw, Zwarts & Jansma architecten bv / Ontwerp voor de verbijzondering van de verkeersknooppunten rondom Rotterdam / *Special landscape identity for the motorway junctions around Rotterdam* / Rijkswaterstaat

'Noordhove Eiland' / Gemeente Zoetermeer; Team Nieuwe Rand & Regio, afdeling Plannen / Stedebouwkundig ontwerp voor vrije sectorkavels Zoetermeer / *Design for private building plots in Zoetermeer* / Gemeente Zoetermeer

'Ursulinencomplex' / Buro Zijaanzicht / Ontwerp voor de stadstuinen van het voormalig klooster van de zusters Ursulinen te Weert / *Design for the town gardens of the former convent of the Ursulinen Sisters in Weert* / ABN AMRO Projectontwikkeling

'Plan Vleermuis' / Buro Zijaanzicht / Masterplan voor de ecologische zones als onderdeel van de groenstructuur van de nieuwe wijk Kernhem te Ede / *Master plan for the ecological zones as part of the green landscape structure for the new Kernhem district in Ede* / Gemeente Ede

Colofon

Colophon

ISBN 90 6868 194 x
NUGI 655

© Copyright 1998
Stichting Jaarboek landschapsarchitectuur en stedebouw,
Herenstraat 32, 6701 DL Wageningen
en Uitgeverij THOTH, Prins Hendriklaan 13, 1404 AS Bussum

Redactie / *Editorial board*
Harry Harsema (hoofdredacteur / *editor*)
Sjoerd Cusveller
Roy Bijhouwer
Peter van Bolhuis
Niké van Keulen
Frank Meyer

Teksten / *Text*
Sjoerd Cusveller
Eric Luiten
Han Meyer
Adriaan van der Staay

Eindredactie / *Text editing*
Redactiebureau Mimesis, Fred Mutsaers
Maarten Ettema
Ria Dubbeldam

Vertaling / *Translation*
Derek Middleton

Vormgeving / *Design and layout*
Joseph Plateau Amsterdam (basisvormgeving / *design*)
Grafisch Atelier Wageningen, Harry Harsema,
Bert van Houten, Cécile van Wezel

Selectiecommissie / *Selection committee*
Mariet Schoenmakers (voorzitter / *chairman*)
Michael van Gessel
Yvonnen Horsten - Van Santen
Maarten Schmitt
Adriaan van der Staay

Stichting Jaarboek landschapsarchitectuur en stedebouw
Fons Asselbergs (voorzitter / *chairman*)
Lodewijk van Nieuwenhuijze
Mariet Schoenmakers
Anna Vos

Secretariaat / *Secretariat*
Syl Gootjes
Nicole Thewessen

Illustraties / *Illustrations*
Cees van Alten (p. 124, 125)
Frank Meijer (p. 13, 14, 17, 18, 21, 22, 24, 27, 39, 85, 86, 88, 90, 98, 102, 157)
Han Meyer (p. 29, 30, 36)
Tom Noz (p. 134, 135, 136, 137)
Carole Oudshoorn (p. 55, 85)
Joop Reyngoud (p. 150, 151, 152, 153)
Christian Richters (p. 154, 155, 156, 157)
Dario Scagliola en Stijn Brakkée (p. 160, 161, 162, 163)

Alle overige illustraties zijn afkomstig van de vermelde bureaus of ontwerpers / *All other illustrations were supplied by the relevant organizations, consultancies or individual designers mentioned in the text*

Uitgever / *Publisher*
Uitgeverij THOTH, Bussum
in samenwerking met / *in collaboration with*
Stichting Jaarboek landschapsarchitectuur en stedebouw

Druk / *Printing*
Veenman drukkers, Ede

Alle rechten voorbehouden. Niets uit deze uitgave mag worden verveelvoudigd en/of openbaar gemaakt zonder voorafgaande schriftelijke toestemming van Stichting Jaarboek landschapsarchitectuur en stedebouw en Uitgeverij THOTH, Bussum.
All rights reserved. No part of this book may be reproduced in any form without written permission from Stichting Jaarboek landschapsarchitectuur en stedebouw en THOTH Publishers, Bussum.